Jean Peters, 36 Jahre alt, ist Journalist und Aktionskünstler. Er hat in London und Berlin Politikwissenschaften studiert und das medientaktische Kollektiv Peng! gegründet, mit dem er regelmäßig Unternehmen unterwandert, auf mehreren Kunst-Biennalen ausstellt und das mit dem Aachener Friedenspreis ausgezeichnet wurde. 2018 war er Mitbegründer der NGO Seebrücke und war 2019 für das Recherchezentrum *Correctiv* undercover in der Klimaleugner_innenszene. Jean Peters lebt in Berlin.

Jean Peters

Wenn die Hoffnung stirbt, geht's trotzdem weiter

Geschichten
aus dem subversiven Widerstand

S. FISCHER

Aus Verantwortung für die Umwelt hat sich der S. Fischer Verlag zu einer nachhaltigen Buchproduktion verpflichtet. Der bewusste Umgang mit unseren Ressourcen, der Schutz unseres Klimas und der Natur gehören zu unseren obersten Unternehmenszielen. Gemeinsam mit unseren Partnern und Lieferanten setzen wir uns für eine klimaneutrale Buchproduktion ein, die den Erwerb von Klimazertifikaten zur Kompensation des CO_2-Ausstoßes einschließt. Weitere Informationen finden Sie unter: www.klimaneutralerverlag.de

Originalausgabe
Erschienen bei S. FISCHER
© 2021 S. Fischer Verlag GmbH,
Hedderichstr. 114, D-60596 Frankfurt am Main
Abrufdaten aller in den Anmerkungen aufgeführten Links:
18.12.2020

Satz: Dörlemann Satz, Lemförde
Druck und Bindung: GGP Media GmbH, Pößneck
Printed in Germany
ISBN 978-3-10-397087-6

*Nichts von dem, was in diesem Buch steht, ist wirklich passiert.
Und wenn doch, ist es reiner Zufall.*

Inhalt

Die Hoffnung 9

Schuld und Sahne 15
    Selbstbewusstsein 23
    Gewalt 26
    Militanz 29
    Demokratie 31
    Sicherheit 36
    Ressourcen 42

Korrekt verkacken 45
    Als wir Pässe fälschen ließen 45
    Das Manifest: Ein ethischer Leitfaden 52
    Wenn Staat kann, schlägt Staat zurück 58

Diskurse hacken 64
    Aufruf zur Fluchthilfe 64
        Apropos: Die politische Ablenkung 68
    Die Ölfontäne bei Shell 76
    Die Vattenfall-Übernahme 84
    Als Google-Manager im *Forbes Magazine* 93

Intervention 105
    Der PR-Krieg gegen die Waffenindustrie 105
        Wie wir der CDU das Christentum zurückbrachten 108
        Weshalb die Waffenindustrie von uns einen Friedenspreis bekam 113
        Warum wir im Namen von Heckler & Koch Kleinwaffen zurückriefen 126

Wie wir Aktionäre wurden und Gesetze schrieben 130
Die Finanz-Hypnose 133
Die Regulation der Finanzregulation 138
Der Exit-Verein für Geheimdienste 142
Das Callcenter zur Unterwanderung der NSA 158

Journalismus, Kunst & Aktivismus 162

Aktion & Kunst: Aufruf zum Diebstahl im Supermarkt 174
Apropos: Populismus 185
Kunst & Journalismus: Undercover beim Kapitalismus 188
Apropos: Mediale Mimikry 200
Journalismus & Aktion: Unsere Geschäfte mit den Klimaleugner_innen 203

Wenn die Hoffnung stirbt, können wir uns trotzdem organisieren 217

Organisation 223
Konstruktion 225

Critical Campaigning Manifesto 228

Liste aller Aktionen & Recherchen 230
Anmerkungen 233

Die Hoffnung

Anfang 2015 saß mir in einem Berliner Café der ehemals hochrangige NSA-Offizier an einem dieser billigen Aluminiumtische gegenüber. Ich war im Durchhaltemodus, hatte in der Nacht zuvor kaum geschlafen. Der alte Mann ruhte in sich selbst, doch obwohl sein Körper vom Alter gezeichnet war, strahlte er eine enorme geistige Klarheit aus. Er blickte mir warm und herzlich in die Augen, holte einen Zettel hervor und schrieb mit seinem roten Kuli eine Nummer darauf. Ans Ende der aus acht Ziffern bestehenden Reihe machte er vier Kreuze: xxxx.

Mit seiner faltig-papierhäutigen und mit Altersflecken gesprenkelten Hand schob er mir den Zettel rüber: »Hier hast du die Nummern der NSA-Black-Phones.« Was Black Phones eigentlich sind, weiß ich bis heute nicht. Egal. Ich hielt die Durchwahlen zur CIA und zu Tausenden von NSA-Mitarbeiter_innen in der Hand! Nicht zum ersten Mal fühlte ich mich wie ein Trottel in einem Spionagethriller. Ein Stift, ein Zettel und eine Nummer darauf: Ich hätte nicht gedacht, dass es so einfach sein wird, der NSA auf die Pelle zu rücken.

So ging es mir bei den meisten Aktionen, die ich zusammen mit meinen Freund_innen vom Peng Kollektiv, aus dem Theater oder mit Kolleg_innen aus dem investigativen Journalismus gemacht habe: Menschen die Flucht nach Europa ermöglichen. In Robin-Hood-Manier zum Diebstahl in ausbeuterischen Supermärkten aufrufen. Den gewieftesten aller Kohlelobbyisten in eine Falle locken. Das alles geht, wenn wir es wollen.

Und mit diesem Buch möchte ich Sie dazu einladen, es zu wollen. Denn wenn die Polkappen abgeschmolzen sind, wenn faschistische Milizen weltweit wie Pilze aus dem Boden sprießen, wenn die globale Totalüberwachung sich in jedem Wohnzimmer etabliert hat – was machen wir dann? Es wird immer Gründe für sozialökologische Kämpfe geben, egal wie verzweifelt die Lage erscheinen mag. Aber es ist doch naheliegend, sie dort zu führen, wo wir den Raum dazu noch haben.

Mich treibt dabei nicht nur eine vage Utopie einer sozialen und ökologischen Gesellschaft an, sondern auch die Negation der jetzigen. In dieser Ablehnung steckt die Haltung der Suche, der Leidenschaft und der Liebe zum Menschen, so wie ich sie in den letzten Jahren immer häufiger finde: in Alice Hasters präzisen Beobachtungen des deutschen Rassismus, im Begriff der *Desintegration* von Max Czollek oder in den intersektionalen Erzählungen Schwarzer Frauen von Bernardine Evaristo. Ich finde sie außerdem im Begriff des *revolutionären Lebens* bei Eva von Redecker oder im Vergegenwärtigen einer *Zukunft* bei Fridays for Future. Sosehr es mich immer wieder treibt, auf Nummer sicher zu gehen und an meinem Pessimismus festzuhalten, es braut sich ein intellektueller Widerstand zusammen, es werden Strategien und Taktiken diskutiert, die Lethargie der neoliberalen Generation scheint sich aufzulösen.

Mit dem Peng Kollektiv, das wir 2013 gegründet haben, erhoben wir die Suche nach den richtigen Taktiken und Strategien im jeweiligen historischen Kontext zu einer regelrechten Forschungsaufgabe. Wir schworen uns, nie offenzulegen, wie viele wir sind, wie wir heißen und was als Nächstes kommen mag, daher vermeide ich hier Details. Aber inspiriert von interventionistischer Performancekunst, investigativem Journalismus und Aktionen zivilen Ungehorsams sprangen wir immer wieder auf die großen gesellschaftlichen Themen, probierten uns mit Alliierten aus der Kunst- und Kulturproduktion auf der Medienbühne aus und gaben unzählige Workshops für politische Gruppen und an Universitäten.

Die Erzählungen in diesem Buch handeln vom »subversiven Widerstand«. In den Geschichten geht es darum, Machtdiskurse zu unterwandern und Widerstand gegen diesen Schlachthof zu leisten, den wir als kapitalistische Sachherrschaft über Mensch und Natur kennen. Subversion und Widerstand als gezielte mediale Interventionen, die sich mit den aktuellen Verhältnissen nicht einverstanden geben wollen, sondern unser im Jetzt verfangenes Denken freisprengen, konkrete Utopien greifbarer und begehrbarer machen sollen. Machtdiskurse verstehe ich dabei nicht als verschwörerische Hinterzimmertreffen von Leuten, die sich die Hände reiben und uns alle ausbeuten möchten, um reich zu werden. Nein, es sind die Strukturen, die Gesetze, das politische System, die es ermöglichen, so reich zu werden wie Jeff Bezos, so viele Waffen ins Ausland zu exportieren wie Rheinmetall oder so sehr die Klimakrise anzuheizen wie RWE, Volkswagen und die Bayer AG.

Sie sind aus meiner Perspektive erzählt und sind doch Geschichten von vielen. Nichts von dem, was ich erlebt habe, hätte ich alleine machen können. Es stehen unzählige Menschen hinter der Arbeit, Alliierte, Freund_innen, Kolleg_innen, insbesondere von Peng, die mit mir Nächte durchgearbeitet haben. Dass wir das gemeinsam erleben durften, dafür bin ich ihnen unendlich dankbar. Alles, was ich erlebt habe, könnte auch anders erzählt werden.[1]

Dabei beziehe ich Position als jemand, der in einer gemütlichen Doppelhaushälfte mit Hibiskus im Vorgarten in einem westdeutschen Vorort aufwachsen durfte, während einige meiner Freund_innen im Sozialbau groß wurden. Ich spreche aus der Position eines Menschen, der sehr viel Glück hatte, mit einem deutschen Pass und weißer Haut geboren worden zu sein und – gepriesen sei die Statistik – vermutlich nie am

Arbeitsplatz sexuell belästigt wird. Als Schüler freute ich mich auf den Sommerurlaub auf Korsika und musste gleichzeitig miterleben, wie die Eltern meiner Jugendfreund_innen von der Ausländerbehörde getriezt wurden. Das waren auch die Freund_innen, die meiner Mutter Sorgen bereiteten, weil sie angeblich ein schlechter Einfluss für mich waren. Es waren die Freund_innen, die mir zeigten, dass wir nicht alle Gerechtigkeit erfahren. Die alle stumm wurden, als eine von uns etwas zu spät zu unserem Treffen kam, weil ihr Vater mit ihrem Kopf das Küchenfenster zerschlagen hatte. Die ich dazu verleitete, auf Autodächern rumzuspringen, als schnellen Ausweg aus diesem Schmerz. Die mir spiegelten, wer ich bin, und die mich von radikaler Demokratie träumen ließen. Es ist bis heute für mich kaum zu ertragen, dass ich Glück habe und andere nicht.

Mit meiner Arbeit versuche ich, diese Verzweiflung, so gut es geht, zu verarbeiten und an den Umständen etwas zu ändern. Mit Recherchen, mit Interventionen, mit Ausstellungen und Workshops. Natürlich haben viele Aktionen nicht den Weg in dieses Buch geschafft: wie meine Mitschüler_innen und ich uns am letzten Schultag als Security mit Knopf im Ohr verkleideten, wie wir Porträts des Schuldirektors in Diktatorenmanier im Gebäude aufhängten und alle Anwesenden in die Klassen jagten, weil er uns nicht wie üblich freigeben wollte. Wie wir einen fingierten Fanclub für meinen Universitätsdirektor gründeten und »Dieter Lenzen, mein Idol, noch viel besser als Helmut Kohl« bei seinen Reden sangen, bis er rot anlief, wenn er in die Mikros gegen uns ankrächzte. Wie meine Freund_innen in meiner Heimatstadt Häuser besetzten – die *FAZ* schrieb von Hausbesetzung light[2] – oder wie ich mit Greenpeace auf das Atomkraftwerk in Fessenheim kletterte, das fünf Jahre später endlich stillgelegt wurde.[3]

Das sind alles Geschichten, die hier keinen Platz finden. Zum Teil ganz willkürlich, einfach weil es zu viel wäre. Ein paar Aktionen, hinter denen Peng steckt, habe ich aber auch nicht reingenommen, weil ich selbst nicht daran beteiligt war. Etwa das Projekt »Haunted Landlord«, bei dem ein Bot mitten in der Nacht Hausbesitzer_innen anrief. Der Minicomputer spielte ihnen Sounddateien von Menschen vor, die die Eigentümer_innen aus ihren Immobilien verdrängt hatten, um mehr Profit zu machen. Wie beim alten Onkel Scrooge wurden sie mit den Geschichten und der Frustration konfrontiert, für die sie verantwortlich waren. Oder die Polizeikarte »Cop-Map«, auf der nahende Polizeiwagen oder Überwachungskameras kollektiv markiert werden konnten. Das neue Polizeigesetz, das erheblich mehr Willkür aufseiten der Polizei ermöglicht, wurde bei jedem Interview zu der Skandalkarte kritisiert, von Polizeigewalt und Rassismus Betroffene wurden interviewt. Andere Aktionen erwähne ich hier nicht, weil ich bewusst entschieden habe, weder mich noch Peng damit öffentlich in Verbindung zu bringen. Ganz einfach, weil es in der Sache nichts beitragen würde oder im Gegenteil den bürgerlichen Anstrich, den eine Aktion haben soll, verschmuddeln könnte.

Die Wahrscheinlichkeit, dass Krisen sich in Zukunft verdichten werden, ist hoch. Und während die einen sich in Krisen miteinander solidarisieren, nutzen andere die Krise, um ihre persönlichen Ziele durchzusetzen. Staatliche Datenschutzbehörden drücken ein Auge zu, wenn massenhaft Handydaten von Regierungen abgefangen werden. Menschen ohne europäische Aufenthaltserlaubnis werden in den Metropolen aufgegriffen und eingebuchtet. Private-Equity-Unternehmen kaufen die Häuser von Familien auf, die ihren Kredit nicht mehr bezahlen können, um sie ihnen teuer zu vermieten.

Zugleich existieren regressive und progressive Bewegungen immer parallel zueinander. Es besteht momentan eine nie dagewesene Chance, den klimaschädlichen Autosektor durch neue Mobilitätskonzepte zu ersetzen. Technologisch ist es längst möglich, in globalen Lieferketten sorgfältig mit Menschen- und Umweltrechten umzugehen. Die weltweit zunehmenden Dürren lassen langsam die Politik aufhorchen, wenn es um ökologische Kleinbäuer_innenmodelle geht, und fast jedes große Medienhaus hat mittlerweile dezidierte Klimajournalist_innen. Auch die globale Cypherpunk-Szene ist nicht schwächer geworden, und es werden immer mehr Alternativen zu überwachungsanfälligen Handys entwickelt.

Große historische Brüche sind meistens nur retrospektiv zu erklären, sei es die Französische Revolution, der Fall der Mauer oder der Arabische Frühling. Ich vermute, dass wir einen erneuten historischen Bruch ansteuern, nur ist offen, ob er zu mehr sozialökologischer Gerechtigkeit oder zu einer Faschisierung des Kapitalismus tendieren wird. Das Wissen, das es braucht, um eine gerechtere Welt anzustreben, ist in verschiedensten Lesarten weitgehend da. Was häufig fehlt, sind Strategien und Taktiken, um die kommenden Grabenkämpfe konkurrierender Ideologien auszufechten. Zur Entwicklung dieser Taktiken und Strategien möchte ich Sie einladen. Und während mein pessimistisches Ich uns freundlich daran erinnert, dass Hoffnung der erste Schritt auf der Straße der Enttäuschung ist, sucht mein optimistisches Ich nach neuen Trampelpfaden. Denn wenn die Hoffnung stirbt, geht es trotzdem weiter.

Schuld und Sahne

Der eigentliche Tortenwurf dauerte vom Drücken der Türklinke bis zur Sahne auf dem Gesicht von Beatrix von Storch nur sieben Sekunden. Der Mann am Platz direkt hinter der Tür lächelte freundlich, als ich mit meinem frisch geschminkten Clownsgesicht, der goldpaillettierten Mütze aus der Berliner Klamottenkiste und meiner rot-weiß gestreiften Hose den Raum betrat. Etwa 20 Köpfe drehten sich zu mir um. Um nicht weiter aufzufallen, sang ich laut drauflos, Happy Birthday. Ich musste mit den zwei Torten, eine in jeder Hand, nur noch neun gemütliche Schritte gehen bis wo die Chefin saß. Musste vorbei an den erfreut schauenden Gesichtern (Oh, Chefin hat Geburtstag?) der führenden AfD-Riege (alle gefühlt 80 Jahre alt), die gekommen war, um das Parteiprogramm für ihre erste Bundestagswahl zu besprechen und interne Machtkämpfe auszufechten. Vorbeizwängen an der Plastikstuhlreihe und der Raumtrennwand, alles ganz normal wirken lassen. Acht Meter noch.

Da saß sie, am Ende des Tisches. Die Enkelin mütterlicherseits von Adolf Hitlers Reichsminister der Finanzen, Johann Ludwig Graf Schwerin von Krosigk. Dem Mann, der 1933 das Ermächtigungsgesetz unterschrieb, der für die »fiskalische Verfolgung und Ausplünderung der Juden« und die »völkerrechtswidrige Geldbeschaffung und Geldwäsche in Europa« maßgeblich verantwortlich war.[1] Die Enkelin auch des SA-Nazis Nikolaus von Oldenburg, der Himmler 1941 anbettelte, nach dem Endsieg im Osten »größere Güter« einkaufen gehen zu können.[2] Sie, heute also AfD-Vizechefin.

Hatte sie denn nichts gelernt, nichts aufgearbeitet?[3] Sie saß da in Kassel, am 28. Februar 2016, im kargen Konferenzraum im Keller des Pentahotels, abgehängte Decken, Klimaanlage. Wo am Abend zuvor eine Deutsche-Schäferhund-Halter_innen-Versammlung stattgefunden hatte. Sie saß da und fragte sich vermutlich, warum wohl ein Clown mit einer Torte in jeder Hand fröhlich singend auf sie zukam. Ob die wohl für sie seien? Oder für ihren Klimawandelleugner-Kollegen Albrecht Glaser vielleicht, der neben ihr saß? Fünf Meter noch, dann sollte sie es wissen.

Beatrix von Storch hatte gerade einen Mediencoup gelandet, nachdem sie vorgeschlagen hatte, auch auf Frauen und Kinder an der Grenze zu schießen. »Wer das HALT an unserer Grenze nicht akzeptiert, der ist ein Angreifer«, schrieb sie auf Facebook. »Und gegen Angriffe müssen wir uns verteidigen.«[4] Auch ihre damalige Parteikollegin Frauke Petry rief die Polizei auf, bei illegalen Grenzübertritten »notfalls auch von der Schusswaffe Gebrauch [zu] machen«. So stehe es im Gesetz, sagte sie dem *Mannheimer Morgen*.[5]

Anfang 2016 war der Höhepunkt der AfD-Strategie erreicht, die daraus bestand, gezielt moralische Grenzen zu überschreiten, um empörte Journalist_innen vor ihren Karren zu spannen. Und das funktioniert jedes Mal: Ohne sie auszusprechen, deutet Storch eine Mordphantasie an, die aufgeklärten Redaktionsstuben sind empört, schlucken aber ihre Wut runter und berichten dann fachlich korrekt und wertungsfrei, was passiert sei. Leser_innen sehen die Meldung und klicken drauf, weil es irre und spannend und empörend ist. So kommt es, dass auch mehr Werbung gesehen wird und die Verlagsleitungen sich freuen, da sie mehr Geld damit verdienen. Es ist das traurige Spiel der liberalen Medien im Kapitalismus als Verstärker der neuen faschistischen Partei. Dreieinhalb Meter, Happy Birthday to youuu.

Zwei Wochen zuvor blinkte auf meinem Handy eine neue Nachricht. Ich hatte eine E-Mail weitergeleitet bekommen, ohne Betreff, ohne Kontext. Ich wollte sie erst löschen, weil so was eben meistens Spam ist. Ich zeigte sie wenig später beim Mittagessen beiläufig einer Kollegin. Meine Peng-Mitstreiterin schaute noch mal genau hin. Ihr war trotz der wenigen Details sofort klar: Der Absender schien selbst aus der AfD zu sein, hatte offenbar eine interne E-Mail des Vorstands an mich weitergeleitet. In solchen Momenten, wenn ich das Gefühl habe, dass was Besonderes passiert und ich noch nicht weiß, ob es gut oder schlecht ist, spüre ich ein Ziehen direkt unterm Brustkorb. Warum schickte die_der anonyme Absender_in derart bizarre Interna? Mir, der kein ausgebildeter Journalist war und gerade mit seinem aktionskünstlerischen Kollektiv zu innereuropäischer Fluchthilfe aufgerufen hatte? In der Mail diskutierten Glaser und Storch, damals Vorsitzende des Programmausschusses der Partei, über die bestmöglichen Strategien, ihre Inhalte zu bewerben. Ort und Zeit eines Treffens in Kassel mit dem versammelten Ausschuss standen dort, Parteiprominenz aus ganz Deutschland sollte extra anreisen, der aktuelle Entwurf des Programms war angehängt.

In meinem Postfach lag offenbar ein kleiner Scoop! Die interne AfD-Medienstrategie, auf die die Presse immer wieder reingefallen war – das war der Beweis. Der Plan zur Ausnutzung einer Schwachstelle im System des journalistischen Marktes, der von Klicks und Gefühlen abhängt. Der Grund, weshalb diese Neonazis immer und immer wieder hochgeschrieben werden, schwarz auf weiß in nüchternen Worten ausformuliert: In dieser Mail stand, wie die AfD die Journalist_innen manipulierte. »Asyl und Euro sind verbraucht, bringen nichts Neues«, schrieb Storch. »Die Presse wird sich auf unsere Ablehnung des politischen Islams stürzen wie auf kein zweites Thema des Programms.« Na, liebe Beatrix, sicherlich nicht, dachte ich, nachdem ich diese Mails an die Presse weitergeleitet hatte. »Wir müssen das Thema Islam mit einem Knall öffentlich machen!«, schrieb sie weiter. »Wenn wir das – noch dazu in unverbindlicher Fragemanier – vorwegnehmen, machen wir einen kommunikativen Fehler.«[6] Das war eine Warnung an alle Redaktionen. Finally! Drei Meter. Sie schaut mich an.

Wir gaben also die Informationen dem Recherchezentrum *Correctiv* in Berlin. Es veröffentlichte die wichtigsten Inhalte der E-Mail, beschrieb die Strategie, besprach das Parteiprogramm. Der *Spiegel* zog nach[7], nun war es öffentlich: Die AfD plante, die Medien über das Islam-Stöckchen springen zu lassen. Ich war mir sicher: Damit war die Presse geimpft. Wenn eine Redaktion – so empört und klickzahlenabhängig sie auch sein mag – liest, wie sie instrumentalisiert wird, sollte es schon gut gehen, dachte ich … Und irrte mich. Die Zeitungen waren schlagartig voll vom nächsten Schritt der AfD, der neue Rassismus, als Religionskritik getarnt, wurde wie ein Lauffeuer von allen brav gemeldet. Der Informant, der offenbar in einen Machtkampf innerhalb der AfD verstrickt war oder eine persönliche Kränkung erlebt hatte – so genau werde ich es nie erfahren –, hatte mir geschrieben, er könne die Informationen natürlich auch direkt der Presse geben. Aber bei uns sei er sicher, dass wir damit mehr machen würden, als wieder nur darüber zu berichten und damit die AfD als tonangebend zu präsentieren. Zwei Meter. Zwei Torten.

Einen Meter vor ihr holte ich aus. Ich hatte kurz zuvor noch »Gloup Gloup Gloup« gemurmelt, den Schlachtruf der dadaistischen Bewegung der Tortenwerfer_innen. Es ist ein alter Brauch, vor jedem Wurf »Gloup Gloup Gloup« zu rufen, wenn man in die *Gilde der Patisserie Internationale* aufgenommen werden will. Und das wollte ich. Ich hatte Videos gesehen, in denen Noel Godin, ein dicker anarchistischer Belgier, der mindestens schon 50 Prominente getortet hatte, bei Lesungen konservativer Ideolog_innen »Gloup Gloup Gloup« durch den Saal rief, bevor die Sahne auf Gesicht und Pult und wenig später wuchtige Bodyguards auf ihn flogen.

In Kassel waren wir zu dritt. Ruben, mein Kollege von Peng, und ich hatten alles gut durchgeplant: Wir hatten ein Zimmer im Hotel gebucht und drei Kameras dabei. Ein handliches Gerät für den Livestream und eines mit besserer Auflösung. Dazu eine Knopfkamera in meinem Hemd, just in case. Ziel Nummer eins waren Bilder der Tortung. Ziel Nummer zwei Bilder der AfD-Programmkommission, wie sie einen Clown verprügelt. Dazu kam noch ein Bekannter, der sich als Hotelmitarbeiter verkleiden sollte, um zu deeskalieren, wenn die sich alle auf mich stürzen sollten. Was sie auch taten.

Doch bevor sie es taten, warf ich. Und traf. Storch schaute ohne nennenswerte körperliche Reaktion einen Liter Sahne an, als er geradezu in Richtung ihres Gesichts flog. Natürlich ging das alles ganz schnell, aber durch das Adrenalin in meinem Körper nahm ich es wie in Zeitlupe wahr, sah, wie die Sahne das gesamte Gesicht überzog, sich im Tortenboden ein Abdruck ihrer Nase hervorschob. Aber ich hatte ja noch eine zweite Torte. Links. Na ja, und weil ich mit der ersten getroffen hatte, warf ich die zweite auf Albert Glaser, der zwar älter, aber auch schneller war als Storch, und es schaffte, während des Tortenflugs aufzuspringen, um die Flugsahne schützend mit der Andeutung eines Hitlergrußes abzuwehren. Der Führer wäre stolz gewesen. Und trotzdem: Flugsahne schlabbert sich um die Hand, zieht daran vorbei, fliegt noch ein bisschen weiter, wenn man sie hitlergrüßt. Es war vollzogen: zwei Würfe, zwei Treffer.

Das Nächste, woran ich mich erinnern kann, ist, wie ich innerlich sanft lächelte und dabei von hinten am Hals gewürgt wurde. Von außen betrachtet, vermutlich eine der tragischsten Momente im Leben eines Clowns. Mein Körper wurde in

Schuld und Sahne **19**

drei Richtungen gezerrt, und der Perspektive nach zu urteilen, lag er auf dem Boden. Ich kann mich an die Sekunden vom Boden bis zum Vorraum ehrlich gesagt auch kaum noch erinnern, außer dass mein als Hotelier getarnter Kollege wie verabredet rief: »Ich bin vom Hotel! Die Polizei ist schon gerufen! Lassen Sie den Clown los!« Der beste Weg, autoritären Charakteren zu begegnen, ist, nun ja, eben mit Autorität. Und Humor, weil der ihnen die Macht aberkennt. Aber das war ja schon geschehen. Also nun die Polizei, die angeblich gerufen worden war.

Was dann folgte, wurde zur vermutlich längsten halben Stunde meines Lebens. Mit wutschnaubenden Parteifunktionären der AfD im Kellervorraum des Pentahotels in Kassel. Als sei das nicht schon bedrückend genug, war alles in beigen Farbtönen gehalten. An den Wänden Dekorationsversuche gescheiterter Hoteldesigner_innen, die mit zweitklassigen Hotelketten ihr Geld verdienen und uns allen das Leben hässlicher machen.

Was ich wusste, was sie nicht wussten: Die AfD und ich, wir warteten im Keller auf eine Polizei, die nicht gerufen worden war. Durchgängig mindestens eine Hand in meinen Arm verkrallt, damit der Clown nicht abhaut. Ich wusste es, sie nicht. Ich wartete darauf, dass die Bilder hochgeladen wurden, sie schnaubten, ruhiggestellt mit dem Zauberwort Polizei. Storch machte ein Foto mit Sahne, »warte, noch nicht abwaschen«, sie posierte mit heruntergezogenen Mundwinkeln, noch mal tiefer ziehen, versuchte es mal seitlich, mal angeekelt, mal hundeblickiger, irgendwie Opfer halt. Es war skurril, diesem Fotoshooting im Clownskostüm beizuwohnen wie ein Praktikant, der seinen Job ja schon gemacht hatte und, nun ja, auf sein Polizeitaxi wartete. Spätestens da wurde mir noch mal mulmig, weil so klar war, dass sie versuchen wollte, aus der Aktion Profit zu schlagen. Und sie machte ja irgendwie auch meinen Job, denn ihr Foto wurde später massenhaft im Netz geteilt: Genau so ein Foto hatten wir noch gebraucht.

Sie machte noch ein Bild von mir, das später auf Neonaziblogs geteilt wurde. Naiv von mir, dass ich vorher das Internet nicht besser aufgeräumt hatte, weshalb sie die Adresse meiner Familie fanden. Aber sosehr ich hin und her geschubst wurde, sosehr die AfD-Rentner_innen mir mit ihren Bundeswehrsöhnen drohten (Fallschirmjägerdivision!), die mich aufknüpfen und sich an mir rächen würden, ich werde ja noch sehen und so weiter – ich war gut gelaunt. Es war vollbracht. Die Operation *Tortaler Krieg* gegen die AfD war erfolgreich abgeschlossen.

Ruben, mein Kollege mit der Kamera, hatte das Ziel Nummer eins im Kasten. Ziel Nummer zwei, das Verprügeln des Clowns, hatte er nicht mehr mitnehmen können und war lieber abgehauen, bevor die sich mit ihren altersgeschwächten Armen auch noch auf ihn stürzen konnten. Also hopp, nach Hause und Video hochgeladen: Zwei weitere Peng-Kolleg_innen, die gerade Urlaub an der Ostsee machten, hatten eine Website vorbereitet, auf der ein politisches Pamphlet als Beilage zu den Bildern veröffentlicht wurde. Damit die Presse in ihren Berichten vermeintliche Zitate, sogenannte O-Töne, abdrucken konnte, hatten sie einfach die rassistischen Zitate von Storch und Petry genommen und einzelne Wörter ersetzt.

Im Ton einer offiziellen Pressemitteilung stand auf der Website:

> Sogenannte besorgte Bürger sind die steinerne Grabplatte, unter der Demokratie und Menschenrechte begraben liegen. Die Torte ist das Stemmeisen, mit dem man diese Grabplatte lüften kann.
> Heute haben Menschen an der moralischen Außengrenze des Landes von der Torte Gebrauch gemacht. Bei einem Treffen der AfD am 28. Februar 2016 im Pentahotel in Kassel wur-

den die AfD-Vizes Beatrix von Storch und Albrecht Glaser getortet.

Zur Aktion sagt der Tortenwerfer:

»Wer den moralischen Grenzübertritt verhindern will, muss notfalls auch von der Sahnetorte Gebrauch machen. So steht es im Gesetz. Denn wer das HALT an unserer ethisch-moralischen Grenze nicht akzeptiert, der ist ein Angreifer. Und gegen Angriffe müssen wir uns verteidigen.«

Auf die Frage, ob die Aktion notwendig gewesen sei und ob das nun Alltag werden solle, sagte der Aktivist:

»Kein Aktivist will einen Politiker torten. Ich will das auch nicht. Aber zur Ultima Ratio gehört der Einsatz von Sahnetorten. Und derzeit ist der Gebrauch von Torten das moralische Gebot der Stunde. Der Tortenwurf ist letztes Mittel am Grenzbaum zur Unmenschlichkeit und dringlichster Ausdruck direkter Demokratie.«

Die Aktivisten betonen zudem, Kinder würden auch in Zukunft aus Rücksicht vor der Menschenwürde nicht getortet werden. Dennoch zeige der Tortenwurf den süßen und klebrigen Zorn der demokratischen Mehrheit. Und für die Zukunft lassen die Aktivisten wissen:

»Keiner darf glauben, dass er den Boden von Ethik, Moral und Menschenrechten durch die Drohung tödlicher Gewalt gegen Menschen ungestraft verlassen kann. Wer das wie die AfD tut, läuft Gefahr, einen tortalen Krieg auszulösen.«[8]

Von der *Zeit* über die *Augsburger Allgemeine* bis zur *Tagesschau* berichteten über 150 Medien, die lokale Antifa besetzte das Hoteldach, und die Bundespolizei begleitete die AfD-Mitglieder zum Bahnhof. Die Programmsitzung war abgebrochen. Als ich zur Polizeiwache gefahren wurde – nachdem es auf *Bild Online* stand, wurde die Polizei dann doch »noch mal« gerufen – konnten die Beamt_innen sich das Lachen nicht verkneifen. Ein Clown auf der Rückbank und den obersten Staatsschutz am Telefon, der sie ermahnte, jetzt ganz professionell zu sein. Nach über zehn Jahren bei der Polizei habe der Einsatzleiter so was noch nicht erlebt.

Aber nicht alle in der Kasseler Wache fanden das lustig. Eine_r der Kolleg_innen erstattete sogar Anzeige gegen mich, wegen angeblich illegaler Aufnahmen. Das war offenbar eine Impulshandlung, denn er hatte juristisch gesehen keine Chance. Am Telefon beschimpfte er mich dafür ordentlich, als ich nach dem beschlagnahmten Videomaterial aus meiner Knopfkamera fragte. Es war erstaunlich zu sehen, wie gespalten die Polizei anscheinend zu diesem Zeitpunkt schon gegenüber der AfD war. Heute bestätigt auch ein Polizeigewerkschafter ganz offen einen rechtsnationalen Hang der Polizei zur AfD und bezieht sich auf 2015 als Ausgangspunkt.[9] Die Polizeibehörden tendieren aus einer Gesamtheit geschichtlicher und kultureller Aspekte nach rechts, doch diese Offenheit eines Gewerkschafters lässt mich erschaudern. Wenn ich an diese Zeit zurückdenke, denke ich an den Anfang vom Ende der Demokratie, wie wir sie kannten.

Aber mal eine grundsätzliche Frage: Hat sich dieser Tortenwurf gelohnt?

Selbstbewusstsein

So unterhaltsam der Tortenwurf auf die AfD auch sein mag, er bleibt nicht ganz unproblematisch. Künstlerisch gesehen finde ich nach wie vor, dass Sahne auf Nazis wunderbar funktioniert. Ich würde mir weit mehr freie Theatergruppen wünschen, die auch Sahneperformances von der Tribüne des Bundestags aus machten, vielleicht mit schwarz-rot-goldener

Lebensmittelfarbe. Nein, ästhetisch ist das durchaus interessant und sollte Eingang in deutsche Traditionskunst finden, in interdisziplinären Studiengängen der Konditor_innen und der darstellenden Künste.

Alas, die Kunst des politischen Tortenwerfens ist voller theoretischer und praktischer Herausforderungen. Das offensichtlichste Problem ist, dass eine professionell durchgeführte Tortung auch immer der AfD selbst nutzt, weil sie sich dann erfolgreich als Opfer inszenieren kann. Ich erinnere an die kokett mundwinkelrunterziehenden Storch-Posen. Dazu kommt die Frage nach den richtigen Mitteln zur richtigen Zeit im richtigen kulturellen Kontext. Ist eine Torte Ausdruck von Gewalt? Was wäre das dann genau – symbolische, kulturelle oder sahnige Gewalt? Sind Tortungen vielleicht einfach nichts für jemanden, die_der mit beiden Füßen auf dem Boden der demokratischen Grundordnung steht, weil Tortungen schlicht undemokratisch sind? Und abgesehen von der gesellschaftspolitischen Dimension, muss man auch immer für sich entscheiden, was die eigenen Grenzen und Kapazitäten sind, bevor man zielt und wirft. Weder Staat noch Nazis reagieren in der Regel freundlich auf unerbetene Sahnebenetzungen.

Schauen wir uns diese drei Punkte mal an: Ist es überhaupt richtig, so etwas zu tun? Ist es der richtige Zeitpunkt und der richtige Kontext? Und schließlich: Ist es für Sie, werte_r Leser_in, das Richtige?

Diese Fragen passen gut an den Anfang einer jeden Aktionsplanung, und dieses Tortenbeispiel ist so plump und plastisch, dass ich diese Fragen daran beispielhaft durchgehen will. Denn sie sind die Basis für die Entwicklung eines politischen Selbstbewusstseins: des Bewusstseins, wo die Grenzen und Möglichkeiten des eigenen politischen Handelns liegen.

Zunächst zum Täter-Opfer-Spiel. Dass die Neue Rechte einen Sandkastenpopulismus pflegt, ist bekannt. Entweder sie greift alle Anwesenden an, oder sie schreit als Opfer auf:

Hauptsache, alle schauen hin. Sie spielt die Opfer-Täter-Klaviatur so laut und intensiv, dass man kaum weghören kann, wie bei einem Unfall. Es hat auch immer etwas Faszinierendes an sich. Innerhalb einer solchen Strategie bedeutet jeder Angriff die Chance auf noch mehr Aufmerksamkeit. Das macht es sehr schwer, die Neue Rechte effektiv anzugreifen, da sie vor allem auf der emotionalen Ebene mobilisiert. Ich finde den Vergleich mit einem Sandkastenstreit nerviger kleiner Kinder gar nicht so schlecht – abgesehen davon, dass die AfD-Politiker_innen als Erwachsene voll in der Verantwortung stehen. Doch die Gesten des Kreischens, das Du-bist-schuld und Ich-armes-Ding, all das hat eben oft was Kindlich-Affektives. Und bei dem Bild merkt man auch, wie wenig sinnvoll es ist, eine intellektuelle Reaktion auf eine rassistische Aussage zu liefern – zum Beispiel auf die Aussage, dass man jetzt weg von Europolitik, hin zu Islamverboten schwenken sollte, weil die Presse es sicher feiern würde. Es geht nicht darum, wer recht hat. Es geht darum, wer lauter schreien kann.

Entscheidend ist aber auch, dass die AfD solche Schreie als rationale Argumente verpackt, ihnen den Anschein eines Debattenbeitrags verleiht. Vielleicht denke ich da zu primitiv, aber mir hilft das Bild des kleinen Arschlochkindes im Sandkasten auch beim Lösungsansatz: Wenn es plötzlich die Sandförmchen klaut, dem Nachbarskind ins Gesicht spuckt und mit der Kelle haut… Ich würde ihr_ihm erst mal klare Grenzen aufzeigen und zugleich darauf achten, dass sie_er auf einer anderen Ebene wieder eingefangen wird als allein auf der des rationalen Arguments. Ich würde es menschlich ernst nehmen. Mit den Eltern reden. Und übertragen heißt das, gesellschaftlich mehr soziale Gerechtigkeit aufzubauen und tiefgehenden Rassismus zu bekämpfen.

In dem Sinne war die Tortung eine symbolische Grenzsetzung im Mediendiskurs. Keine gesamtpolitische Lösung. Eine Intervention, die das Gewand des Debattenbeitrags der AfD ignorierte und auf der performativen Ebene blieb. Ein Moment, in dem wir sagten: Stopp, auf dieser Ebene lassen wir dich nicht gewinnen. So konnte Storch zwar ihre gewohnte Opferkarte spielen, aber das Zeichen war gesetzt. Und es sollte nicht das letzte sein. Es bleibt ambivalent, aber ich hoffe, sagen zu können, erst mal stand es 1:1.

Gewalt

Dann hätten wir in Deutschland nun die grundsätzliche Frage nach Sahne und Gewalt. Ist es schon eine moralische Grenzüberschreitung, ist es körperliche Gewalt, jemandem Sahne ins Gesicht zu werfen, dazu noch als Clown verkleidet, was potenzielle Kindheitstraumata triggern kann? Und ist Sahne nur der Anfang, der zwangsläufig »zu linksradikalen Morden führen wird«, wie mir eines der AfD-Mitglieder sagte, als wir gemeinsam auf die nicht gerufene Polizei warteten?

Die Frage, wann und ob Gewalt ein angemessenes Mittel zur Lösung von Problemen sein kann, hat sich stets gewandelt und ist ein stabiles Diskussionsthema, egal ob Staat, Kindergärtner_in oder Gastgeber_in einer BDSM-Party. Es kommt eben auf den Kontext an. Die Suffragetten, eine feministische Gruppe Anfang des 20. Jahrhunderts in England, schmissen die Fensterscheiben von Männerläden ein. Das ist symbolische Gewalt gegen Dinge, ohne die das Frauenwahlrecht nicht so schnell eingeführt worden wäre.[10] Mahatma Gandhi ist bekannt für seine gewaltfreien Proteste gegen die britische Kolonialherrschaft, doch ohne die terroristischen Anschläge von Subhas Chandra Bose im Süden Indiens wäre der Druck auf die britische Regierung nicht hoch genug gewesen, um die Macht zu übergeben.[11] Und die Riots in den USA Mitte 2020 aufgrund systematischer Polizeigewalt kamen zu einem Zeitpunkt, da sie die Kraft entfalteten, Polizeipräsident_innen zurücktreten zu lassen. Das wäre vermutlich nicht denkbar gewesen, hätte die Black-Lives-Matter-Bewegung nicht jahrelang Basisarbeit geleistet, wären da nicht gerade die Arbeitslosenzahlen auf einem Rekordhoch und die COVID-19-Toten nicht ungleich öfter aus der schwarzen Community gekommen.[12] Ich bin mir sicher, dass es Momente geben kann, in denen direkte Gewalt einen Zweck erfüllt: Die Beispiele, die ich nannte, sind sehr unterschiedliche Momente, in denen Verantwortliche struktureller und kultureller Gewalt die letzten Meter bis auf den Scherbenhaufen der Geschichte getragen wurden – oder noch dorthin gepusht werden.

Auch wenn ich nicht alle seine Standpunkte unterschreiben würde, hilft mir die Unterscheidung in drei Formen von Gewalt des Friedens- und Konfliktforschers Johan Galtung.[13] Es ist recht einfach: *Direkte Gewalt* ist sichtbar und richtet sich gegen Dinge und Personen. Also ein Schlag in die Beine mit dem Schlagstock, die Entglasung eines Ladenlokals oder die subtile Drohung mit einem sexuellen Übergriff. *Strukturelle Gewalt* ist etwas indirekter. Die erfährt man zum Beispiel, wenn die Mieten im eigenen Viertel so lange steigen, bis man ausziehen muss, weil man sich die eigene Wohnung nicht mehr leisten kann. Wenn man mit türkisch klingendem Namen nur viel schwieriger eine Beförderung bekommt, sich deshalb nicht im teureren Viertel ansiedeln kann, wo die guten Schulen sind, dann ist das strukturelle Gewalt – mit Folgen für die ganze Familie. Strukturelle Gewalt kann auch in Gesetze gegossen werden, etwa durch ein duales Krankenkassensystem, in dem Gutverdienende nicht in den Topf der Pflichtversicherungen einzahlen müssen und durch ihre privaten Krankenversicherungen leichter an Arzttermine kommen. Oder wenn Menschen mit einem deutschen Pass mehr Rechte genießen als andere. So kommt es, dass Wirtschaftsliberale als Freiheit bezeichnen, was andere als Gewalt empfinden. Womit wir bei der *kulturellen Gewalt* wären: Die findet sich in Sprache und Wissenssystemen wieder und dient zur Legitimation von direkter und struktureller Gewalt. Wenn eine Frau in der Feedbackrunde als Einzige keine inhaltliche Kritik bekommt, dafür aber ihr Aussehen gelobt wird, wenn die Männer öfter und lauter zu Wort kommen, dann erlebt sie Sexismus, hier als kulturelle Gewalt.

Diese drei Formen von Gewalt existieren nicht getrennt voneinander, sie spielen immer zusammen. Wenn in Deutschland seit 1990 mindestens 159 nicht weiße Menschen in Polizeigewahrsam zu Tode kamen und bis heute keiner der zuständigen Polizeibeamt_innen ernsthafte Konsequenzen gespürt hat[14], dann bilden strukturelle Gewalt und kulturelle Gewalt die Basis für direkten Rassismus.

Ist die AfD hier nun Opfer von Gewalt geworden, vermeintlich sogar einer Vorstufe von Terrorismus, wie der Journalist Alan Posener in der *Welt* überlegte, nachdem er von Storch in einem Café am Hackeschen Markt getroffen hatte? Er schrieb: »Mit Clownerien und Gewalt gegen Sachen begannen auch diejenigen, die später die Terrorgruppe RAF gründeten«.[15] War die Tat sogar staatlich finanziert, wie die *Bild* mit der Überschrift »Wurde diese Torte mit Steuergeldern bezahlt« suggerierte?[16] Ja, war meine Sahne, um noch so ein schräges Bild wie die Torte als Stemmeisen zu bemühen, vielleicht die eigentliche Grabplatte des liberalen, demokratischen Diskurses, dem nun eine Reihe weiterer Gewalttaten folgen sollten, wie in den schäumenden Facebook-Kommentaren der Von-Storch-Getreuen nun befürchtet wurde?

Juristisch gesehen trifft all das jedenfalls nicht zu. Der Polizist, der mich nach dem Tortenwurf abholen kam, fragte die Getroffene drei Mal, ob ihr übel geworden sei, ob sie sich übergeben musste. Mit offenbar verletztem Stolz verneinte sie das prompt und schaute etwas brüskiert, als wäre ihre Verletzlichkeit ein Tabuthema. Zehn Minuten später versuchte sie, eine Anzeige wegen Körperverletzung zu stellen. Der Polizist erklärte ihr freundlich, dass sie das machen könne, aber dazu in aller Regel Übelkeit oder Erbrechen in der ersten halben Stunde nach dem Tortenwurf vorgekommen sein müsse, was sie ja eben noch verneint habe. Er sei kein Jurist, aber das habe er so gelernt. Mit aufgerissenen Augen sah ich dann das kleine Sandkastenkind vor mir, das den Polizisten anflehte, ihr zu glauben, dass ihr *doch* eben übel gewesen sei, sie habe es nur *vergessen*.

Dann wäre da noch die ästhetische Frage. Hagen Philipp Wolf, der Regierungsdirektor der damaligen Kulturstaatsministerin Monika Grütters, erkannte in meinem Tortenwurf offenbar Kunst. Kunst, die er eigentlich nicht bewerten wolle, wie er der *Bild* sagte, denn es sei »nicht Aufgabe des demokratischen Rechtsstaates, Kunst zu bewerten«. Das sei »die Lehre aus zwei deutschen Diktaturen im 20. Jahrhundert«. Die Freiheit der Kunst sei grundgesetzlich verbürgt. Und dann bewertete er sie doch, als er hinzufügte, das gelte »auch für geschmacklose Kunst, soweit diese nicht strafrechtliche Grenzen überschreitet«.[17]

Das Gericht verurteilte mich Monate später, nicht wegen Körperverletzung, sondern wegen tätlicher Beleidigung. 50 Tagessätze.

Militanz

Die Klärung der Frage, ob Gewalt ein legitimes Mittel der politischen Auseinandersetzung sein kann, steht seit Beginn meines politischen Denkens als »Militanzfrage« auf meiner

To-do-Liste. Bis heute habe ich mich ausweichend für die Position des strategischen Antimilitaristen entschieden. Ich weiß von mir selbst, dass ich mir eher in die Hose machen würde, als dass ich mit meinen dünnen Ärmchen jemanden körperlich angreifen könnte. Aber abgesehen von akuten Situationen, geht es ja hier um die große Frage, die Staaten immer wieder dazu bewegte, in fremden Staaten kriegerisch einzugreifen – nicht nur, aber insbesondere in US-republikanischen Debatten gilt es als ethische Verpflichtung, Demokratie militärisch durchzusetzen. Im Kleinen führt das zu der Frage, ob man den komplexen Formen der strukturellen und kulturellen Gewalt mit gezielten Interventionen – also direkter Gewalt – begegnen sollte.

Ich kann solche Überlegungen nachvollziehen: Was soll ich denn tun, wenn ich in Nigeria auch nach über 50 Jahren Klagen und Öffentlichkeitsarbeit keine Kompensationen bekomme, obwohl mein Zuhause durch eine Ölkatastrophe, verschuldet durch einen Konzern, zerstört wurde? Wie kann eine schwarze Community in den USA sonst einen Wandel forcieren, wenn anscheinend Person für Person von der Polizei umgebracht wird, obwohl die Community sogar schon einen schwarzen Präsidenten gestellt hat?

Und trotzdem kann ich direkte Gewalt nicht befürworten. Vielleicht weiche ich hier ein Stück weit aus, aber ich betone lieber, dass es sehr viel produktive Arbeit zu tun gibt, bevor man in so was investiert. Man kann sich organisieren, streiken, Druck auf kommunaler Ebene aufbauen. Man kann Straßen blockieren und Farbbeutel auf Autos werfen, man kann Texte schreiben und solidarisierende Feste feiern. Bevor nicht jede gewaltfreie Aktion versucht wurde, kann ich für mich selbst keine Rechtfertigung finden, direkte Gewalt anzuwenden.

Genauso sollten erst mal zivile Organisationen im Irak, in Syrien oder Libyen gestärkt werden, die sich gegen Kriegsparteien organisieren, bevor man Waffen aus deutscher Produktion dorthin schickt. Ich habe dabei immer ein bisschen Angst, unrealistisch zu sein, will da aber ganz nach dem, was als protestantische Ethik verbrämt wird, das gute Gewissen haben, es wenigstens versucht zu haben. Es ist schlicht Arbeit, kreative Lösungen zu finden. Es ist für mich ein beruhigender Gedanke zu wissen, dass es reichlich Alternativen zur direkten Gewaltanwendung gibt, die auch noch richtig Spaß machen.

Ich habe mich dazu entschieden, medientaktische Interventionen, subversiven zivilen Ungehorsam und investigativen Journalismus als Mittel zu nutzen. Auch weil ich es kann. Und zur Sahne im Gesicht von Neonazis: Die halte ich tatsächlich weder für Kunst noch für eine Form unangemessener Gewalt. So schön sie ästhetisch ins Bild passte, es war am Ende auch einfach nur eine geworfene Torte.

Demokratie

Einen Zweifel an der Legitimität der Torte hätte ich aber doch noch, und es wundert mich, dass das zu dem Zeitpunkt nicht diskutiert wurde – ich frage mich nach dem demokratischen Wert der Torte: War die AfD im Fall der heimtückischen Besahnung vielleicht Opfer einer antidemokratischen Handlung?

Diese Überlegung finde ich schon viel zutreffender, denn immerhin hüpfte gleich nach dem Tortenwurf die lokale Antifa aufs Hoteldach, und die Bundespolizei brach aus Sicherheitsgründen die Sitzung der AfD ab. Eine Sitzung, in der ein politisches Parteiprogramm besprochen werden sollte. Möglicherweise wurde ein demokratischer Willensbildungsprozess gestört. Und falls Sie nun denken: »Ja, aber doch genau der demokratische Willensbildungsprozess der AfD«, dann lassen Sie mich doch kurz erklären, weshalb das ein Paradox ist und es sich eventuell lohnt, auf ursprünglich undemokratische Mittel zurückzugreifen (Sahne).

Die AfD ist nach meiner Definition keine demokratische Partei. Im Gegenteil: Sie nutzt jedes demokratische Mittel, das sie finden kann, um konstruktive demokratische Prozesse zu unterwandern. Und ich meine damit nicht nur, dass sie offen rassistische Pläne schmiedet, etwa Menschen an der Grenze umzubringen. Sie stellt in Parlamenten kleine Anfragen, die auf Erfindungen basieren – etwa im Landtag Nordrhein-Westfalens zu Angriffen auf Metzgereien durch Veganer_innen, die es nie gegeben hat, oder zu einer Vergewaltigung in einem Maxim-Gorki-Park, den es nach Aussage des damaligen sächsischen Innenministers Markus Ulbig in Sachsen gar nicht gibt.[18] Sie stellten 630 meist rein rhetorische Anfragen im Sächsischen Landtag zur »Pinocchio-Presse«, vermutlich einfach nur, um den parlamentarischen Betrieb aufzuhalten.[19] Die Liste performativer Politik, die vor allem den demokratischen Betrieb aufhält und inhaltlich nichts zu einer Debatte beiträgt, ist lang. Genauso überschlagen sich Meldungen, in denen führende Politiker_innen der Partei offen demokratische Grundwerte ablehnen, wie Pressefreiheit, Meinungsfreiheit oder die Gewaltentrennung.[20] Deshalb kann man die AfD-Mitglieder getrost als Gegner_innen, vermutlich gar als Feind_innen der Demokratie bezeichnen.

Die Unterscheidung zwischen Gegner_in und Feind_in ist eine lang diskutierte Grundlage der Rechtsphilosophie. Mir hat hier die Philosophin Chantal Mouffe mit ihrem Buch *On the Political* geholfen, in dem sie von einem gemeinsamen Band schreibt, das zwischen den im Konflikt liegenden Positionen bestehen müsse, damit sie sich nicht als zu zerstörende Feind_innen betrachten.[21] Sie beschreibt Gegner_innen so, dass sie nie bis zur vollkommenen Vernichtung kämpfen würden. Feind_innen hingegen schon. Es mag ironisch klingen, dass ich eine linke Theoretikerin heranziehe, die sich auf Carl Schmitt bezieht, einen ehemaligen Nationalsozialisten, um ihre Abhandlungen wiederum auf den Umgang mit der AfD anzulegen. Mit ihrer Interpretation bekomme ich das Dilemma aber besonders gut zu greifen: Feind_innen sind Gift für jeden Diskurs, da sie bereit sind, über Leichen zu gehen, bereit sind, die gemeinsame Grundlage für eine friedliche Konfliktlösung zu zerstören. Wie also soll man mit ihnen umgehen?

Auch hier habe ich keine abschließende Meinung, und ich werde diese Frage vermutlich bis zum Ende meines Lebens je nach Kontext anders beantworten. Doch in diesem Fall habe ich mich entschieden, eine Gruppe wie die AfD, die alle demokratischen Mittel einsetzt, die sie finden kann, um die Demokratie von innen zu zersetzen, mit gewaltfreien, aber auch undemokratischen Mitteln zu bekämpfen. Das ist für mich keine Lösung, sondern eine symbolische Verzweiflungstat in einem theoretischen Dilemma.

Zunächst gehe ich davon aus, dass wir in der deutschen Legislative nicht die Mittel haben, um einer gezielten Unterwanderung durch kontinuierliche Zersetzung der eigenen parlamentarischen und sonstigen repräsentativen Strukturen strafrechtlich entgegenzutreten. Sonst wäre ein Björn Höcke oder ein Götz Kubitschek, deren Ziel es laut Hajo Funke war, die parlamentarischen Strukturen zu zersetzen, von einem Gericht verurteilt worden.[22] Alle Mitglieder der AfD, die demokratische Prozesse bewusst stören, wären strafrechtlich belangt und gestoppt worden. Zum anderen ist das einzige Gewaltmonopol, die Exekutive, nicht für seine antifaschistische Position bekannt: Die Polizei fällt regelmäßig mit Rechtsradikalen und rechtsterroristischen Aktionen in den eigenen Reihen auf, sei es im Fall der Gruppe Nordkreuz, wo Namen für Todeslisten an Neonazis rausgegeben wurden.[23] Oder im

Fall der Drohschreiben eines »NSU 2.0« an die Frankfurter Anwältin Seda Basay-Yildiz, die Kabarettistin Idil Baydar und die hessische Linken-Fraktionsvorsitzende Janine Wissler, für die jeweils unberechtigt Daten an einem hessischen Polizeicomputer abgefragt wurden.[24]

Nun habe ich folgendes Dilemma: Ich will selbst keine Gewalt anwenden, will aber auch Wege finden, eine Zersetzung demokratischer Strukturen zu verhindern. Das Dilemma werde ich nicht vollends lösen können, aber hier ist ein erster Versuch.

Zum einen muss der Druck auf Polizei und Justiz steigen, damit rassistische Strukturen in diesen Institutionen offengelegt und bekämpft werden. Während in den USA die Kritik an der Polizei zu Rücktritten führt, werden in Deutschland eher Loblieder gesungen, und es wird weiterhin von einzelnen »schwarzen Schafen« gesprochen.[25] Dass Neonazis nicht konsequent verfolgt werden, hat spätestens seit den Anschlägen während des Oktoberfestes in München am 26. September 1980 Tradition: Die Wehrsportgruppe Hoffmann, zu der mehrere Spuren führten, wurde von der CSU-Regierung verharmlost.[26] Bei den Anschlägen des NSU wurde die Schuld bei den Opfern gesucht, bis es nicht mehr ging, da der NSU sich selbst geoutet hatte.[27] Das Vertrauen in die Behörden erodiert. Erst seit dem Mord an dem Kasseler Regierungspräsidenten Walter Lübcke, einem Weißen, einem CDUler, der sich für eine progressivere Migrationspolitik einsetzte, wird zaghaft in neues Personal gegen Rechtsextremismus beim BKA und Verfassungsschutz investiert.[28] Und was die Judikative angeht: Leider sind die Strukturen bislang nicht so angelegt, dass Staatsanwaltschaften Rechtsradikale jagen, wie sie nach Hartz-IV-Betrüger_innen suchen.[29]

Zweitens braucht es ein breites zivilgesellschaftliches Bündnis, um mit gewaltfreien Taktiken und Strategien die undemokratischen Neonazi- und AfD-Strukturen zu zersetzen.

Ich schreibe »zersetzen«, weil damit deutlich werden soll, dass man es gewaltfrei angehen kann, aber hier eine Grenze erreicht ist, die mein Selbstbild des Fair-Play-Demokraten herausfordert. Doch da die klassischen demokratischen Mittel des besseren rationalen Arguments kein probates Mittel gegen Neonazis sind, müssen wir über alternative gewaltfreie Ansätze nachdenken. Wenn man beispielsweise gezielt Misstrauen in den Neonazireihen sät, indem man Facebookgruppen hackt und sie gegeneinander aufhetzt, ist das keine klassische demokratische Handlungsweise. Auch interne Kommunikation zu veröffentlichen, gehört nicht zum guten Ton unter Demokrat_innen. Das Einzige, was mir noch bestätigen könnte, stets mit beiden Füßen auf dem Boden der demokratischen Grundordnung zu stehen, ist, dass ich immer bereit bin, meine Handlungen vor Gericht zu vertreten.

Das ist die Definition zivilen Ungehorsams: verfassungskonformer Regelbruch. Ich mag mit manchen Aktionen zivilrechtlich zu verurteilen sein. Im weiteren Sinne der Verfassung, die entstanden ist, als die Alliierten Nazideutschland besetzt hielten, halte ich sie aber für richtig: einfach, weil es keine legalen und exekutiven Mittel gibt, die Werte der Menschenrechte oder sozialökologischer Gerechtigkeit zu verteidigen.

Das Feld der direkten gewaltfreien Aktionen gegen rechte Strukturen ist groß. Ich habe mich vor allem für medientaktische Aktionen entschieden.

Der Vollständigkeit halber: Das alles allein wird natürlich nicht reichen – es braucht nicht zuletzt auch materielle Interventionen, um die stabilen zehn Prozent rechtsradikalen Wähler_innenpotenzials dabei zu belassen. Zugänge zu Bildung, Gesundheit und Wohnraum beispielsweise müssen gerecht verteilt werden, damit es weniger zu meckern gibt und Nazis mit den gefrusteten Menschen keinen leichten Fang machen können.

Sicherheit

Wenn wir von Werten sprechen, sind unsere Bezüge meist schwammig. Häufig meinen wir keine politisch-normativen Theorien, sondern schlicht Bedürfnisse. Sicherheit und ein tief empfundenes Zusammengehören sind in dieser ultraflexiblen und singularisierten Welt zwei Werte, die zu kurz kommen. Die besten Salonreden darüber, wie wir der Klimakrise begegnen, wie wir den Kapitalismus Stück für Stück umbauen sollten oder welche Form von Gegenwehr nun die richtige sein mag, nützen nichts, solange wir nicht wissen, was wir selbst brauchen, wo unsere persönlichen Grenzen sind, welche Talente wir haben.

Wenn wir in Aktionsteams neue Ideen entwickeln, schmeißen wir alle unsere Gedanken zusammen, reden kreuz und quer, blödeln rum. Wenn die Augen aufleuchten, alle spontan auflachen, hören wir genauer hin, klopfen die Idee ab und hinterfragen sie. Ich habe dabei häufig erlebt, mir selbst passiert das regelmäßig, wie Bedürfnisse mit idealistischen Argumenten verkleidet werden. Das merke ich meistens an der Art, wie in der Phase der Ideenentwicklung Bedenken geäußert werden. Konstruktive Bedenken suchen nach Möglichkeiten, die geplante Aktion zu realisieren, zu verbessern: Wen geht diese Aktion was an? Gibt es Betroffene, und was sagen sie dazu? Wenn man die Kohleindustrie einstampfen will – wie kann man das äußern, ohne die Rechte der Arbeiter_ innen zu vergessen? Solche Bedenken sind Gold wert, dazu finden sich praktische Lösungen, und die Aktionen werden schlicht besser.

Doch dann gibt es persönliche Bedürfnisse, die diffuse Angst, die sich selbst verstecken will und im Gewand politischer Bedenken erscheint. Ich hab mich schon selbst dabei erwischt. Die Gruppe wird mit theoretischen Hilfsmitteln ausgebremst, die Argumentation verlagert sich auf ideologische oder technische Ebenen. In hierarchischen Organisationen wird dann auch auf Probleme im Prozess oder auf Zuständigkeiten verwiesen. Da geht es um die berechtigte Sorge, auf die eine oder andere Art und Weise eins auf die Rübe zu bekommen. Als Konsequenz unserer Aktionen spürten mehrere von uns die Handschellen klicken, durchlebten jahrelange juristische Prozesse oder wurden von AfD-Politiker_innen verprügelt. Es ist völlig legitim zu sagen: »Sorry, das will ich nicht.«

Wir haben verlernt, uns verletzlich zu zeigen. Das sind die Momente, die »Bedenkenträger_innen« so einen schlechten Ruf verpasst haben. Dabei gibt es ja auch wirklich gute Gründe dafür, ungern als Clown verkleidet in einen Raum voller Neonazis zu laufen.

In den Wochen nach dem Tortenwurf bekam ich massenweise Morddrohungen. Klar, Beatrix von Storch hatte einen meiner Namen im Netz veröffentlicht, er wurde in Naziforen besprochen. Schon der Nationalsozialistische Untergrund hatte solche Foren genutzt, in denen man Listen anfertigt, wer als Nächstes umgebracht werden sollte. Antifaschist_innen, die regelmäßig dort recherchieren, sandten mir Artikel und Beiträge, in denen ich genannt wurde. Ich bekam E-Mails, unbestellte Pizzalieferungen und Beate-Uhse-Kataloge nach Hause geliefert. Sogar ein Fax kam an, in dem mir in einer poetisch-sexuellen Phantasie erklärt wurde, ein »AfD-Mitglieder-Rudel« wolle mich nackt ausziehen, und jeder dürfe mal zuschlagen, bis ich regungslos am Boden läge und um Erbarmen flehte. Ein anderer skurril-dadaistischer Auswuchs der AfD-Fans waren Briefe, in denen beteuert wurde, Putin sei ja gar nicht so schlimm – obwohl ich mich nie zu diesem Thema geäußert hatte.

Was mich aber wirklich traf, war der Moment, in dem ich angerufen wurde. Es war die rauchige Stimme, die ihre Worte

Sicherheit

in den Hörer hineinpresste: »Wir werden deine Sippe finden und umbringen. So was darf man mit der AfD nicht tun. Heil Hitler.« Klick.

Eine politische Aktion ist immer auch eine körperliche Herausforderung. Eine körperliche Gefahr, der man sich aussetzt. Stress, Angst, Adrenalin. Vorher, währenddessen, danach. Nach dem Tortenwurf wurde ich ja auch gleich festgenommen, mein drittes Mal in Gewahrsam. Dort schaute mir der neunzehnjährige Stoppelhaarbeamte ganz nach Vorschrift meinen Anus durch. Um sicherzustellen, dass ich mich nicht umbringen könnte, sagte er. Ich weiß nicht genau, weshalb die Kasseler Polizist_innen diese Vorschrift erfunden haben, allen Gästen erst mal in den Arsch zu schauen, aber sie halten sich dran. Vermutlich, weil sie denken, dass ich dort ein Seil oder eine Nagelfeile versteckt haben könnte. Ich zog also die Clownshose runter und zeigte, ganz nach Vorschrift, einem jungen Polizisten mein Gesäß. Weil er danach fragte, spreizte ich die Backen. Mein Gesicht war in allen Zeitungen zu finden. Meinen Po bekam nur er.

Die Polizei half mir nicht beim Umgang mit den Morddrohungen, sondern suchte in meinem Zimmer nach einer Leiche. Sie war angerufen worden, jemand hatte in meinem Namen behauptet, dass ich meine Freundin umgebracht hätte. Diese Methode heißt »Swatting«. Sie kommt aus den USA, wo Gamer_innen Spezialkommandos zu ihren Gegenspieler_innen schicken, indem sie bei der Polizei anrufen und bei der entsprechenden Adresse eine Straftat melden, während sie sich virtuell bei Counterstrike abknallen. Das finden sie dann besonders funny. Bei meinem Swatting wurde die Polizeibehörde in Neukölln angerufen, wo die Anrufe nicht aufgezeichnet werden – also nicht 110 –, was dafür sprach, dass die Täter_innen organisierte und erfahrene Neonazis waren. Ich entschied mich, bei all dem Druck, der wegen der Sahne-auf-Adelsfascho auf mich entladen wurde, drei Wochen unterzutauchen.

Natürlich hatte ich das alles nicht vorher durchgerechnet und gesagt, komm, das lohnt sich, lass uns Sahne und Tortenboden kaufen. Aber das war nicht nur, weil ich naiv war. Es lohnt sich auf der persönlichen Ebene fast nie, sich gegen Nazis zu engagieren. Zumindest nicht in Deutschland. Die Frage vor einer jeden Aktion ist also nicht nur, ob ich politisch voll dahinterstehe (vielleicht ist Sahne-auf-Nazis zu krass, und ich mach doch besser eine Petition gegen Menschenerschießen?). Die Frage ist auch, ob ich mir das antun will. Ob ich die dafür nötigen Ressourcen, die Freund_innen, die Anwält_innen habe.

Das gilt für jede politische Intervention, sei es gegen rassistische Polizeigewalt, gegen Ausbeutung im eigenen Unternehmen, gegen den Ausbau des nächsten Kohlekraftwerks. Kann ich die Konfrontation mit der Polizei ertragen? Bin ich bereit, mit Anwält_innen noch mal alles durchzugehen, bevor ich im Anschluss zum Gericht gehe? Und habe ich Freund_innen, die das alles mit mir durchstehen? So was ist immer ein Lernprozess, und bei meinen ersten erfolgreichen politischen Interventionen war ich so voller verschiedener neuer Eindrücke, dass es kaum auszuhalten war. Ich kann die Wochen zählen, die ich nach einer großen Aktion brauche, um alles zu verarbeiten. So viele Gedanken, so viele Gefühle, die sich gegenseitig überlagern.

Auch auf dem Weg zum ersten Gerichtsprozess war ich wie vernebelt. Meine Angst hatte mein Denken gelähmt. Es waren mein Freund, der mit mir gemeinsam vor Gericht stand, und die Anwältin, die schon viele politische Fälle betreut hatte, die mich da durchgetragen haben. Auch beim Tortenwurf in Kassel hatte ich Glück, dass Ruben sofort dabei war. Er hatte zwar gerade viel Stress auf seiner Arbeit, aber eine Sahnetorte 500 Kilometer bis zur AfD zu liefern, dafür nahm er sich spontan frei. So ist Ruben: Er ärgert sich dann kurz, aber weiß genau, wo er nicht widerstehen kann.

Hinterher, als Medienanfragen und Morddrohungen eskalierten, saßen wir zu viert am Küchentisch, mein Kumpel von der *taz*, mein Freund von der Hedonistischen Internationale und Ruben. Wir aßen Käse, tranken Wein und fühlten uns intellektuell. Ich zumindest. Denn wir besprachen die Medienstrategie.

Was ich bis dahin nicht wusste: In so einem Moment ist es ein guter Weg für »Message Control«, also die gezielte Steuerung der öffentlichen Wahrnehmung, ein Interview einer kleineren Zeitung zu geben, die den Artikel dann der dpa anbietet. Die dpa ist die Deutsche Presse-Agentur, die kennt man meistens von dem kleinen (dpa) am Ende von Artikeln. Das sind Meldungen, die Zeitungen nicht selber geschrieben haben, sondern einfach von der dpa übernehmen. Und so geht das auch andersrum: Ein_e Journalist_in kann einen geschriebenen Artikel der dpa zum »Tickern« anbieten. Ist das Thema relevant genug, verbreitet die Agentur den Inhalt wie ein Lauffeuer, und viele Zeitungen übernehmen die Meldung als schnell kopierten Content.

Heute ist ja alles nur noch Content. Mein Frühstück auf Insta, meine Gedanken beim Duschen auf Twitter, die Morddrohungen der Nazis bei der dpa.

Egal, die Nachricht, die dann überall zu lesen war, lautete: »Man wirft eine Torte rein und bekommt Morddrohungen zurück«. Morddrohungen, muss man dazu sagen, waren vor dem Einzug der AfD in den Bundestag noch nicht derart im Mainstream politischer Alltagskommunikation angelangt wie heute.

Während meine klugen Freund_innen bei Käse und Wein diese Medienstrategie besprachen, taten sie vor allem eins: Sie waren für mich da. Mein Kopf flirrte noch, weil ich zu viel Input in kurzer Zeit verarbeiten musste. Aber die Wärme, die ich spürte, das Gefühl, nicht allein zu sein, gaben mir die Kraft, diese Zeit durchzustehen.

Und es entstand eine Eigendynamik. Nach dem Tortenwurf wurden etwa 65 Torten auf Anti-AfD-Demonstrationen und -Kundgebungen von der Polizei konfisziert, darunter ein Tortenkatapult.[30] Als in Schöneberg vor einem AfD-Infostand in Sprechchören »Tortaler Krieg« skandiert wurde, sperrte die Polizei die lokale Bäckerei ab, damit die Demonstrant_innen sich nicht ausstatten konnten. Bei einem Wahlkampfauftakt der AfD »hatte [die Polizei] die Absperrungen so gewählt, dass die Bühne außerhalb der Tortenreichweite stand«, wie es in der *Osnabrücker Zeitung* stand.[31] Sahra Wagenknecht wurde auf ihrem Parteitag getortet, weil sie sich für eine Obergrenze von Geflüchteten einsetzte[32], Thilo Sarrazins Bodyguard fing eine Torte bei einer Lesung in Düsseldorf ab[33], auch Beatrix von Storch bekam in Kiel noch eine zweite Torte zugeworfen.[34] Als Jörg Meuthen bei einer Wahlkampfveranstaltung in Niedersachsen eine tiefgekühlte Erdbeertorte an den Kopf geworfen wurde[35], schrieb ich das Deutsche Institut für Normung an, weil ich besorgt über die deutschen Tortenwurfstandards war: Eine Torte sollte niemals kälter als zwölf Grad sein, das ist gefährlich. Auch Erdbeergelee oder andere rote Farben sehen einfach nicht gut aus, weil man sie auf den Bildern mit Blut verwechseln könnte. Es gehört ein Tortenboden dazu, und der muss weich sein – ein Becher mit Sahne, wie er in England für kurze Zeit gegen Faschos populär wurde, gehört dann zur artverwandten Kunst des Milkshakings, *nicht* des Tortens. All diese Regeln habe ich auf den vielen Konferenzen angewandten Tortenwerfens sammeln können. Das DIN-Institut ließ meine Anfrage zur Entwicklung einer DIN-Norm des Tortenwurfs unbeantwortet.

Kurzum: Vor wenigen Jahren wurden die kleinen Spektakel wie die Torte gegen Karl-Theodor zu Guttenberg oder das Ei auf Helmut Kohl von Leitmedien als Gewalt geächtet.

Die Kunst des politischen Tortenwerfens kam in Deutschland spätestens mit dem Wurf gegen von Storch endlich aus der schmuddeligen Bürgerschreck-Ecke raus. Es gab aus fast allen Redaktionen erleichterten Applaus, die sozialen Medien jubelten. Mein Steuerberater schenkte mir die Jahresabrechnung, und in den folgenden Monaten wurden regelmäßig Runden ausgegeben, sobald irgendwer erkannte, dass der Von-Storch-Tortenwerfer zu Gast war.

Ressourcen

So warm das Herz und so glühend der Wille sein mag, es gehört auch immer ein bisschen Talent dazu. Wer eher extrovertiert ist, wem es also Kraft gibt, unter Menschen und auf Bühnen zu sein, sollte das als politisches Mittel nutzen. Wer verständlich reden kann, sollte Interviews geben. Allerdings kann das schnell zu Ungerechtigkeiten führen, weil Talente eben auch Übungssache sind.

Das musste ich schmerzhaft lernen – ich bin ja manchmal eine kleine Rampensau. Zum Glück wurde mir regelmäßig auf die Füße getreten, damit ich merkte, dass ich auch Raum lassen muss, damit andere ihn füllen können. Eine Gesellschaft, in der vor allem kleine weiße Jungs aus der Oberschicht dafür belohnt werden, laut und frech zu sein, wird weniger schwarze Frauen aus der Arbeiterklasse hervorbringen, die mit Leichtigkeit Interviews geben. Das eine ist also, herauszufinden, was man gut kann, das andere, die Möglichkeiten, geiles Zeug zu machen, gerecht in der Gruppe zu verteilen – und andere auch zu lassen. Sonst quellen die Talkshows und Podien wieder vor alten weißen Männern über.

Eine schöne Übung, um Ungerechtigkeiten in einer Arbeitsgruppe zu beggnen, ist, regelmäßig folgende Fragen von allen einzeln beantworten zu lassen:

Was kann ich gut?
Was will ich können?
Was will ich nicht tun?
Was muss gemacht werden?

Es können nicht alle Webdesign, nicht alle wollen regelmäßig twittern. Die Buchhaltung, auf die niemand Lust hat, kann rumgereicht werden. Juristische Expertise, in die sich niemand einarbeiten will, kann eventuell auch ausgelagert werden. Die Dinge, die wenige können, auf die aber alle Lust haben, können gezielt angelernt werden. Und schließlich empfehle ich noch eine Arbeitskultur des gepflegten Dilettantismus, um sich nicht gegenseitig einzuschüchtern. Aber genug davon, Coaching- und Selbsthilfebücher gibt es zuhauf.

   Um politisch handeln zu können, brauche ich das, was ich ein politisches Selbstbewusstsein nenne. Das Bewusstsein für das, was ich will und was ich kann, ist ein fortschreitender Prozess. Meine Sozialisation und gesellschaftliche Position spielen bei meiner politischen Haltung eine entscheidende Rolle. Egal ob ich mit Akademikereltern eine gut bezahlte Karriere und eine freundliche Erbschaftspolitik erwarten darf, als weiße Person von Rassismus verschont werde, als Mann die mächtigere Rolle im Patriarchat zugesprochen bekomme. Ich handle immer aus meinem Umfeld heraus. Diese Banalität betone ich nur, weil wir von klein auf durch individualisierte Schulnoten das Gegenteil vermittelt bekommen. Und dabei meine ich nicht nur die Sprachen, die ich lernte und die mein Denken formten, oder die Sorgenfreiheit, da ich mein Studium finanziert bekam.

   Unterm Strich sind politische Interventionen keine Lösungen für die Rettung der Welt, sei es so eine platte Aktion wie der Tortenwurf oder eine komplexe Kampagne wie die Gründung unseres fingierten Aussteigervereins für Geheimdienste, von dem ich später noch erzählen werde. Sie bleiben Interventionen. Sie sind Momente des Aufatmens in einer Welt, vor der ich immer wieder resigniere, wenn ich die Nachrichten einschalte. Es gibt mir ein befreiendes Gefühl der Selbstwirksamkeit. Dabei bin ich nie hundertprozentig sicher, ob es richtig ist, was ich tue. Ich weiß nicht mal, ob ich es Selbstwirksamkeit nennen darf, wenn doch meine Handlungen durch die neuronalen Autobahnen meines Gehirns offenbar so vorbestimmt sind, dass meine Erkenntnis meinem Tun nur hinterherrennt, wie neurologische Forschungen nahelegen. Dass kein großes politisches Erdbeben der Geschichte vorhergesehen wurde, aber hinterher alle erklären konnten, dass es absehbar gewesen sei – als singulär wirkende Events der Fall der Mauer, die Revolutionen, die als Arabischer Frühling bezeichnet wurden, oder die Finanzkrise 2008. Als langsam gewachsene soziale Bewegungen die Klima-, die #MeToo- und die Black-Lives-Matter-Bewegungen.

Ich habe mich entschieden, es strategisch zu ignorieren, mich als Handelnden wahrzunehmen, ich habe mich bewusst oder wasweißich vielleicht von meiner neuronalen Veranlagung fremdgesteuert dazu entschieden, für politische Überzeugungen zu kämpfen. Ob diese Überzeugungen richtig sind, werde ich nie erfahren. Doch ich weiß auch, dass ich die Waldlichtung niemals erreichen werde, wenn ich ständig die Richtung ändere. Ich hätte Sahne als Nazibekämpfungsmittel nie erprobt.

Es ist viel angenehmer, diese Ambivalenz auszuhalten, als sich der rational völlig angemessenen Resignation zu ergeben.

Korrekt verkacken

Als wir Pässe fälschen ließen

»Kann ich meinen Pass eventuell nicht mit 'nem Erwachsenen, sondern wenigstens mit einem Kind teilen, damit es nach Europa einreisen kann?«, fragte die Frau in unserem weißen Bürocontainer, den wir, also Peng und das Schauspiel Hamburg, auf der Hafenstraße aufgestellt hatten. Sie hatte kurze blonde Haare, ein offenbar teures Jackett in beigen Farben, vermutlich italienisches Design, hätte beides sein können: Yogalehrerin oder Dekanin der Kunstakademie. Ihr Blick und ihre angespannte Körperhaltung sagten: »Ich bin bereit für den Pikser, aber können wir vielleicht eine kleinere Spritze nehmen?«

Es folgte ein Moment der Stille zwischen der Frau und meiner Kollegin Helena, einer ausgebildeten Schauspielerin. Sie hatte die Frau gerade überzeugt, dass wir eine Organisation seien, die illegale Fluchthilfe nach Europa organisiere und dazu ihren Pass nutzen wolle. Was fehle, sei ihr Passfoto, das wir mit dem einer Künstlerkollegin in Libyen morphen und bei der Passbehörde abgeben würden. Mit dem neuen Pass, *ihrem* neuen Pass, der dann erstellt werde, könne unsere Kollegin einreisen und dem Bürgerkrieg entfliehen. Die Frau hörte sehr aufmerksam zu. Sie nickte, wie man nickt, wenn man sehr viele Informationen verarbeitet, die logisch klingen, aber so noch nie zusammengefügt wurden. Alles, was sie tun musste, war ja zu sagen.

Die Technik des Morphings erklärt das Bundesinnenministerium selbst am verständlichsten, etwa zwei Jahre später, am

4. Juni 2020, in einer Pressemitteilung: »Mit dieser Technik werden mehrere Gesichtsbilder zu einem einzigen Gesamtbild verschmolzen, das die Züge zweier oder mehrerer Gesichter in sich vereinigt. Ist ein Pass mit einem solchen manipulierten Lichtbild hergestellt, kann nicht nur die Passinhaberin oder der Passinhaber, sondern unter Umständen auch eine dritte Person, deren Gesichtszüge im Passbild enthalten sind, den Pass zum Grenzübertritt nutzen. Die Funktion des Passes als Dokument zur Identitätskontrolle ist damit im Kern bedroht. Eine Überprüfung von Lichtbildern auf derartige betrügerische Bildbearbeitungen ist nach dem gegenwärtigen Stand der Technik nicht zuverlässig möglich.«[1] Genau, lieber Horst Seehofer, du hast unsere Aktion dann auch verstanden. Es ist ein biologischer Hack, denn das menschliche Auge erkennt in einem Porträt, das nur zur Hälfte die biometrischen Marker einer Person aufweist, also mit einer zweiten gemorpht wurde, beide Personen. Hält man das Foto neben den Kopf, werden die Unstimmigkeiten »bereinigt«, bei einer Grenzkontrolle würden also beide Menschen theoretisch mit exakt demselben Passfoto von dem_der Grenzpolizist_in erkannt und durchgelassen.

Während der Kampagne, die den unhandlichen Namen *MaskID* trug, wollten wir den Prozess sehr achtsam gestalten. Wir achteten auf Frauen- und PoC-Quoten in unserem Kernteam, ließen uns von Migrationsanwält_innen beraten, die die Interessen von Menschen mit Fluchterfahrung täglich vertreten, und schmuggelten manipulierte Passbilder in die Bundesdruckerei, die damit einen falschen Pass für uns druckte. Die technische Grundidee hatten wir von der tschechischen Gruppe Ztohoven geklaut, die ein viel umfangreicheres Projekt namens Citizen K. gemacht hatte und mehrere Morph-Pässe hatte herstellen lassen.[2]

Es ging uns um den Reisepass als zentrales Repressionsinstrument. Repression sowohl nach innen – also denjenigen gegenüber, deren biometrische Daten im Pass sind – als auch nach außen – also denjenigen gegenüber, die keinen passenden Pass haben.

Um der Massenüberwachung durch Gesichtserkennung zu entgehen, riefen wir dazu auf, gemorphte Fotos bei der Passbehörde abzugeben. Momentan können unzählige Behörden ohne richterliche Anordnung und nach eigenem Ermessen auf behördlich gespeicherte Fotos zugreifen und mit Gesichtserkennungssoftware beispielsweise ein verdächtig ausschauendes Gesicht aus der Flughafenkamera abgleichen.[3] Um das zu sabotieren, empfahlen wir also, die eigenen biometrischen Daten so zu manipulieren, dass Maschinen zumindest einen selbst nie richtig erkennen würden.

Zum anderen konfrontierten wir bei unserer Aktion alle, die in unseren Container kamen, mit dem eigenen Privileg. Mit der Möglichkeit, den eigenen Pass nicht nur zum Reisen zu nutzen, sondern auch, um Menschen aus einem Bürgerkriegsland nach Europa reisen zu lassen. Mit der Grundfrage, wie sehr wir bereit sind, unsere Privilegien zu gefährden, um unseren Prinzipien gerecht zu werden, etwa dass man niemanden im Krieg oder auf der Flucht seinem Schicksal überlassen sollte. Hier boten wir eine vermeintlich einfache Lösung an: Wir behaupteten, dass wir gute Kontakte zum Bürgeramt Hamburg-Mitte hätten und alles, was wir bräuchten, ein Porträt und die persönliche Passnummer seien. Den Rest erledigten wir, unsere Kollegin aus Libyen sei dann in den kommenden sechs Monaten in Deutschland und würde den manipulierten Pass und damit die geteilte Identität der Spenderin sofort zerstören und Asyl beantragen.

Pässe manipulieren, biometrische Überwachungsdatenbanken sabotieren, behaupten, dass wir Kolleg_innen aus Kriegsgebieten nach Europa schleusten – und das alles mit Hilfe eines gehackten Staatsdokuments, das sonst der Repression dient: Das klingt doch rund! Und doch ging am Ende ziemlich viel schief …

Verlassen wir an dieser Stelle diese explizite Aktion, um erklären zu können, was die Haltung ist, mit der ich mich manchmal in reichlich naive Aktionen verstricken mag.

Das Grundprinzip hinter den Aktionen, bei denen ich mitmachen durfte, ist, Machtmissbrauch zu bekämpfen. Der einfachste Weg, um das zu realisieren, besteht darin, alle Orte, an denen sich Macht konzentriert, anzugreifen, bis sich ihr Zugriff eventuell ein bisschen gelockert hat. Ich weiß nicht, ob es genau das ist, was ihnen als praktische Umsetzung ihrer Theorie vorschwebte, aber den Grundgedanken dazu entnahm ich den Philosoph_innen Ernesto Laclau und Chantal Mouffe und ihrer Theorie der Hegemonie und der radikalen Demokratie. Das Politische, schreibt Mouffe in ihrem Essay »Über das Politische« sinngemäß, ist der Moment, in dem das Unentscheidbare entschieden wird.[4]

Damit beschreibt sie die Grenzen des deliberativen Diskurses, nach dem das beste Argument gewinnt, und lenkt die Aufmerksamkeit auf Machtunterschiede. Im Zweifel entscheidet die mächtigere Position, sei es als kulturelle Durchsetzungskraft oder als bewusste Entscheidung. Der Alltagsausdruck dafür ist: »Weil ich's kann.« In ihrer postmodernen Theorie beschreiben Laclau und Mouffe, wie alles miteinander verbunden ist – unser Wissen, unsere Handlungsoptionen, unser Denken. Stets handeln und denken wir in Assoziationsketten, die aufeinander aufbauen. Manchmal, so die Theorie, entstehen allerdings Momente, in denen etwas Neues passiert, was nicht ins System passt. Postmoderne Theorien sind dafür bekannt, dass sie viele Fremdwörter benutzen, die ich hier nicht alle einführen möchte, eins aber schon: Dieses nicht passende Moment nennen sie Dislokation, das »Es hat hier keinen Platz«. Und die Kraft dieses Nichtpassenden rüttelt auf, alle versuchen wie verrückt, es wieder einzubinden. Ein Beispiel könnten Homosexuelle in den siebziger Jahren sein, die selbstbewusst auftraten und sich ihrer Sexualität nicht schämten. Bis dahin war Homosexualität negativ gekennzeichnet, assoziiert mit Krankheiten, die man heilen musste. Doch nun stritten sich die Geister, hui-bu, da Verbot und Stigmatisisierung der sozialistischen als auch der neoliberalen Freiheitserzählung widersprachen. Es wurde zum disruptiven Element, zur Dislokation im Diskurs, was eine subversive Kraft entfaltete.

Die bewusst handelnde Person ist im postmodernen Diskurs nicht wirklich vorgesehen, da wir, den Grundlagen der Theorie zufolge als Teil einer komplexen Wissens- und Machtstruktur beschrieben werden. Doch demgegenüber steht die Theorie von Gayatri Spivak, die, grob vereinfacht, sagt, nun ja, wir sind zwar alle konstruiert, und somit sind die Kategorien »männlich« und »weiblich« Produkte unserer Gesellschaft. Aber trotzdem befinden wir uns in einem Machtraum, in dem sogenannte »Männer« prinzipiell mehr Chancen haben als sogenannte »Frauen«. Also, lieber Cis-Mann, sogenannter, halt mal dein Maul. So würde sie es selbst sicherlich nicht sagen. Sie spricht gepflegt vom strategischen Essenzialismus[5] als analytischer Kategorie, also von der Annahme, dass es eine letzte Essenz in uns gäbe – das essenziell Männliche oder Weibliche –, der wir strategisch folgen, auch wenn wir ja mittlerweile alle wissen, dass das Quatsch ist. Nützt nichts. Nehmen wir das Mann-Sein, nehmen wir die dadurch entstandenen Machtunterschiede also ernst und führen beispielsweise eine Quote ein.

Nun gut, so weit, so theoretisch. In dieser studienbesoffenen Gedankenspielerei dachte ich mir dann, dass wir doch so mit allem umgehen könnten. Und nicht nur das: Wir können gezielt strategische Dislokationen schaffen! – so paradox das auch sein mag, da wir ja selbst dem Wabern von Wissens- und Machtstrukturen unterworfen sind. Aber wenn wir unsere Kraft – und tun wir mal für einen Moment so, als könnten wir es – darauf konzentrieren, in einen Medien- und

Gesellschaftsdiskurs neue Elemente einzufügen, die irritieren? Wenn wir also beispielsweise die Aussagen eines Neonazis umdichten und daraus die Legitimation für einen Tortenwurf erfinden? Wenn wir anstelle von Aussteigervereinen für Links- oder Rechtsextremist_innen, wie sie vom Geheimdienst angeboten werden, einen für Geheimdienste gründen? Wenn wir einen Pass von einem Repressionsinstrument und Beleg nationalistischer Privilegien zu einem Instrument umfunktionieren, mit dem man ein Überwachungssystem sabotieren und Menschen nach Europa schleusen kann? Dann, wer weiß, wären das vielleicht Beispiele für das, was ich in meiner ersten Abschlussarbeit mit stolzgeschwellter Jungtheoretikerbrust als »strategische Dislokation« bezeichnete.

Die Aktionen, die ich mit meinen Freund_innen und Kolleg_innen machte, lesen sich wie ein Buch klassischer Forderungen der linken sozialen Bewegungen. Sie stehen für soziale und ökologische Gerechtigkeit, in der die Kosten für unsere Lebensweise nicht mehr an andere ausgelagert werden. Für transparente und legal handelnde Geheimdienste, in der mikrophonfreie Intimsphären keine Nostalgie der Großeltern sind. Für eine liebevolle, achtsame Welt, wo alle Menschen Gerechtigkeit erfahren können, unabhängig von Geschlecht, rassistisch determinierten Kategorien, Nationalität oder sozialer Herkunft. Die Aktionen stellen erneuerbare Energien in den Vordergrund und zeichnen dabei Zusammenhänge zwischen der Klimakrise, Ausbeutung und Migration. Sie stehen für offene Grenzen und Bewegungsfreiheit, unabhängig von Pass und Herkunft. Sie hinterfragen die Normalität einer Konsumgesellschaft, die auf Ausbeutung basiert, und fordern ein neues, friedliches Kriegswaffenkontrollgesetz.

Was sie aber auch vereint: Sie sind *gegen* etwas. Gegen Ausbeutung, gegen Unterdrückung, gegen Massenüberwachung. Gegen eine Wirtschaftsweise, in der ökologische und soziale Schäden hingenommen und individualisiert werden, in der juristische Personen mehr zählen als natürliche Personen. Dagegen sein kann was Gutes sein. In einer Welt, in der wir ständig mit Hiobsbotschaften bombardiert werden, gibt es eine unheimliche Kraft, nein zu sagen. Gerade weil an jeder Ecke die Yoga-happy-Family-Ikea-Bilder hängen, die einem zumuten, auch noch easy-peasy-lemon-squeezy durchs Leben zu hüpfen, um sozialen Anschluss zu finden. In dieser Welt, in der zugleich systematisch die multiplen Katastrophen von Klimakrisen über europäische Abschottungs-, internationale Überwachungs- und nationale Korruptionssysteme herangezüchtet, in der der Amazonas gerodet und die fossilen Fabriken weltweit jetzt-erst-recht angeschmissen werden, damit auch die letzten Lebensgrundlagen extraschnell verbrennen. In dieser Welt ist es zunächst einmal gesund, wütend und traurig zu reagieren. Es ist richtig, diese Wirklichkeit zu hassen, wenn man die Menschen noch lieben will, wie es in einem Gedicht von Erich Fried so schön heißt.[6]

In Ablehnung steckt eine grundlegende Kraft. Ähnlich wie die Bewegung der Anlehnung nimmt sie das, was sie nicht will, wahr und stützt sich daran. Nur stützt sie sich eben: ab. Sie schafft eine Hebelkraft vom Alten, von dem sie sich ablehnt, idealerweise hin zu sozialökologischer Gerechtigkeit. Ähnlich wie die Metapher des Schreis, die John Holloway (der Theoretiker, nicht der Sänger) nutzt, um die zapatistische Bewegung zu charakterisieren[7], kann diese Ablehnung nicht immer präzise wissen, was sie genau will. Sie weiß, was sie nicht will. Und mit diesem Bild sind Hoffnung und Kraft verbunden, sonst gäbe es keine Motivation, etwas abzulehnen.

Das Bild mag simplifiziert und kitschig sein, aber mir selbst hilft es immer wieder zu erklären, warum ich aus meiner Wut so viel Produktives schaffen kann. Ewas nicht zu wollen, etwas abzulehnen, gibt mir Schwung. Tun Sie mir also den

Gefallen, vergessen Sie für einen Moment die täglichen Wohlfühl-Erzählungen über die Kraft des positiven Denkens: Ein gepflegtes Fuck-off kann an der richtigen Stelle sehr beflügelnd wirken.

Das Manifest: Ein ethischer Leitfaden

Nach etwa zehn Jahren Arbeit in den sozialen Bewegungen, in der Kunst und im Journalismus versuchte ich im März 2018, eine Art ethischen Leitfaden zu schreiben. Was sind die Regeln, über die ich immer wieder diskutiere? Was sind die Fallen, in die wir immer wieder treten können? Und was sind Selbstverständlichkeiten, die vielleicht schon viele andere als solche verinnerlicht haben? Ich nannte es das »Critical Campaigning Manifesto«, inspiriert vom »Critical Engineering Manifesto«[8] eines guten Freundes, Julian Oliver, und seiner Kollegen Gordan Savičić und Danja Vasiliev. Während er eine kritische Haltung im Umgang mit Technologie beschrieb, versuchte ich etwas Ähnliches für die Kampagnenwelt zu formulieren. Die Gedanken des Manifests sollten allerdings nicht als moralischer Zeigefinger oder dogmatische Anleitung gelesen werden, vielmehr sollte es eine Art Folie sein, die jede_r über die eigene Arbeit legen kann, um zu reflektieren, wo sie_er selbst steht.

Bevor es losging, schrieb ich Captain Obvious auf. Nicht Punkt eins: Punkt null. »Die Critical Campaigner_in kämpft für die Rechte der Unterdrückten, Marginalisierten und Machtlosen. Dieser Einsatz wird jedoch nie auf Kosten anderer, eventuell wehrloserer Gruppen geführt, sondern reflektiert strukturelle Abhängigkeiten in ihrer Komplexität. Die Critical Campainger_in wird klassenbasierte Privilegien und sexistische, rassistische oder auch militaristische Propaganda aufdecken und bekämpfen, seien sie explizit oder implizit.« Noch heute höre ich den Trommelwirbel, der Ton ist manifestös.

In dieser Zuspitzung findet sich eben die Inspiration, die Fragen eröffnet. Haben wir mit der Kampagne *MaskID* vielleicht eine Aktion gemacht, in der wir selbst als gewitzte Aktionskünstler_innen davonkamen, auf Kosten anderer, die auf manipulierte Pässe angewiesen waren? Ich glaube, wir sind zu leichtfertig damit umgegangen. Schon die Bildsprache der Kampagne hätte man dagegenhalten können: So war das Layout auf der Website von zwei jungen Frauen gekrönt, die zu einer gemorpht wurden. Sie entsprachen dem herrschenden Schönheitsideal: weiß, schlank, symmetrische Gesichtszüge, lange Haare. Streng genommen die Klaviatur des Sexismus, wie er in fast jeder anderen Werbung zu finden ist.

Die Qualität, die eigene Position zu reflektieren und zu hinterfragen, ist in der Welt der Kreativen und der Aktionskunst weitgehend neu. Ich empfinde sie als wichtige Errungenschaft der postmodernen Siegeszüge, die auch durch die Kunstakademien gezogen ist. Kunst in ihrem Kontext wahrzunehmen, Künstler_in und Werk nicht mehr streng zu trennen, das hat eigene Studiengänge und eine neue Generation von Kurator_innen hervorgebracht. Seit der #MeToo-Debatte werden immer häufiger in Galerien und Museen neben den Werken renommierter Künstler_innen Verweise angebracht, wann und wie sie sexuell übergriffig gewesen sind.[9]

Das fällt nicht vom Himmel. Die kritische entwicklungspolitische Bewegung, die regelmäßigen Weltsozialforen, die vielen Gruppen und Workshops zu *kritischem Weißsein* stellen die Reflexion der eigenen Privilegien in den Vordergrund, um eigene Handlungsmuster neu einzuordnen. Wenn es um Anstellungen und Entscheidungsgewalt geht, ist das aber leider keine Selbstverständlichkeit. Als ich bei Oxfam arbeitete und in eine internationale Arbeitsgruppe eingeladen wurde, um zu überlegen, wie eine Kampagne zu den Rechten Geflüchteter aussehen könnte, fragte ich, ob denn eine geflüchtete Person mit im Kernteam sei. Meine Kolleg_innen waren fast sprachlos. Das sei ein guter Gedanke, doch sei das kaum realisierbar. Man könne mit einem Aushang in einer Geflüchtetenunterkunft beginnen, Flüchtlingsräte fragen, öffentliche Ausschreibungen über die Verteiler schicken, sagte ich freundlich. Schon wurden die nächsten Probleme genannt: Wie solle man denn jemanden für eine so kurze Zeit und ohne Arbeitserlaubnis einstellen? Die Qualifikationen seien ja oft gar nicht übertragbar in das britische System. Selbst in einer so progressiven Organisation wie Oxfam, die seit Jahren nachdrücklich für soziale Gerechtigkeit kämpft, einem Magneten für selbstreflektierte, kluge Menschen. Auch dort finden sich manchmal auf der Führungsebene taube Ohren, wenn es darum geht, unbequemere Wege zu gehen und Betroffene ins Kernteam zu holen.

Und ganz ehrlich: Wenn ich es auch nicht gutheiße, ich kann es verstehen. Gerade im Arbeitsalltag, wenn die Chefin auf Resultate wartet, das Kampagnenbudget knapp ist und womöglich die europäische Politik gerade so eskaliert, dass jede Minute zählt. Da will man vielleicht nicht noch zwei Wochen Arbeit einkalkulieren, in denen man Asylunterkünfte besucht, eine_n Übersetzer_in besorgt, die Person in das Unternehmen einführt. Sofern man in einer großen Organisation mit vielen bürokratischen Prozessen nicht selbst betroffen ist, bedeutet es Arbeit, sich auf Betroffene einzulassen. Sich *wirklich* einzulassen. Deswegen habe ich diesen Punkt auch so explizit in das Manifest geschrieben.»Die_Der Critical Campaigner_in bezieht jede Gruppe oder Einzelperson, für die sie_er kämpft, in ihre_seine Kampagne ein – von Anfang an, auf Augenhöhe und wenn möglich als Teil des Kernteams. Sie_Er ist gegenüber der Gruppe oder Einzelperson, die im Mittelpunkt ihres_seines Kampagnenthemas steht, rechenschaftspflichtig.« Ist die_der Critical Campainer_in selbst betroffen und Teil des Kernteams, ist die Sensibilisierung in den allermeisten Fällen ohnehin gegeben.

In der Kunstwelt ist es ein Bonmot zu behaupten, das Werk spreche für sich. Ich empfinde das gerade bei politischen Arbeiten als Versuch, sich unnötig zu erhöhen. »Wenn ich das erklären wollte, hätte ich Texte geschrieben«, oder wenn man ganz im narzisstischen Künstlergenie aufgehen will: »Meine Werke werden wie in einer Zeitkapsel für spätere Generationen entzifferbar sein.« Vielleicht kennen Sie auch solche Leute.

Es macht durchaus Sinn, in einer künstlerischen Arbeit Ambivalenz wirken zu lassen. Verschiedene Betrachtungsweisen zuzulassen, je nach Perspektive, je nach Standpunkt. Doch in der politischen Kampagnenarbeit ist das gefährlich, denn da kippt Ambivalenz schnell in Werbung oder manipulative Falschinformation. Im Gegensatz zu VW oder Donald Trump empfehle ich also, die Magie einer emotionalisierenden, ironischen oder verwirrenden Intervention irgendwann auch aufzulösen, sollten das nicht andere schon getan haben. Wenn ein Fake, ein Medienhack oder andere Kampagnentaktiken ihre Wirkung entfalten konnten und volle Aufmerksamkeit auf ein Thema gelenkt haben, will ich die eigene Motivation erklären – genau wie es bei jeder Aktion zivilen Ungehorsams dazugehört, eventuell auch vor Gericht zu stehen.

Können Sie sich vorstellen, dass Volkswagen nach einer erfolgreichen Kampagne für den neuen Passat so vor die Presse geht: »Ja, wir wissen, dass dieses Auto ungefähr so gut ist wie jeder andere Neuwagen. Dass er dem Klima schadet, obwohl wir behaupten, es sei ein grünes Auto. Dass Sie ihn vermutlich nicht brauchen, um geliebt und bestaunt zu werden, auch wenn wir das suggerieren. Doch wir sind ein kapitalistisches Unternehmen und wollen gerne mehr verkaufen – das ist unsere Priorität und die unserer Aktionär_innen. Die stellen wir auch über die Herausforderungen der Klimakrise. Und wenn ganz Deutschland sich verschuldet hat, um unsere Leasingautos auf Pump zu mieten, dann haben wir unser Ziel erreicht.« Oder dass Donald Trumps Kampagnenteam nach einer massiven Desinformationskampagne sagt: »Wir stehen weit rechts außen und finden, dass weiße Menschen die Macht in diesem Land behalten sollten. Daher haben wir uns dazu entschieden, Sie so sehr zu verwirren wie möglich und ständig rassistische Stereotype zu verbreiten, bis das Vertrauen in die Politik und die Gesamtbevölkerung so weit verlorengeht, dass Sie kaum mehr sich selbst trauen. Durch die massiven Zukunftsängste möchten wir das impulsive Verlangen nach einem Mann wecken, der gerne mit übergriffigen Machtdemonstrationen auffällt, da man in solchen Momenten ein Gefühl der eigenen Kontrolle wahrnehmen kann. Was wir sagten, ist inhaltlich alles nicht wahr, doch wir hoffen, dass Sie unsere Motivation nun besser einordnen können.«

Nun ja, so und ganz anders stelle ich es mir vor, wenn eine Kampagne mit dem Peng Kollektiv gelaufen ist: Inhalt und Motivation lassen sich nicht ohne weiteres voneinander ableiten. Um Verunsicherungen aufzufangen, die eventuell durch eine gezielte Falschinformation entstanden sein könnten, stehen wir bereit und erklären die Aktion. Mein Kollege, der die fingierte Plattform namens votebuddy.de gründete, auf der angeblich Stimmen zur Bundestagswahl vermittelt wurden (»Menschen, die nicht wählen wollen – mit Menschen, die nicht wählen können«), gab nach einer Woche medialer Aufregung ein Interview beim Faktenfinder der *Tagesschau*. »Menschen, die ihren Lebensmittelpunkt in Deutschland haben, sollten das Recht haben, legal wählen zu können, ohne dafür auf die Hilfe anderer oder auf Rechtsbrüche angewiesen zu sein«, erklärte er seine Motivation. Auch der *Berliner Morgenpost* sagte er im Detail, wie er den Fake vorbereitet hatte. Diese Regel, auch auf Augenhöhe Rede und Antwort zu stehen, selbst wenn man dann langfristig eher nicht mehr als mysteriöses Künstlergenie wahrgenommen wird, findet sich im Manifest in den Punkten sieben und zehn wieder.

Ich werde hier nicht jeden Punkt des Manifests zitieren, es findet sich am Ende des Buchs. Im Laufe der Kapitel gehe ich auch immer mal wieder auf einzelne Punkte ein. Aber den letzten Punkt des Manifests will ich hier doch unterstreichen, da er mir besonders am Herzen liegt. »Die_Der Critical Campaigner_in«, schreibe ich im Punkt elf, »sieht im Überleben ihrer_seiner Organisation keine Priorität an sich. Auch wenn es manchmal wichtig sein mag, so ist es ihr_ihm immer zweitrangig gegenüber ihren_seinen politischen Zielen.« Das betone ich, weil ich es als entscheidend empfinde, wenn man in einer politischen Organisation arbeitet. Fast jede Organisation, die ich kenne, verliert die politischen Prioritäten aus dem Blick, wenn es um das Überleben geht.

Das färbt natürlich auf die Mitarbeiter_innen ab: Die eigene Karriere, die Möglichkeit, auch ein nächstes Mal bei der UN mit am Tisch zu sitzen, ein weiteres Mal Förderungen aus dem Ministerium zu bekommen, werden plötzlich wichtiger. Der Idealismus: was für Anfänger_innen. Das sind Dynamiken, die mich in meiner Arbeit zu einem weiteren Schwur führten. Wenn ich von einer Organisation Geld für ein Projekt bekomme, so versprach ich mir, werde ich die Arbeit niemals danach ausrichten, einen Folgeauftrag zu bekommen. Eine gute Kooperation im Prozess, natürlich. Saftig diskutieren, auf dass das bessere Argument gewinne, logisch. Genauso wie ein Überleben von Organisationen auf Zeit, damit politische Ziele auch langfristig erreicht werden können, klar. Aber es gibt immer wieder Punkte, da geht es um persönliche Interessen, oft auch um Machtinteressen. Daher will ich mich auf immer bereit halten: Wenn ich spüre, dass Zwänge die politische Arbeit zu sehr gefährden, will ich die Reißleine ziehen. Und ich will hoffen, dass ich es dann auch tue.

Wenn Staat kann, schlägt Staat zurück

Nun, das mit dem Pass und den biometrischen Daten ging nach hinten los. Wobei, nicht alles. Wir hatten ein Exemplar herstellen lassen, in dem das Gesicht von Sophie aus unserem Team und das Gesicht von Federica Mogherini, der damaligen EU-Ministerin für Menschenverachtung und Grenzabschottung, miteinander verschmolzen waren. Immerhin, das hat geklappt. Wir hatten auch einen schönen Gruppenprozess, regelmäßiges Feedback und Achtsamkeit, und wir tauschten uns intensiv mit Anwält_innen von Geflüchteten aus. Anfangs hatten wir eine etwas waghalsige Idee: Wenn Unternehmen in Deutschland immer wieder straffällig sein können, ohne dass die Inhaber_innen im Knast landen, so die These, dann könnten wir doch auch eine GmbH gründen, die ganz offiziell Pässe fälschen lässt. Wir würden es als Business machen und offensiv versuchen, durch Passmanipulation Menschen über die Grenze zu holen. Irgendwann gäbe es einen Prozess, so wie bei der Deutschen Bank oder Volkswagen für andere Straftaten, und dann meldeten wir Insolvenz an. Eine juristische Person erfinden, die den Kopf hinhält, so machen das doch die großen Unternehmen. Wir würden es kopieren – nicht für Profite, sondern für Menschen.

Inga, eine Anwältin, die sich auf Migrationsrecht spezialisiert hat und viele Menschen mit Fluchterfahrung betreut und berät, reagierte wütend. Nicht, weil wir uns völlig verkalkuliert hatten und wir selbstverständlich dafür in den Knast kommen würden – auch bei GmbHs sind die Teilhaber_innen strafrechtlich haftbar –, sondern weil wir damit Menschen nicht nur helfen, sondern potenziell diejenigen gefährden würden, die nach Deutschland fliehen wollen! Wenn beispielsweise ein Onkel, der bereits die deutsche Staatsbürgerschaft hat, seinen Pass zur Verfügung stellt und ihn mit seinem Schwager teilt, so die Befürchtung, kann unter Umständen die ganze Familie, die bereits in Deutschland ist, zurückgeschickt werden. Und je nach Region, in die sie gebracht würden, könnte es sie noch weiter in die Scheiße reiten, als sie es schon ohnehin waren. »Wenn ihr euch als Kartoffeln selber gefährden wollt, okay! Aber zieht da andere nicht mit rein!«, warnte sie mit professionell-bestimmtem Ton im Beratungsraum. Doch ihre Augen schrien uns regelrecht an. Es war naiv. Gut gemeint und scheiße durchdacht.

Also noch mal Anlauf genommen, umgedacht, wieder mit Inga gesprochen. Wir setzten den Fokus nun stärker auf die Deutschen, wollten sie mit ihren Privilegien konfrontieren. Die deutschen Passdatenbanken sollten je nach Erfolg der Kampagne mit manipulierten Daten geflutet werden, dadurch fehleranfälliger bei Rasterfahndungen werden.

Durch den vorgetäuschten Versand gefälschter Pässe nach Libyen könnte theoretisch ein Aufschrei durch die Medien gehen, der Bürgerkrieg vor unserer Haustür bekäme mehr Präsenz. Es würde thematisiert, dass die EU die libysche Küstenwache finanziert und ausbildet, eine blutrünstige Miliz, die dafür bekannt wurde, auf die Menschen zu schießen, die auf der Flucht in ein besseres Leben sind. So dachten wir. So war der Plan für unsere Aktion.

Doch wie gesagt, es sollte anders kommen. Unser Anliegen wurde zwar öffentlich besprochen, es gab sogar mehrere Artikel bei *Spiegel Online* zu den Aktionen, in denen sowohl das Problem der europäischen Datenbanken und der biometrischen Gesichtserkennung wie auch die Verantwortung im libyschen Bürgerkrieg diskutiert wurden.[10] Doch der zweite Teil ging in die Hose. Wir packten während eines Livestreamings vor laufender Kamera die Pässe ein. Das Video lief bei Periscope, einem Streamingdienst von Twitter, was garantiert in Echtzeit und ungeschnitten übertragen wird. Quasi als Beweis, dass wir tatsächlich gefälschte Pässe zu unseren Kolleg_innen nach Libyen schickten, damit die dann unbehelligt über die Grenze kommen könnten. Im Paket war ein Loch, die Kamera der Liveschaltung war so ausgerichtet, dass man nicht sehen konnte, wie ich auf dem Boden unter dem Paket lag und immer wieder den Pass auffing, während meine Kollegin in die Linse sprach und gemütlich einen Pass nach dem anderen in das Päckchen legte. Es sah so aus, als legte sie sieben Pässe rein, doch es war immer derselbe, den wir ihr außerhalb des Kameraausschnitts wieder reichten. Wir rannten zur Post, alles weiter live übertragen, um die Illusion auch weiterzuführen, und hopps, das Paket war auf dem Weg.

Der Inhalt: kein Pass, dafür eine Kopie der europäischen Verfassung und eine selbstauslösende Kamera, die die Polizei fotografieren sollte, wenn sie das Paket durchsuchte. Was wir nicht bedacht hatten, war, dass das professionelle Kamerateam, das uns begleitete, uns dabei filmte, wie wir uns selbst filmten. Und nicht nur das: Sie veröffentlichten unseren kleinen Trick mit dem Loch im Paket zwei Tage später in ihrer YouTube-Sendung.[11] Ich war mir sicher, gesagt zu haben, dass das den Medienhack, die Illusion, natürlich unterlaufen, die Aktion zerschlagen würde. Nun war es online, AfD und Polizei waren also informiert, dass wir in Wirklichkeit keine Pässe versendet hatten.

Es gab keinen Aufschrei der Konservativ-Bürgerlichen, es gab keine weitere Berichterstattung, die Frage, ob wir nur zusehen oder alles in der Welt Erdenkbare tun sollten, um die Menschen aus dem Krieg zu holen, war vom Tisch. Unser Zaubertrick: verraten.

Aber es sollte noch schlimmer kommen. Unsere Aktion war gescheitert, die dramaturgische Spannung zerbrochen, das ist in meinem kleinen Universum ärgerlich, aber ja halb so wild. Viel schlimmer fand ich, dass durch unsere Aktion eine Gesetzeslücke gestopft wurde, mit der man sich bis dato gegen Repression wehren konnte. Fast zwei Jahre später hatte die

Bundesregierung nachgerüstet. Innenminister Horst Seehofer ließ per Pressemitteilung verlautbaren, dass ein neues Gesetz verabschiedet werden solle, wonach Passfotos nur noch in der Behörde selbst gemacht werden dürfen. Die Fotograf_innen, die zum großen Teil von Passfotografie leben, stiegen dem Minister aufs Dach. »Passfotos nur noch bei der Behörde – was soll das?«, titelte die *Tagesschau*-Website am 8. Januar.[12] Da unser Heimathorst offenbar nicht als Anti-Wirtschafts-Minister dastehen wollte, ruderte er zurück. *Tagesschau*, 17. Januar: »Passfotos nun doch vom Fotografen«.[13] Und dann, am 4. Juni 2020 war es so weit. Noch eine Pressemitteilung. 11 000 neue Automaten sollten her, die Fotos werden in Zukunft in den Behörden gemacht *oder* direkt von den Fotografen an die Behörden übersandt.[14] Wir wollten gegen das repressivste Objekt unseres Alltags vorgehen, stattdessen boten wir einen Vorwand, um Lücken in der Selbstbestimmung zu schließen.

Die Europäische Union hatte schon Monate vor unserer Aktion eine Verordnung verabschiedet, wonach »biometrische Identifikatoren […] ausschließlich durch qualifiziertes und ordnungsgemäß befugtes Personal erfasst« werden sollten.[15] Es wäre also vermutlich so oder so gekommen – unsere Aktion war nur der öffentliche Vorfall, den die Behörden brauchten, um die Umsetzung der Verordnung voranzutreiben.

Ich finde es wichtig, in erstickenden Zeiten den Widerstand gegen repressive Systeme wie Massenüberwachungen oder Abschiebungen sichtbar zu machen. Gerade als weiße Person mit einem deutschen Pass, die weit weniger zu befürchten hat als die Person, die einreisen möchte.

Nach unserem Aufruf zu innereuropäischer Fluchthilfe, von dem ich später erzählen werde, hätten auch Gesetze verschärft werden können, es hätte massenhafte Festnahmen an den

Grenzen geben können. Es hätten Fälle sein können, die sich auf unseren Aufruf bezogen. Es passierte nicht, zum Glück, die politische Stimmung war zu dem Zeitpunkt anders. Aber wie wägt man so was ab?

Sollten wir beispielsweise eine Vermittlungsagentur für Schutzehen gründen? Also Hochzeiten vermitteln, damit Deutsche jemanden heiraten, die_der sonst abgeschoben würde? Schutzehen waren in den Achtzigern recht weit verbreitet, heute wächst hingegen auch in linken Kreisen die Zahl romantisch-bürgerlicher Ehen.

Oder was ist mit Arbeitsvermittlungen für diejenigen, die in Deutschland nicht arbeiten dürfen? Ich halte es für völligen Quatsch, Menschen, die eine traumatische Fluchterfahrung hinter sich haben, das Recht auf Arbeit zu verweigern. Um das zu umgehen, könnte man ja eine Onlineplattform gründen: Deutsche_r A bietet einen Job an, Deutsche_r B nimmt das Geld an, versteuert es. Die_der Geflüchtete_r C verrichtet den Job für A und nimmt das versteuerte Geld von B an.

Jedes Mal gilt es abzuwägen: Würden wir mit diesen Ideen vielleicht innerhalb der Behörden dazu beitragen, dass die Polizei mehr Kapazitäten bekommt? Dass das Innenministerium ein Beispiel heranziehen kann, weshalb es ein neues Gesetz durchdrückt? Um das anzugehen und langfristig etwas zu verändern, braucht es zumindest Verbündete in der Regierung und monatelange Lobbyarbeit. Eine polarisierende Aktion allein würde die solidarischen Strukturen, die unterm Radar ohnehin existieren, vermutlich mehr gefährden, als dass sie neue schaffen würde.

Das ist die Krux. So genau weiß man das nicht, bevor man es nicht versucht hat. Gefährdet man nur sich selbst, kann man es ja ausprobieren. Für andere Fälle gibt es Gruppen, die man für eine Vorrecherche fragen kann. So ersticken die Pläne nicht in Bedenken und gefährden nicht die Falschen.

Zurück zu der Dame im italienischen Design, die wir bei der *MaskID*-Aktion in unserem Theatercontainer interviewten. Die wir fragten, ob sie bereit sei, ihren Pass zur Verfügung zu stellen. Sie hatte eine Schweigepflichtserklärung unterschrieben, die Situation mutete realistisch an: Hier wurde es ernst, hier verließ sie den Theaterraum, hier konnte sie ihr Privileg der europäischen Staatsbürgerschaft teilen. Sie konnte Teil einer Straftat werden, bei der wir illegalerweise Kolleg_innen aus dem Bürgerkriegsland Libyen nach Europa schleusen würden, so verstand sie unser Angebot. Darum ging es uns. Das eigene Privileg spürbar, Verantwortung greifbar zu machen.

    Nicht nur sie, sondern jede einzelne Person, die wir in diese Situation brachten, sagte zu. Wenn ich daran denke, wird mir warm ums Herz. Es ist nicht alles verloren. Jede_r Einzelne war bereit, ein Stückchen strafbar zu werden, dabei zu helfen, Menschen aus dem Bürgerkrieg nach Deutschland zu schleusen.

Diskurse hacken

Aufruf zur Fluchthilfe

»Dieses Gespräch darf auf keinen Fall an die Öffentlichkeit geraten, Herr Peters«, sagte mir der Mitarbeiter des Ministeriums, als würde er mit einem vertrauten Kollegen sprechen, der sich an die Vorgaben der Regierung hält. Es war der 6. August 2015, einen Tag zuvor war bei der erzkonservativen Zeitung *Welt* ein Artikel mit dem Titel »So kannst auch du Fluchthelfer werden« über unsere aktuelle Aktion erschienen.[1] »Der Minister hat kein Interesse an weiteren Flüchtlingen [sic!] in Deutschland, aber die Geschehnisse überschlagen sich gerade, und Ihre Kampagne tut ihr Übriges, um die Akzeptanz in der Gesellschaft zu steigern. Aber rechnen Sie nicht damit, dass wir selbst von Fluchthelfern reden werden, wir sind ja in einer anderen Situation als in der DDR, auch wenn es um humanitäre Hilfe geht. Wir bleiben offiziell beim Begriff der Schlepper, solange ich mein Amt innehabe.« Er hatte eine angenehme, vertrauliche Stimme, sprach mit mir, als hätten wir uns schon auf der Hochzeit seiner Tochter kennengelernt. Ich sprach mit ihm zum ersten Mal, konnte nur anhand der Rufnummer erkennen, dass er vermutlich wirklich vom Ministerium war. Dass er den Hörer in die Hand nahm, um mir seine Kommunikationsstrategie zu erklären, zeigte, wie ungewöhnlich die politische Situation war, als 2015 über eine halbe Million Menschen nach Europa kamen, um sich vor Krieg und Hunger zu schützen. Wochenlang sollten später etwa 3000 Menschen im Untergeschoss des Bahnhofs von Budapest campieren, in Zelten, auf alten Matratzen, zwischen

Müll und Beton. Familien mit Kleinkindern und überfüllten Plastiktüten waren in Ungarn angekommen, hatten erfolgreich die EU-Grenze überschritten. Doch die EU, die zögerte. Es kam keine Hilfe, kein Willkommensentscheid, sie wurden nicht als Europäer_innen wahrgenommen, also auch nicht als Menschen mit gleichen Grundrechten. Das ging so lange, bis es schier zu viele Menschen waren, bis sie sich zu Fuß von Budapest auf den Weg nach Deutschland machten.[2]

Am 2. August 2015 hatten wir das Video veröffentlicht, in dem wir dazu aufriefen, Menschen auf der Flucht durch Europa zu helfen. Ich weiß noch, wie ich mit Ruben in meiner Küche stand und er sich fragte, ob die ganze Aktion ein Rohrkrepierer werden würde, die Themen Flucht und Menschenrechte wurden zu dem Zeitpunkt vergleichsweise noch nicht wirklich ernst genommen. Ich selbst war an dem Video kaum beteiligt, es waren Ruben und andere Peng-Kolleg_innen, die in den letzten Monaten schon die menschenunwürdigen Bedingungen in europäischen Lagern erlebt hatten. Im selbstorganisierten Lager von Calais in Frankreich hatten sie gesehen, wie die Europäische Union mit Menschen umgeht, die nach monatelanger Flucht hier ankommen. Sie überlässt sie nicht nur sich selbst: Sie verbietet ihnen, sich frei zu bewegen. Die meisten bekommen keinen Zugang zum Arbeitsmarkt, dürfen keinen Sprachkurs machen, müssen in den Lagern bleiben, in denen sie von der Gesellschaft isoliert werden. Sie durchleben eine Dreifach-Traumatisierung durch existenzielle Ängste im Herkunftsland, eine hochgefährliche Reise nach Europa und schließlich rassistische Isolation in Europa. Am 19. August, gut zwei Wochen nach der Veröffentlichung unserer Aktion, erhöhte die Regierung ihre Fluchtprognose auf 800 000 Ankommende, viermal so viele wie im Vorjahr. Im Telefonat mit dem Herrn aus dem Ministerium, dessen Namen ich nicht nenne, um seine Identität zu schützen, sagte ich kaum etwas.

Er wollte auch nichts von mir, sondern redete einfach, erzählte von seinen Ansichten. So warm er auch klang, so konnte ich im sonoren Klang der Stimme auch seine Qual durchhören. Er war sich offensichtlich darüber im Klaren, wie tödlich die bürokratischen Entscheidungen sind, die er treffen musste, wie viele Familien damit im Elend bleiben würden. Obwohl, nein, er musste ja gar nicht, er plante es nur. Das Telefonat war offenbar so was wie eine Beichte.

In dem Video, das meine Kolleg_innen am Brenner gedreht hatten, dem deutsch-österreichischen Gebirgspass, debattierte ein weißes Ehepaar seine Situation, während es einem schwarzen Menschen über die Grenze verhalf: »Wenn es darum geht, irgendwelche Waren und Geld durch die ganze Welt zu schippern, dann klappt es mit der Reisefreiheit meist recht gut. Aber wenn Menschen fliehen, ganz egal aus welchem Grund, dann werden Mauern hochgezogen.« Wir hatten das Video auf die Urlaubszeit angesetzt, damit diejenigen Familien, die gerade in Italien oder Ungarn waren und zurück nach Deutschland fahren wollten, Menschen illegalerweise über die Grenze mitnehmen konnten. Nach Deutschland oder eben in andere Länder, durch die sie auf der Durchreise kamen, wo die Menschen hinwollten – sei es, weil sie dort schon Familie oder andere Netzwerke hatten, in denen sie besser ankommen konnten.

Auf unserer Website fluchthelfer.in gaben wir ausführliche Hinweise zur rechtlichen Situation und halfen mit Tipps, etwa sich eine Deutschlandflagge an den Rückspiegel zu klemmen, da solche Autos seltener rausgezogen würden. Ein klassischer Aufruf zu zivilem Ungehorsam: Wo das Gesetz versagt, gilt es, sich an der Legitimität der Aktion zu orientieren. »In der Geschichte gab es schon öfter Fluchthelfer_innen«, endet das Video, »das war in den betreffenden Staaten illegal. Doch das eigentliche Urteil wird nicht vor Gericht, sondern in den

Geschichtsbüchern gesprochen.« Erst einen Monat nach unserem Aufruf entstand die Situation, die sich so viele als Sommer der Migration einprägen würden, das Merkel'sche Wir-schaffen-das und die klatschenden Menschentrauben an den Bahnhöfen, die Geflüchtete willkommen hießen. Bis dahin waren mindestens 700 Menschen unserem Aufruf gefolgt. Wir wurden von einer Berliner Firma angeschrieben, die allen Mitarbeiter_innen drei Tage bezahlten Urlaub geben wollte, wenn sie gezielt Menschen an Europas Grenzen abholen gingen. Die *Tagesschau* veröffentlichte unser Video sogar auf ihrer Website.

Bei dieser Aktion hatten wir es mit einer Situation zu tun, in der sowohl geschlossene Machtzirkel durchbrochen wurden als auch eine hegemoniale Kommunikation ins Wanken geriet. Durch das historische Momentum und die vielen existierenden sozialen Bewegungen, die auf diesem Gebiet bereits seit Jahren aktiv waren, wirkte unser Video wie ein Katalysator, da es offenbar sowohl in einem versteinert-bürokratischen Ministerium geschaut wurde als auch einer rechtskonservativen Springer-Presse eine Alternative zur Bezeichnung der kriminell klingenden Schlepper_innen und Schleuser_innen anbot.[3] Unser Video war ein Mosaiksteinchen, das etwa einen Monat vor dem Höhepunkt der Migrationsdebatte einen Akzent setzen konnte, als kleines Gewicht auf der Waage der Unwägbarkeiten.

Auch unser Bezug zu historischen Fluchthelfer_innen-Aktionen im Nationalsozialismus und im Kalten Krieg vermittelte den Akt zivilen Ungehorsams einem breiten Publikum. Wir hatten am Brandenburger Tor öffentlich zur Verleihung der europäischen Verdienstorden am Bande eingeladen, übergaben sie feierlich lebenden Fluchthelfer_innen und ihren Vertreter_innen vor einem Konterfei des amtierenden EU-Kommissionspräsidenten Jean-Claude Juncker, umringt vom

Blitzlichtgewitter der internationalen Hauptstadtpresse.[4] Der Aufruf zeigte, wie sehr in Krisensituationen nicht ziviler Ungehorsam, sondern ziviler Gehorsam das eigentliche Problem sein kann.

Apropos: Die politische Ablenkung

Ein guter Freund, der mit seinem dreijährigen Kind gerade lernte, Vater zu sein, erzählte mir von den drei grundsätzlichen Erziehungsmöglichkeiten: bestrafen, erklären oder ablenken. Ich glaube, er erkannte dabei aber vor allem die Struktur politischer Machtausübung. Während die westlichen Regierungsführungen lange Zeit auf Bestrafung und Erklärung setzten, können wir in den letzten Jahren eine Tendenz der Regierungsführung beobachten, die auf Ablenkung setzt. Der Fernsehproduzent und Autor Peter Pomerantsev beschreibt diese Politik am Beispiel eines Beraters von Wladimir Putin namens Wladislaw Surkow.[5] Surkow, der in einem von Wikileaks veröffentlichten Bericht der russischen Botschaft als jemand beschrieben wird, der sich selbst als verkanntes Genie wahrnimmt, leitete ein kleines Theater, bevor er über viele Umwege zunächst Jelzin und bis Februar 2020 auch Putin beriet. Diese kurze biographische Anekdote zu seiner Theaterzeit wird immer wieder hervorgehoben, da er in seiner weiteren Arbeit häufig als Regisseur beschrieben wird, als jemand, der strategisch verschiedene Haltungen und Richtungen inszeniere und so Russland in ein postmodernes Theater verwandelt habe. »Im heutigen Russland kommt – anders als in der alten Sowjetunion – ständig etwas Neues auf die Bühne«, schreibt Pomerantsev, »am Morgen eine Diktatur, gegen Mittag eine Demokratie, am Abend eine Oligarchie, derweil hinter der Bühne Ölkonzerne enteignet, Journalisten umgebracht und Milliarden beiseitegeschafft werden. Und im Mittelpunkt der Show steht mit Wladislaw Surkow ein Mann, der an einem Tag nationalistische Skinheads finanziert und am nächsten

Menschenrechtsgruppen unterstützt. Diese Strategie setzt darauf, jede denkbare Opposition in ständiger Verwirrung zu halten.« Sie sei auch in der Politik Trumps erkennbar, so Pomerantsev. Und ich denke, wenn auch in einer lokalen Spielart, ebenso in Deutschland. Politische Debatten gleichen mehr und mehr Inszenierungen, eigentliche politische Entscheidungsprozesse werden immer weniger inhaltlich diskutiert. Es geht immer mehr um Personalien, um Überschriften, um Gesten. Immer mehr befällt einen selbst ein Gefühl der Verzweiflung, zumindest aber des Zweifels, wenn in der Öffentlichkeit grundsätzliche Grenzen des Sagbaren wie selbstverständlich überschritten werden können. Was man glauben soll. Ob man gerade manipuliert wird oder ob man schon einer Verschwörungserzählung aufgesessen ist, wenn man das glaubt. Kurz gesagt, wir haben ein Vertrauensproblem und sind schon mitten in der Ära des großen Zweifels angelangt.

Fangen wir mit der Erosion des Vertrauens in die Macht an. Während Willy Brandt noch zurücktrat, weil er einen russischen Spion in seinem Beraterstab hatte, bleibt Merkel im Amt nach der Überwachung – nicht nur ihres eigenen Handys, sondern der gesamten deutschen Gesellschaft durch den US-amerikanischen Geheimdienst NSA. Während der Verteidigungsminister Rudolf Scharping 2002 noch zurücktrat, weil er sich schicke Anzüge bezahlen ließ, wird ein Philipp Amthor noch vom Bundestagspräsidenten Schäuble verteidigt, er sei doch noch jung. Amthor, der »mit einem Titelbetrüger, einem Arisierungsprofiteur und einem rechtsradikalen Geheimagenten Steuergelder in eine Briefkastenfirma« umleitete, wie der ehemalige Chefredakteur der *Titanic*, Leo Fischer, die Affäre passend beschrieb.[6] Nebenbei gesagt, hatte Wolfgang-er-ist-noch-jung-Schäuble selbst 1994 vom Waffenhändler Karlheinz Schreiber 100 000 DM in bar angenommen. Er versuchte, das zunächst zu vertuschen, und trat dann als Partei- und Fraktionsvorsitzender der CDU zurück.[7] Das mögen schlaglichtartige Momentaufnahmen des alltäglichen Politikbetriebs sein, doch es sind auch, jedes für sich, kleine Sprengladungen im Fundament der Demokratie. Angriffe auf das Vertrauen der Bürger_innen in die Politik. Wir bleiben verwirrt zurück, unfähig zu verstehen, wie solches Verhalten normalisiert werden kann, warum es so wenig Konsequenzen hat. Das Vertrauen in institutionalisierte Politik, das in der Nachkriegszeit ohnehin schwierig aufzubauen war, weicht einem neuen Misstrauen.

Und während das Vertrauen in die Politik weiter erodiert, kommen uns langsam die Fakten abhanden. Von Kellyanne Conway, der Beraterin des ehemaligen Präsidenten Donald Trump, als »Alternative Facts« eingeführt, leben wir in einer Zeit, in der unser Vertrauen in das, was wir »Wissen« nennen, immer mehr zu einer Glaubensfrage wird. Das ist zunächst auch nachvollziehbar. Adobe, Google und Co. haben den Run auf sogenannte Deep-Fake-Software eröffnet. Das ist Software, die Sprachaufzeichnungen und Gesichtszüge existierender Menschen so originalgetreu nachbaut, dass sie täuschend echt aussehen. Es reicht heutzutage eine Aufzeichnung des amerikanischen Präsidenten von etwa 45 Sekunden, um alle notwendigen Intonationen und Stimmlagen zu speichern, die es braucht, um ihn einen neuen Text vorlesen zu lassen. Rein fiktiv natürlich. Diese Software wurde zunächst für die Filmbranche hergestellt, damit fehlerhafte Passagen nachträglich getippt und von der Software in der Stimme einer_s Schauspieler_in wiedergegeben werden, ohne sie_ihn dafür ein zweites Mal buchen zu müssen. Gesichtszüge können genauso von Animationssoftware eingelesen und damit Videoaufzeichnungen täuschend echt nachgestellt werden. Es ist also nur noch eine Frage der Zeit, bis eine Aufnahme auftaucht, von der sich die betroffene Person distanziert und Deep-Fake-Software als Ausrede nutzt.

Es gibt viele populäre Denkrichtungen, die in uns ein Gefühl der Manipulierbarkeit hinterlassen haben. Sei es die reformpädagogische Maxime, allen Kindern immer eine Wahl zu präsentieren – was im Schulsystem zur Illusion einer Wahl zwischen drei Hausaufgaben und auf dem Markt zur Wahl zwischen drei Automarken mutierte. Oder die Erikson'sche Hypnosetechnik, die nichts weiter beschreibt als den Effekt von Klängen und Bildern auf unser Denken und Fühlen.[8] Die Wahrnehmung, dass etwa die blubbernden Fische im Ozeanrauschen vor blauem Himmel mit Vogelgezwitscherli – schwusch blubbs hihihi – eher ein angenehmes Gefühl bei uns auslösen als eine Wortreihe über ein toxisches Knacken der Eiterqualle, die sich in unsere Knochen gräbt, erlebte einen Siegeszug durch die Werbewelt. Als Neurolinguistische Programmierung, kurz NLP, erreichte diese Theorie in sogenannten Pick-up-Artist-Kursen ihren Zenit, in denen Männer angeblich lernen, eine Frau mit bestimmten Signalen, Redemethoden und Körpersprache zum Sex zu manipulieren: einer Art Leistungsschule für sexistische Übergriffe. Dazu entwickelte sich die Marketingpraxis, große Massen an Daten zu sammeln und gezielte Werbung zu schalten. Wer kein sogenanntes Datamining betrieb, war 2010 kein ernst zu nehmendes Unternehmen.

Die große Erfolgsstory kam, als die Wahl des US-amerikanischen Präsidenten damit entschieden wurde: Die Marktforschungsagentur Cambridge Analytica hatte – Skandal, Skandal – die Daten von Facebook genutzt und somit die Grundlage des etablierten Werbemarkts auf die politische Kampagne übertragen. Es ist unmöglich, den Wahrheitsgehalt dieser Geschichte zu messen, aber es bleibt der schale Eindruck, dass mit gezielten Manipulationsmethoden Wähler_innen anhand ihrer Angaben bei Facebook persönlich angepasste Geschichten über Trump erfuhren. So dass sie sich schließlich entscheiden konnten: Pest oder Cholera. Eine ultraliberale, kriegs- und marktfreundliche Hillary Clinton aus dem Washingtoner Establishment oder ein rassistischer, sexistischer, machtbesoffener Immobilienmogul, der einem zumindest verrückte Fernsehunterhaltung bietet. Politik wurde endgültig zur Show deklassiert, Inhalte durch Gefühle ersetzt.

Ob der Filmproduzent Pomerantsev nun damit recht hat, den Kreml-Berater Surkow als postmodernen Puppenspieler der Politik zu beschreiben, ist gar nicht so wichtig. Viel spannender ist, dass Manipulation und ständiges Oszillieren zwischen Realität und Fiktion in die Politik Einzug gehalten haben – Mittel, die bis dato eher der Welt der Geheimdienstthriller zugeschrieben wurden. Die neue Strategie ist es nun nicht mehr, auf eine möglichst eloquente Art und Weise zu lügen, sondern Wahrheit und Ehrlichkeit als irrelevante Kategorien verkommen zu lassen. Viel schlimmer noch: Fakten, differenzierte Analysen werden zu einem kulturell aufgeladenen Symbol der Elite umgedeutet. »Die da oben«, die sich im stark einkommensabhängigen Bildungssystem der USA die teuren Universitäten leisten können, die argumentieren mit Fakten, während die Nähe zum Volk durch Klischees und algorithmisierte Ressentiments geschaffen wird.

Da ist es eine doppelt ironische Anekdote, wenn Pomerantsev schreibt, dass Surkow offenbar selbst auf den französischen Philosophen Jean-François Lyotard verweist, »etwa auf den Zusammenbruch der großen zivilisatorischen Narrative und die Fragmentierung der Wahrheit«. Russland habe also eine »vorgeblich libertäre intellektuelle Bewegung aus dem Westen übernommen und in ein Instrument der Unterdrückung verwandelt«.[9] Trumps Team wiederum, das sicherlich keinen Derrida oder Foucault zitiert, treibt dieses Spiel mit Marketingmethoden und Business-Bluff-Allüren noch auf die Spitze und wendet diese »postmoderne Politik«, wie Pomerantsev es nennt, auch gegen die intellektuelle Bewegung im eigenen Land an. Es geht nicht mehr um Inhalte und Expertise, sondern um Entertainment, Überraschungen und die große Show der niederen Gefühle.

Währenddessen wird die Bedeutung von Belegen degradiert und an Markenvertrauen gebunden. Forensik wird immer besser, doch auch immer leichter zu manipulieren. Man kann fremde Fingerabdrücke an einem Tatort hinterlassen, Haare und Speichelproben verteilen, damit ein_e Unbeteiligte_r eines Mordes verdächtigt wird. Gefälschte Fotos sind immer schwieriger von echten zu unterscheiden, theoretisch können ganze Events so erfunden, konstruiert und inszeniert werden, dass sogar ein Verfassungsschutz sie als bewiesen annehmen würde – umso mehr, wenn er eine ideologische Tendenz hat, die mit solchem Material bestätigt wird. Das führt also unweigerlich dazu, dass langfristig der klassische Journalismus mehr von Markenvertrauen leben wird als von sauberer Recherche. Eine starke Marke wie die *Süddeutsche Zeitung* wird Fakten herstellen, indem sie journalistische Standards einhält, zwei voneinander unabhängige Quellen prüft und kein manipulierbares Material als echt einschätzt, wenn nicht noch andere belastbare Belege vorliegen, die den Inhalt bestätigen. Vermutlich werden bald zwei Quellen auch nicht mehr reichen. Doch wenn ein_e Leser_in sich einmal dafür entschieden hat, auch der *Süddeutschen Zeitung* zu misstrauen – sei es, weil sie ihr_ihm zu viele AfD-kritische Artikel veröffentlicht oder weil sie zu selten die Perspektive der deutsch-türkischen Community miteinbezieht –, dann wird es schwer sein, dieses Vertrauen wiederzugewinnen. Dann sind es vielleicht doch die rechtsextremen Abgeordneten auf Facebook oder die AKP-nahen Medien aus der Türkei, denen man glaubt, selbst wenn sie Falschinformationen streuen und ohne Belege behaupten, ein Foto, eine Sprachaufzeichnung, ein Video sei vielleicht gefälscht worden. Und ist die Unbestechlichkeit der Forensik erst mal abhandengekommen, tritt an ihre Stelle wieder die Kraft des Marketings. Man glaubt den beiden Lieblingsjournalist_innen, denn die schreiben auch so nette Meinungsstücke und haben eine überzeugende Selbstdarstellung.

Nach einer kurzen Episode der Aufklärung hat sich also wieder die große Illusionierung als beste Kommunikationsstrategie durchgesetzt, um Macht zu erhalten und auszubauen. Nicht nur in der Unternehmenskommunikation, nicht nur bei Geheimdiensten und im Finanzsektor, auch in der Politik. Und es wundert nicht, da die Kommunikationsbranche in allen Fällen aus demselben Personaltopf kommt – in der Ausbildung wie in der Weiterempfehlung. Mit dem Chef der Berliner Abteilung einer großen deutschen Medienagentur, die Parteien wie Unternehmen auch strategisch berät, hatte ich nach einem Vortrag in deren Büro einen Schlagabtausch per Mail. Er verglich seine Rolle mit der von Anwält_innen, zog Selbstverpflichtungen als Orientierung heran. Pillepalle, schrieb ich. Sie seien keine Anwälte, da ihnen dazu das Äquivalent der Grundordnung fehle, nach der sie handelten, das Strafgesetzbuch, an dem sie sich orientierten: Sie seien viel eher Söldner in einem Kommunikationskrieg, in dem es darum gehe, Bedürfnisse zu manipulieren und den Profit des Einzelnen über das Gemeinwohl zu erheben. Dadurch, dass sie das seit Jahrzehnten mit einem exzessiven Budget aus den Glashochhäusern der Metropolen machten, alle Städte mit magersüchtigen Frauen und dicken Autos zukleisterten, seien sie auch für ein ständiges gesellschaftliches Grundgefühl individuellen Unzureichend-Seins mitverantwortlich. Wenn ich das Auto nicht haben kann, wenn ich die superschlanke Figur oder die happy Kernfamilie mit Knorrsuppe, die ich im Fernsehen sehe, nicht habe, dann bin ich vielleicht doch nicht gut genug. So das Grundrauschen, das die Kommunikationsindustrie massenhaft durch unsere Gesellschaft schießt. Sie lügt, das ist allen bewusst. Doch wie lügt sie genau? Und wie geht man damit um?

Es gibt verschiedenste Kommunikationsstrategien. Die_Der Pressesprecher_in eines Geheimdienstes sagt üblicherweise »I can't confirm nor deny« als Standardphrase: »Ich kann das weder bestätigen, noch kann ich dem widersprechen.« Das macht es amüsant, da man prinzipiell jede erdenkliche Falschinformation über Geheimdienste in die Welt setzen könnte, ohne dass sie sich ernsthaft dazu verhalten müssen. Wir hatten bei der Entwicklung unserer *Intelexit*-Kampagne, von der ich später noch ausführlicher erzählen werde, überlegt, ob wir eine große Tafel mit fingierten Webcam-Bildern von Penissen vor dem Bundesnachrichtendienst aufstellen und behaupten, das seien Penisse der Mitarbeiter_innen. Zum einen, weil die Mehrheit in unserer Vorrecherche offenbar lange Zeit auf der »Ich hab doch nichts zu verbergen«-Position haftenblieb und sich das drastisch änderte, als man über die Dickpics sprach. Wenn es in den Schambereich geht, wollen die meisten dann doch nicht, dass ein Geheimdienstmüffelchen die Fotos auf irgendeiner Festplatte speichert. Zum anderen, weil wir die Daten, die autoritäre Geheimdienste selbst von ihren Bürger_innen abfangen, auf sie projizieren wollten – und das eben ohne die Möglichkeit, diese schamerfüllenden Bilder als völlig fremde Genitalien von sich zu weisen. Na ja, erst mal ein Schenkelklopfer, aber dann doch etwas platt und phalluszentriert. Wir machten es nicht.

Geheimdienste sind schon ziemlich speziell in ihrer Kommunikation, da sie ihre Öffentlichkeitsarbeit, na ja, eben im Geheimen machen. Aber dann gibt es grundsätzliche Unterschiede zwischen der Kommunikationsstrategie etwa des Ölkonzerns Shell und des Waffenunternehmens Heckler & Koch. Die Ölmultis müssen nicht nur Politiker_innen bestechen und ausländische Armeen und Diktator_innen bei Laune halten, sondern zusätzlich die Endkund_innen an den Tankstellen zufriedenstellen. Deswegen ist den Tankstellen-Milliardär_innen die öffentliche Meinung wichtig, was bei den Kurseinbrüchen nach der »Brent Spar«-Kampagne 1995 offensichtlich wurde, als Greenpeace die Ölbohrinsel nach dem Ölleck in einer spektakulären Aktion 24 Tage besetzt hielt.[10] Den Rüstungsmultis könnte so was nicht passieren, da sie ohnehin schon für Tod und Korruption stehen und eine Investition zu teuer wäre, um dieses Image noch korrigiert zu bekommen. Ihnen ist im Prinzip egal, dass etwa 70 % der Deutschen Waffenexporte in Länder, die den Jemenkrieg unterstützen, ablehnen, solange das Kriegswaffenexportgesetz nicht umgeschrieben wird.[11]

Die Finanzindustrie hat noch mal eine ganz eigene Strategie, die als kommunikative Massenhypnose bezeichnet wird, da die Mehrheit bei Finanzthemen innerlich abschaltet. Und große Datenkonzerne wie Google wiederum haben sich von der_dem Feelgood-Freund_in zur_zum schweigsamen Spion_in für die Werbeindustrie entwickelt.

Um die verschiedenen Typen stereotypisch zu skizzieren, will ich ein paar der Hacks aufrollen, die wir mit dem Peng Kollektiv und anderen Gruppen wie Greenpeace oder dem Schauspiel Dortmund bei den verschiedenen Unternehmen, Geheimdiensten oder Parteien gemacht haben. Zunächst die, die rein kommunikative Hacks waren – also Übernahmen ihrer PR-Maschinerie – und dann die, die ich als Hacks der Machtsphären bezeichnen würde – also gezielte Angriffe auf Punkte, die über einen reinen Imageschaden hinaus weh tun.

Die Ölfontäne bei Shell

Berlin, 11. Dezember 2013. Ich saß ganz vorne links auf der Zuschauertribüne im hippen Tempodrom, einer Eventlocation, wo sonst Matthias Schweighöfer, Frank Schätzing oder Barbara Schöneberger auftreten. Damals hatte der umsatzstärkste Ölkonzern der Welt die Bühne gemietet. Oder die Shell Deutschland Oil GmbH vermutlich, ihr deutscher Ableger. Und ich musste gleich nach vorne. Also nicht ich, sondern Paul von Ribbeck, der junge Wissenschaftler, für den ich mich ausgab. Unter diesem Namen hatte ich mich mit einer sensationellen Erfindung beworben: einer Maschine, mit der Autos die Luft reinigen können, anstatt sie zu verpesten. In einem kleinen Video hatte ich zuvor genau erklärt, wie das Kohlendioxid auf Grundlage eines Patents der Universität Heidelberg in einer Batterie vor dem Auspuff gespeichert werden könne. Im Anschluss könne das CO_2 dann industriell weiterverarbeitet werden, etwa zur Getränkeproduktion bei Coca-Cola oder im Sprudelwasser. Meine Vision: das 5000-BS-Auto! BS steht für Baumstärke, jedes Auto solle auf 100 Kilometer so viel Kohlendioxid speichern wie 5000 Bäume an einem Tag. Der *Tagesspiegel* schrieb später: »Da kommt ein junger Mann aus adligem Haus und schlägt vor, mit Autoabgasen Mineralwasser herzustellen.«[12] Für die PR-Agentur Burson-Marsteller, die von Shell beauftragt wurde, einen unterhaltsamen Abend über nachhaltige Wissenschaft zu gestalten, klang das überzeugend. Nicht nur das: Als der *Tagesspiegel* sich vorab informieren wollte, wen er begleiten könne, empfahlen sie dezidiert: mich. Ich sei mit meiner Maschine der vielversprechendste Wissenschaftler in der Runde der Bewerbungen.

Burson-Marsteller hatte in der Vergangenheit auch Facebook, Union Carbide, Monsanto, aber auch Diktatoren_innen wie Nicolae Ceaușescu in Rumänien oder die argentinische Militärjunta beraten[13] – die Liste ihrer Kund_innen liest sich wie eine Armada der Umweltzerstörung, Menschenrechtsverletzung und gezielten Desinformation. Es ging immer darum, das Image aufzupolieren, bis ihre Finger blutig wurden. Nun sollte also der Ölkonzern Shell kommunikativ begrünt werden, eingeführt vom ehemaligen Viva-Moderator Markus

Kavka und mit einem drittmittelabhängigen Professor mit Schnauzbart in der Jury, der anscheinend schon zum Klatschen konditioniert war, sobald er das Wort »Shell« hörte. Die Einladung gab sich innovativ: Junge Wissenschaftler_innen sollten ihre Forschungsergebnisse aus dem Umweltbereich poppig präsentieren. Eine Mischung aus Jugend forscht und Poetry-Slam. Das Format des Science-Slams wird von vielen Agenturen organisiert – darunter eine, deren Mitarbeiterin ich später kennenlernte. Sie wurde von Burson-Marsteller angefragt, ob sie diesen Abend gestalten könne – aber als sie hörte, für wen, lehnte sie dankend ab. Greenwashing sei nicht das Ziel von Science-Slam. Mein Alias Paul von Ribbeck sah das ein bisschen anders.

Etwa drei Wochen zuvor hatten mir ein paar Greenpeace-Aktivist_innen den Link zu der Veranstaltung geschickt, in dem dazu aufgerufen wurde, sich mit seinem Forschungsprojekt zu bewerben. »Der Laufsteg für deine Ideen« stand da in gelb-roten Farben vorm Shell-Logo. Das Unternehmen Royal Dutch Shell mit Hauptsitz in Den Haag ist laut der Erhebung des Magazins *Fortune* das drittgrößte Unternehmen der Welt. Knapp 400 Milliarden Dollar Umsatz, etwa 81 000 Mitarbeiter_innen, gut 23 Milliarden Dollar Gewinn im Geschäftsjahr 2019.[14] Das ist sehr groß. Bei Shell heißt aber viel Macht zu haben leider nicht, viel Verantwortung für die Gesellschaft zu übernehmen: Sie sind immer wieder in Korruptionsfälle verstrickt. Allein in Nigeria belegen Berichte, die bei Wikileaks veröffentlicht wurden, wie sie systematisch die Ministerien unterwanderten, die für ihre Geschäfte relevant sind. In dem Land fließen die Ölpipelines wie überirdische Kanalisationen durch die tropischen Landschaften und platzen immer wieder auf. Im Niger-Delta liefen teilweise zwischen 1440 und 4320 Barrel Öl am Tag aus. Dadurch wurden ganze Landstriche zerstört, Fischer_innen und Bauer_innen wurde die Existenzgrundlage entzogen – doch anstelle von Reparationszahlungen, einer Rehabilitierung des Landes und dem Einsatz neuer Bohr- und Transporttechniken, wie NGOs und Betroffene fordern[15], gibt Shell die Schuld den Gruppen, die Öl an den Rohren abzapfen, um es auf dem Schwarzmarkt zu verkaufen.

Gegen das Unternehmen wurde 2017 in Den Haag Anklage wegen Beihilfe zu Menschenrechtsverletzung, Folter und Mord eingereicht. 2019 begann der Prozess, in dem vier nigerianische Witwen Shell der Ermordung ihrer Ehemänner bezichtigten, die zu den Ogoni Nine gehörten, einer Gruppe von Umweltaktivisten, die gegen das System Shell kämpften. Neben den Ehemännern der Witwen, Barinem Kiobel, Baribor Bera, Nordu Eawo und Paul Levula, wurden Saturday Dobee, Felix Nuate, Daniel Gbokoo, John Kpuinen und der Schriftsteller Ken Saro-Wiwa ermordet. Wie lange der Prozess noch dauern wird, ist unklar.[16] In einem früheren Gerichtsverfahren wegen der Morde an den Umweltaktivist_innen lenkte Shell im letzten Augenblick ein und zahlte außergerichtlich 11,1 Millionen Euro an die Hinterbliebenen, um den Prozess platzenzulassen. Das Geld sei keine Anerkennung der Schuld, sondern einfach nur eine »menschliche Geste«, stand in den Zeitungen.[17]

So viel allein zu Nigeria. Als wir die Aktion vorbereiteten, plante der Konzern auch noch Ölbohrungen in der Arktis – allen Warnungen zum Trotz, dass die Bedingungen im hohen Norden nicht kontrollierbar und die Ausbreitung eines Ölteppichs bei einem Leck unter einer Eisdecke kaum aufzuhalten seien.[18]

Wir trommelten mindestens 20 Leute zusammen: Zwei Wissenschaftler_innen erklärten mir die Details aus der umstrittenen Carbon-Capture-Storage-Forschung, also der Grundlage meiner erfundenen Erfindung, mit der ich das Kohlendioxid im Auto binden wollte. Sie nannten mir einen Professor an der Technischen Universität Berlin aus dem Fachbereich, dem die Lehre völlig egal war und der daher seine Student_innen garantiert nicht alle persönlich kannte. Mein idealer Professor, falls ich gefragt würde! Wir gründeten ein Kamerateam, das sich als studentischer Kanal bei den Veranstalter_innen anmeldete. Für das Publikumsteam bestellten wir 30 Karten, riefen die lokale Greenpeace-Gruppe an, damit sie Leute schickt, koordinierten verschiedene Smartphones, mit denen sie filmen sollten. Die Website mit den wichtigsten Kritikpunkten an Shell wurde hochgezogen, inklusive eines Platzhalters für das Video. Ein Freund bereitete die Animationen dafür vor, ein anderes Team war nur dazu da, das Material zu schneiden und hochzuladen. Zwei Leute waren dafür zuständig, die Maschine aus dem Raum zu schaffen, wenn das Spektakel vorbei war. Und einer, klar, der musste die Maschine noch bauen. Die Maschine, mit der mein Luftreinigungsexperiment schieflaufen sollte.

In den USA hatten die zwei Aktionskünstler The Yes Men eine Shell-Konferenz inszeniert, in der eine alte Frau sich ein kleines Ölbohrmodell anschaute, aus dem plötzlich eine Fontäne in ihr Gesicht spritzte. Es war eine skurril-dadaistische Konferenz von Shell, die nie wirklich stattgefunden hatte, aber die Bilder schossen um die Welt.[19] Das wollten wir zitieren, allerdings auf einer echten Shell-Konferenz, und in Punkrock. Mein Kumpel verbrachte zwei volle Wochen in meiner WG, um eine noch bessere, noch lautere Erdölspritzmaschine zu entwickeln. Er besorgte alte Stoppknöpfe von der Baustelle, fand LED-Lichter auf dem Sperrmüll. Ich stellte mir ein lautes Motorrattern vor, vom Motor, der das CO_2 ausstößt. Mein Mitbewohner, der regelmäßig illegale Partys organisiert, hatte noch einen Benzingenerator. In der Küche experimentierten wir mit Kartoffelmehl und Glukosesirup, um eine erdölähnliche Flüssigkeit herzustellen. Es gibt in Deutschland bis heute keine Gesetze, die den Verkauf von Gütern verbieten, die auf Ausbeutung von Mensch und Natur basieren. Es gibt auch keine Gesetzesgrundlage für Agenturen wie Burson-Marsteller, die deren Image aufpolieren. Dafür gab es an dem Abend des 11. Dezember 2013 aber eine Maschine, die eine Erdölfontäne in einem kleinen Veranstaltungsraum explodieren lassen konnte.

Wir hatten die Schäden auf maximal 10 000 Euro geschätzt. Ein Flachbildfernseher, die Veranstaltungslampen an der Decke, die Stühle. Wir hatten aber nicht an den Brandschutz gedacht. Alle, die im Veranstaltungsbereich arbeiten, wissen, dass eine gute Regie den Brandschutz immer von der ersten Minute eng miteinbezieht, mehr noch als die Geschäftsleitung. Brandschutz hat Macht. Und Brandschutz sagte: Benzingenerator darf nicht im Raum stattfinden, zu gefährlich. Das Experiment, das Abgase filtern will, muss das wohl ohne Abgase machen. Für mich hieß das: ohne Punkrock-Scheppern des viel zu lauten Motors. Aber warte mal: ohne Motor, also ohne Abgase. Die Leitung von Burson-Marsteller wurde bleich – der beste Kandidat konnte nicht auftreten, zehn Minuten vor Veranstaltungsbeginn. Es rasselte Entschuldigungen.

Ich hatte ein schönes Hemd an und Paul-von-Ribbeck-Schnösel-Locken und keine Ahnung, wie wir da jetzt noch versehentlich eine Ölfontäne explodieren lassen könnten, wenn wir den Motor mit den Abgasen gar nicht mit auf die Bühne nehmen durften. Brandschutz sagte noch mal sorry, geht nicht. Ich sagte Mann ey, aber was dann? Marsteller sagte, ja weiß auch nicht. Und dann kam Jakob vom Klo wieder, der die Maschine gebaut hatte, und sagte, gar kein Problem, die Lunge ist ja auch voller CO_2, das reicht notfalls auch für das Experiment, wenn ich da reinpuste, und Burson sagte puh, und Paul von Ribbeck sagte, logisch Kollege, und der Brandschutz nahm den Motor mit nach hinten, und wir setzten uns hin. Gerettet.

Die Ölfontäne aus Wasser und Glukose spritzte genau 20 Sekunden durch den Raum. Drei Liter pro Sekunde, 60 Liter auf dem Boden. Es war verabredet, dass ich den Stecker ziehen sollte, aber da fiel mir erst auf, wie albern das aussieht, wenn man 20 Sekunden lang nach einem Stecker sucht, der offensichtlich vor einem liegt, ich hielt mir also die Hände an den Kopf, wie bei einem Comicfilm und sagte damit oh-nein, oh-nein, was ist denn hier los, bis ich endlich ziehen konnte und die auswendig gelernte Phrase rief: »Hier kann man den Stecker ziehen, in der Arktis nicht!« Der Moderator moderierte, der Professor professorierte, aber wir hatten schon gewonnen.

Und nicht nur wir: Drei der vier Forscher_innen, die vor mir aufgetreten waren, hatten vor uns eine Aktion gemacht. Einer war gleich zu Anfang auf die Bühne gesprungen und rappte ein Lied über die schwarzen Adern der Welt, erinnerte an die koloniale Rolle von Shell. Da stand noch ein Mitarbeiter neben Paul von Ribbeck, also mir, und sagte im Vertrauen: »Ach, Berliner Aktivisten«, und ich auch so: »Oh Mann, die nerven«. Ein anderer hatte einen fünf Meter langen Forderungskatalog ausgerollt, was man alles machen müsste, um Shell zu reformieren, der dritte zeigte in seiner Studie vor allem die Umweltzerstörung des Konzerns auf. Die Maschine wurde rausgetragen, die Polizei kam, das Publikum johlte. Das erste Wackelvideo wurde mit einem »Schaut, was ich gerade Verrücktes erlebt habe« auf YouTube geladen, das Medienteam saß dann aber noch bis fünf Uhr morgens im Schnitt und feilte an der Version, die um sieben Uhr hochgeladen werden sollte. Rechtzeitig für alle Redaktionen. Wir hatten es geschafft. Shell hatte verloren.

Das Video verbreitete sich in den nächsten Stunden wie ein

Lauffeuer, sogar nigerianische und US-amerikanische Zeitungen berichteten darüber.[20] Es tat gut zu wissen, dass die Welt einen Moment zu lachen hatte, wenn es doch sonst schien, dass dieses Unternehmen nicht zu stoppen ist. Eine Freundin aus Nigeria schrieb mir, dass sie dankbar sei zu wissen, dass sie in dem Land nicht vergessen würden.

Die Pläne für ihre Arktisbohrungen gab Shell dann aber auf, wie knapp zwei Jahre später bekannt wurde. An unserer oder anderen Aktionen der sozialen Bewegungen lag das aber offiziell nicht, »sondern ganz schlicht an Geologie und Betriebswirtschaft«, wie die *FAZ* süffisant betonte.[21]

Auf Konferenzen wurden wir immer wieder gefragt, was sie denn *genau* gebracht hätte, diese ganze Aktion. Man kann Klickzahlen des Videos messen, neue Gesetzgebungsverfahren und politische Entscheidungen, man kann Zeitungsartikel auflisten und Auftragsflauten bei Burson-Marsteller kalkulieren – ich mache so was eigentlich nicht. Ob diese Aktion mehr gebracht hat als ein bisschen gute Stimmung bei denjenigen, die sich an Shell seit Jahren die Zähne ausbeißen, weiß ich nicht. Uns brachte es auf jeden Fall jede Menge Spaß. Die Kommunikationsstrategie der Diktator_innen-Agentur Burson-Marsteller ging nach hinten los. Eine Journalistin schrieb mir eine Mail, in der sie sich bedankte, diese Aktion habe sie so inspiriert, dass sie ihren Job endlich gekündigt habe, um jetzt auch Aktionskunst zu machen. Wir spürten das erste Mal als Gruppe, dass ein Thema, das uns wichtig ist, mit einer guten Portion Chuzpe, etwas Organisation und zwei Wochen Arbeit in die internationalen Medien kommen konnte. Und vielleicht waren wir damit ein kleiner Mosaikstein in einer weltweiten Protestbewegung, der irgendwem in den USA, in Nigeria oder Mexiko einen letzten Funken Kraft gab, um den Kampf gegen den Ölgiganten nicht aufzugeben.

Die Vattenfall-Übernahme

Bei Vattenfall, dem größten Energieversorger im Norden Deutschlands, übernahmen wir die Unternehmenskommunikation, ohne vorher eingeladen worden zu sein. Das war 2015. Wir hatten einen Tipp von Greenpeace bekommen, die sich gerade darauf vorbereiteten, Kohle als nächstes großes Umweltthema in Deutschland zu setzen. Die Lage war ein bisschen kompliziert. Vattenfall, ein schwedischer Staatskonzern, der sich grün und nachhaltig gab, hatte am 27. April sein »Annual General Meeting« der Aktionäre. Dort werden große Entscheidungen und strategische Zielrichtungen verlautbart. Na ja, und die Grünen waren in Schweden gerade in der Regierung. Da waren die Kohlekraftwerke in der Lausitz ein schwarzer Fleck auf der staatlichen CO_2-Bilanz. Die Grünen dachten sich also: verkaufen. Sie gerieten aber von den oppositionellen Linken unter Druck, die darauf hinwiesen, dass ein Verkauf der Kohlegruben zwar die staatliche CO_2-Bilanz verbessern, aber der Umwelt insgesamt nicht helfen würde – im Gegenteil. Der nächste Investor habe sicher kein Interesse daran, sie zu ökologischen Alternativmodellen umzubauen. Zu verkaufen wäre also einzig ökologische Eitelkeit.[22]

Die Presse wartete auf eine Entscheidung. Oder zumindest die Presse aus Berlin und Brandenburg, wo Vattenfall die deutschen Arbeitsplätze hält und gut vernetzt ist. Und diese Entscheidung lieferten wir.

Drei Tage vor dem großen Termin meldeten der Rundfunk Berlin Brandenburg (*rbb*), die *Märkische Allgemeine*, die *Lausitzer Rundschau*, die *Cottbusser Nachrichten* – alle Nachrichtenportale, die mit dem Thema seit Jahren befasst waren, dass Vattenfall in der Lausitz bleibe. Und nicht nur das. Es sollte zu 100 % auf erneuerbare Energie umsteigen. Auf einer Website namens vattenfall-responsibility.de fand man alle Details des Plans, mit Logo, Schriftart und Farben von Vattenfall, in der Mitte ein Foto des Konzernchefs. Niemand würde seinen Job verlieren, alle Mitarbeiter_innen würden umgeschult. Man wolle Masterstudiengänge in Rostock und Brandenburg finanzieren, für ökologische Energieingenieur_innen, und damit die gesamte Region stärken. Tausend Klimageflüchtete sollten eingeladen werden, bekämen einen Job im nachhaltigen Sektor. Als Entschädigung für den CO_2-Ausstoß aus der Kohleenergie, der sie ihrer Lebensgrundlage beraubt habe. Es sei Zeit, der »grüne Leuchtturm Europas zu werden«. Ein schlüsselfertiges sozialökologisches Konzept, im Impressum eine schwedische Marketingfirma.

Die sozialen Medien applaudierten, endlich hatte ein Unternehmen das Richtige getan, einfach, weil es richtig war. Der CDU-Bundestagsabgeordnete aus dem Havelland, Sebastian Steineke, versuchte, die Lorbeeren für sich einzustecken und schrieb: »Sehr erfreulich für die #Lausitz und #Brandenburg – Einsatz der @CDU_Brandenburg hat sich gelohnt.« Mein Kollege war auf diese Idee gekommen, nur denjenigen Medien die gefakte Pressemitteilung zu senden, bei denen wir vermuteten, dass sie mit Vattenfall im Bett waren. Der Konzern war ja seit langem in der Region tätig, die meisten lokalen Medien kannten den Pressesprecher persönlich, Journalist_innen hatten regelmäßig mit ihm zu Abend gegessen. Wenn er was schreibt, dann landet das bei denen. Und wenn die was von ihm lesen, dann wird das schon stimmen. Die Idee ging auf.

Während CDU-Hinterbänkler Steineke diesen Tweet absetzte, standen wir schon im Hauptquartier von Vattenfall Deutschland in Berlin. Mit einer Rollkofferarmada, drei Kamerateams und Journalist_innen gingen wir einfach in die gläserne Lobby des Großunternehmens an der Security vorbei. Neben kleinen Modellwindrädern standen große Werbetafeln, die sagten, »Klimaneutraler Strom und Wärme bis 2050« sei das Ziel von Vattenfall. Direkt daneben stellten wir unsere Banner auf: »Vattenfall Responsibility – wir übernehmen Verantwortung«. Eigentlich hatten wir mit mehr Widerstand des Personals gerechnet, weshalb zuerst Tom aus unserem Team als Tourist mit neuseeländischem Akzent eine große Berlinkarte vor ihren Gesichtern ausfaltete und nach dem Weg zum Alexanderplatz fragte. Siggi und Alex kamen auch im schicken Anzug und waren vorbereitet, sich deeskalierend in den Weg zu stellen, falls die Security versuchen würde, uns zu stoppen. Sie hatten bereits Erfahrung mit gewaltfreier Körpersprache bei Greenpeace-Aktionen gesammelt. Immer freundlich bleiben, Hände immer unten halten, bedrohliche Gesten vermeiden – aber beständig mit dem Körper in den Weg stellen. Doch das kam alles gar nicht zum Einsatz. Die Anzüge, Kameras und Rollkoffer waren offenbar überzeugend genug, wir konnten einfach durchmarschieren. Ich konnte meine kleine Rede als Vattenfall-Pressesprecher sogar dreimal wiederholen, damit auch sicher was Gutes im Kasten war.

Wir hatten uns vorbereitet, aber dass wir einfach ungehindert die gesamte Unternehmenkommunikation übernehmen könnten, mit Pressekonferenz im Foyer, ohne jeglichen Widerstand, und das im Hauptquartier – damit hatten wir nun nicht gerechnet. »Lass uns eskalieren, wir können doch nicht einfach so rausgehen«, sagte Wolle aus unserem Team, »wir könnten auf einen Konferenzraum bestehen.« Tatsächlich hatten wir auch schon Belege für eine Eskalation vorbereitet. Für den Fall, dass sie uns nicht glaubten, hatten wir einen E-Mail-Austausch mit dem Chef vorbereitet, den wir auf einem iPad dabeihatten. Wir hatten extra ein iPad genommen, da eine ausgedruckte E-Mail ein Stück Papier ist, das sie mitnehmen könnten. Ein iPad lässt man eher beim Besitzer und hat dann kein Beweisstück für die Dokumentenfälschung.

Eine junge Mitarbeiterin der Presseabteilung mit professionellem Blick kam schließlich runtergelaufen und fragte, was hier eigentlich los sei. Wir hatten uns überlegt, dass wir ausschließlich Englisch und Schwedisch sprechen würden. Schwedisch konnten wir zwar nicht, aber über eine Anzeige hatten wir eine schwedische Opernsängerin gefunden, die nun auch dabei war. Ich zückte meine Visitenkarte, Sven Ansgar, Head of Communications, Responsibility Initiative, Vattenfall, Evenemangsgatan 13 C, Stockholm. »We came all the way from Sweden, and now it seems, your security didn't even know about the conference room we were supposed to get«, stammelte ich irgendwie, fragte also nach dem Konferenzraum. Die Opernsängerin sagte mir aufgeregt was auf Schwedisch, was ich natürlich nicht verstand, ich antwortete aber beschwichtigend »Och, Och«, »Ja, det stämmer« und »skal soppa«, was auf Schwedisch wohl so was wie »Ja, ja«, »Ja, das stimmt« und »Muschelsuppe« bedeutet. Keine Ahnung, woher ich das Wort kannte. Die Profiblickpressefrau war extrem freundlich, der Montagmorgen war offenbar einer, der ihr jetzt äußerste Professionalität abverlangte: »I am not sure, what was supposed to happen«, also keinen Plan, Mann. Ich zeigte ihr mein iPad und scrollte hoch. »This is the address, isn't it?«, hier ist doch die richtige Adresse?

On 12.04.15 at 15:20 Ansgar, Sven wrote:

Alright, see you then!

>On 12.04.15 at 15:17 Müller, Wolfgang wrote:
>Dear Sven,
>
>I am so so sorry. Change of plans again. But this time, for sure.
>

Die Vattenfall-Übernahme

>We meet on:
>24. April 2015, 10 am CET
>at:
>Chausseestraße 23
>10115 Berlin
>
>NOT at HKW. I am looking forward to it! The presentation you put together is great!
>
>Mit freundlichen Grüßen,
>Wolfgang

>>On 10.04.15 at 09:40 Ansgar, Sven wrote:
>>
>>Wolfgang, yes. We will cancel our flights for the 26th and come two days earlier. It's at the venue in Brandenburg, right? What time?
>>

>>>On 10.04.15 at 09:31 Müller, Wolfgang wrote:
>>>
>>>Dear Sven,
>>>I am really sorry for the trouble you must have been through. I should never have let the intern write the presentation. But you know how it is. Did you get the news about the new place we will meet now? And I finally confirm. The 24. April, NOT the 26. Okay? Please confirm that you read this, okay?
>>>All the best from Berlin,
>>>Wolfgang

>>>>*On 02.03.15 at 18:40 Ansgar, Sven wrote:*
>>>>
>>>>*Hallå Wolfgang,*
>>>>
>>>>*So great to read this! To be honest, I do not remember much of the first day after the party. I am relieved you remember me in good faith. What a night!*
>>>>*Yes, of course, I can come to Berlin. Indeed, it's a great step. But make sure no one knows, so we have full message control. I don't want to answer press requests and even worse, stakeholder complaints before the decision is irreversible. I was a bit surprised you already know about it actually. But hey, let's go! I'll brief my team and get started. The communication about the preparations will be directly via my assistant Hilsa and your office from now on.*
>>>> *How is your wife?*
>>>>
>>>>*Vänliga hälsningar,*
>>>>*Sven*

>>>>>*On 02.03.15 at 18:25 Müller, Wolfgang wrote:*
>>>>>
>>>>>*Dear Sven,*
>>>>>
>>>>>*It was great to meet you at the Christmas party. I hope you could recover well after this little Whiskey overdose.* ☺
>>>>>
>>>>>*We are now preparing the last steps for the launch of the new chapter of Vattenfall in Germany. I am very excited! Can you imagine five years ago someone would have told you that we would finally go 100% renewable, just because it is the right thing to do? Not looking purely*

Die Vattenfall-Übernahme

*at profits, but also at sustainability? I am convinced, we
will write history. This will be the Green Flagship project
other companies will be looking at forever.*
*>>>>>And here is the reason, why I am writing to you:
we would be delighted, if you could come to Berlin with
your team and hold the press conference together with
us, in the Headquarters, in Berlin! Ideally, we do that one
day before the AGM, on 26.4. Would that work for you?
>>>>>
>>>>>Best wishes,
>>>>>Wolfi*

Sie bat mich nach hinten, mein Kamerateam blieb im Foyer. Wir hatten gerade angefangen, über das AGM und alle Vorbereitungen zu reden, da klingelte ihr Telefon. »What? No! What happened?« Ihr wurde offenbar gerade erklärt, was in den Nachrichten stand. Der Spuk war vorbei, ihr Chef kam durch die Tür. Ich ging schnell zum Kamerateam: »Wir sind aufgeflogen. Wenn der Chef gleich kommt, sollten wir versuchen, Bilder der Einigkeit zu bekommen!« Da war er auch schon da, hochrot im Gesicht, bekam kaum ein Wort raus. Ich ging auf ihn zu, begrüßte ihn freundlich und drückte ihn an mich, mit Blick in die Kamera. »Es ist ein großartiger Moment, heute verkünden zu dürfen«, sagte ich, »wir bleiben in der Lausitz.«

So, Eskalation geglückt. Es war ungefähr zehn Uhr vormittags. Wir rannten schnell zurück ins Studio, hatten der eingeweihten Presse, die uns begleitete, eine Sperrfrist bis 15 Uhr gegeben. Exklusive Informationen, die einen selbst betreffen, kann man mit Sperrfristen versehen, und es ist eine Ehrensache im Journalismus, sich daran zu halten. Wer sich nicht daran hält, hat einen Ruf als seriöse_r Journalist_in zu verlieren oder kein Interesse, jemals wieder ins Vertrauen gezogen zu werden.

Wir hatten also knappe fünf Stunden, um das Video zu schneiden. Im Büro angekommen klingelte das Telefon bei drei verschiedenen Umweltaktivist_innen, die mit uns da waren, jeweils aus anderen Initiativen. Die Zeitungsportale hatten die Nachricht alle von ihren Websites gelöscht. Nur der rbb arbeitete sauber und schrieb eine Korrektur hinein: Sie seien auf eine Falschnachricht hereingefallen, sie würden daran arbeiten, den Ursprung zu rekonstruieren. Also telefonierten sie alle in der Szene durch. Auch bei uns klingelte das Telefon, doch wir sagten nein, die Website sei viel zu billig, auf so ein Niveau würden wir uns nicht begeben. Das Video war im Schnitt, der Cutter schwitzte. Wir hatten mehrere Twitter-Accounts der Vattenfall-Chefs vorbereitet, unter ihren Namen. Die hatten in den letzten Wochen irgendwelche Vattenfall-Nachrichten wiederholt, und am Morgen kamen sie unisono mit den guten Nachrichten raus. Es sollte noch eine Finte sein, die die Inszenierung realistisch erscheinen ließ. Jetzt, als der rbb herumtelefonierte, versuchten wir, es Jan Böhmermann in die Schuhe zu schieben. Alle Fake-Twitter-Accounts schrieben dieselbe Nachricht: »Thank you, Twitter, for handing over the fake accounts so swiftly. This was a false information by the German TV-artist Jan Böhmermann (@janboehm). Vattenfall does not take any responsibility for this.«

Etwa eine Woche später traf ich den Chef der Kommunikationsabteilung im Café Silberlöffel am Maybachufer in Neukölln. Es war eines der letzten alten Cafés in der Gegend, heute ist es schon pleite und hat einem Hipster-Laden Platz gemacht, wo die Pizzen sehr lecker sind, aber 15 Euro kosten. Aber darum geht's hier ja gerade nicht. Der Typ, den ich vor der Kamera umarmt hatte, war nur Vize der PR-Abteilung, wie sich herausstellte. Müller, also der echte Müller, der echte PR-in-Deutschland-Chef, hatte mir geschrieben, weil er uns Respekt zollen wolle. In fast allen Zeitungen Schwedens wurde die Nachricht über unsere Aktion abgedruckt und dass es eine Falschmeldung sei, Vattenfall würde Verantwortung übernehmen. Die Kommunikationsstelle hatte offenbar hyperventiliert und an ihren Gesamtverteiler eine eigene Pressemitteilung herausgegeben, in der sie die Falschmeldung richtigstellen wollte – und gelangte so vermutlich auf den Agenturenverteiler, der die Pressemitteilung noch mal an alle Zeitungen schickte. Agenturenverteiler sind super. Vattenfall wurde zu unserem liebsten Informationsverbreiter.

Als drei Tage später der oberste Konzernleiter Magnus Hall in einem Hotelzimmer saß und nach der Jahreskonferenz mit Journalist_innen der *Süddeutschen Zeitung*, der *Frankfurter Allgemeinen Zeitung*, des *Spiegels* und Co. sein wichtiges Interview zur Zukunft der Lausitz gab, war natürlich unsere peinliche Aktion auch Thema. Und nach diesem so eindeutig gewonnenen Kommunikationskampf lud mich der Pressemüller auf einen Kaffee ein. Klar, sagte ich gönnerhaft, und bat nach Neukölln, wo ich wohnte. Er hatte am Tag der Aktion freigehabt, war mit seiner Freundin und dem Cabrio unterwegs, erzählte er mir. Als er gegen Nachmittag auf sein Handy schaute, hatte er 50 verpasste Anrufe.

Nun wollte er mich vermutlich nicht unbedingt beglückwünschen, auch wenn er mir erst mal 20 Minuten erzählte, wie toll die Aktionen seien, und ob man nicht auch mal was gegen Apple machen könnte, weil das ja so ein Dreckskonzern sei. Da gab ich ihm natürlich recht, auch wenn ich gesehen hatte, dass er vorher die Krisenkommunikation bei irgendeinem anderen Handyladen geleitet hatte. Er erkundigte sich, ob man bei Peng ein Praktikum machen könne. Im Englischen nennt man diese Form der Anbiederung »brown nosing«, in Anerkennung der Tatsache, dass die Nase braun wird, wenn man intensiv am Hinterteil eines anderen Menschen leckt.

Schließlich kam er zum Punkt, weshalb er tatsächlich gekommen war. In der Schaltkonferenz mit seinen fünf Jurist_innen sei er bekniet worden, uns alle anzuzeigen. Die Website sei ja voller markenrechtlicher Vergehen. Das hatte unsere Medienanwältin auch bereits gesagt, aber das war mir egal: »Ich würde mich sehr freuen, gegen Sie ein Gerichtsverfahren zu führen«, antwortete ich ihm, »in dem Sie ›Vattenfall übernimmt Verantwortung‹ wegklagen möchten. Obendrein, wenn meine Verteidigung darin bestehen wird, dass es sich bei so einer Aussage nur um einen Fall von Kunstfreiheit handeln kann, da sie offensichtlich fernab der Realität ist.«

Sie klagten nicht. Das schlüsselfertige, ökologisch und wirtschaftlich durchdachte Konzept des Kohleausstiegs blieb noch ein paar Wochen online. Vattenfall verkaufte wie befürchtet die Kraftwerke und Kohlegruben in der Lausitz an den tschechischen Konzern Energetický a Průmyslový Holding (EHP). Und fünf Jahre später wurde der Kohleausstieg auf Bundesebene beschlossene Sache, die Lausitzer Kraftwerke Jänschwalde A und B müssen bis Ende 2028 endgültig stillgelegt werden.[23] Hätten sie nur auf uns gehört.

Als Google-Manager im *Forbes Magazine*

Um die Kommunikation eines Unternehmens zu hacken, gibt es grundsätzlich drei Wege. Entweder man geht auf seine widersprüchliche Kommunikation ein und spielt erst mal mit, um es dann von innen auffliegen zu lassen. Das war bei *Slam Shell* so. Oder man kann in seinem Namen eine realistische Utopie präsentieren, die einfach besser ist als alles, was es selbst zu bieten hat. Das hatten wir bei Vattenfall so gemacht. Der dritte Weg: Man zieht sich als Unternehmenssprecher an und stellt eine Vision vor, die dreckig und gemein ist. Die nur einen Grad schärfer ist als alles, was das Unternehmen ohnehin schon tut, und die bekannte Kritik auf den Punkt bringt. So haben wir es bei Google gemacht.

Google galt bis 2014 als sehr progressives Unternehmen. Es war bekannt dafür, alle Informationen der Welt verfügbar machen zu wollen, was den Alltag ungemein vereinfachte. Google Maps, Gmail, Google Drive. All das waren superintuitive Produkte, die angeblich von einer Gruppe megazufriedener, ultraschlauer Genies aus aller Welt im Silicon Valley erfunden wurden. Ihr Unternehmensmotto lautete: »Don't be evil.«

Spätestens mit dem Leak von Edward Snowden wurde aber klar: So viele Daten auf einem Haufen, die so privat sind, bedeuten auch sehr viel Macht auf einem Haufen. Mit jeder Google-Suche, die du als User_in tätigst, kann die Firma genauer eingrenzen, was für ein Mensch du bist. Wo du arbeitest, wann du schläfst, was für Leidenschaften und Schwächen du hast. Und diese User_innen-Daten gibt Google an die Werbeindustrie weiter, um das meiste aus allen User_innen rauszuholen. Die idealen Suchergebnisse, die idealen Produktvorschläge.

Als Mensch bist du nicht viel wert. Als User_in schon. Oder wie es so schön heißt: Wenn du nichts für das Produkt bezahlst, bist du das Produkt.

Und die internationalen Geheimdienste, die holen sich die Daten auch. Google war plötzlich nicht mehr das freundliche, progressive Bullerbü-Unternehmen, sondern Teil des staatlich-industriellen Überwachungskomplexes.

Google hatte gerade das Start-up Nest gekauft, das als Hauptprodukt einen kleinen Überwachungsroboter voller Mikros und Sensoren verkaufte, den man zu Hause installieren kann, damit er die Heizung und das Licht reguliert. »Nest«, als wäre es gemütlich, 24/7 totalüberwacht zu werden. Noch heute ist die Werbung auf ihrer Website, mit glücklichen Dreißigjährigen, die Wein in der Hand halten, Salat zubereiten und vor Bücherregalen stehen, entlarvend: *We love home. Home makes you feel safe. Comfortable. But what if your home could do more? Like be more helpful. Truly helpful. What if your home could learn to take care of the people inside it, and the world around it? Introducing Google Nest.*[24] Genau. Was, wenn der kleine Roboter bei euch zu Hause auf euch aufpasst und eigentlich auch gleich auf die ganze Welt? Supercosy, da will ich doch gleich diese ganzen Kameras und Mikros von Google Nest in mein Haus einbauen.

Je mehr ich mich damit befasste, desto wütender wurde ich, mit welcher Dreistigkeit die freundlichen Google-Heinis Wörter und Designs in ihren Auftritten verwenden, die Wärme, Gemütlichkeit und Vertrauen ausstrahlen. Dass ihre Websites von Gleichheit und Gerechtigkeit erzählen und der Konzern zugleich am totalen Überwachungsstaat mitwirkt. Meiner Kollegin Gloria ging es genauso. Wir waren bereit, unsere Wut in Kreativität umzuwandeln.

Wir bewarben uns bei der re:publica, einer der größten netzpolitischen Konferenzen, die jährlich in Berlin stattfindet. Dort finden sich alle großen Techunternehmen, die was auf sich halten, alle Journalist_innen zu digitalen Themen markieren sich den Termin, aber auch kleinere Blogger_innen oder NGOs, Parteimitglieder und eben alles, was sich im Internet zu Hause fühlt.

Wir schickten eine kurze E-Mail ab, als Paul von Ribbeck. Paul von Ribbeck von Google. Wir würden gerne eine Rede dort halten, zu unseren neuen Produkten. Prompt kam die Antwort, so ganz ohne Sponsoring ginge das bei so einem Laden wie Google nicht. Ich bat sie, noch mal meinen Namen zu na ja, googeln, und da fanden sie gleich Artikel über die Shell-Aktion. Vom Peng Kollektiv also. Wir bekamen die Bühne eins, gleich nach Saskia Sassen, 15.30 Uhr. 3000 Leute im Publikum. Okay. Jetzt hatte ich weiche Knie.

Die Idee war ja simpel. Wir erfanden vier Produkte, die im üblichen Schnack von Google gehalten wurden. Praktische Erfindungen für den Alltag, die aber nicht primär für den Menschen gemacht werden, sondern offensichtlich nur darauf ausgelegt sind, möglichst viele und private Daten der User_innen zu sammeln. Und sie bekamen vertrauenserweckende Namen: Google Trust, Google Bee, Google Hug und zum Abschluss: Google Bye. Alles ungefährlich und dahergekumpelt. Ronny, der fast alle Websites bei Peng macht, baute eine Website im typischen Google-Stil, wo alle Produkte zu finden waren. Die Domain: Google-Nest.org.[25] Man sollte denken, dass dies nun die nächsten Produkte in der Google-Nest-Reihe sein würden, nachdem der Konzern das echte Nest gerade aufgekauft hatte. Die Geschichte mussten wir nur noch auf die Bühne bringen.

Gloria und ich buchten uns ein Körpersprachentraining und lernten, dass man in einer liegenden Acht über die Bühne laufen müsse, um möglichst viel Dynamik bei gleichzeitiger Ruhe zu vermitteln. Dass man sich vorstellen solle, ein Riese zu sein, bevor man vors Publikum tritt, und die Handflächen nach außen hält, als kämen Lichtkegel da raus. Wenn man also vor 3000 Journalist_innen und Unternehmer_innen als Google-Manager spricht, lässt man sich schon mal auf solchen TED-Talk-Unsinn ein, wo alle so reden, als wären sie ein riesiger Heiland.

Wir brauchten nur noch einen Spin, damit Google um die Aktion keine kommunikative Todesumarmung machen konnte, etwa mit einem herzlichen Gruß die Kunst und Kreativität loben und einen Hashtag wie #republicaFUN einführen. Also luden wir noch ein paar waschechte Politiker_innen dazu ein, zur Glaubwürdigkeit dieses kleinen Theaterstücks beizutragen. Mit viel Überzeugungsarbeit und Telefoniererei konnte ich Julia Reda, die zwei Wochen später für die Piratenpartei ins Europaparlament ziehen sollte, Halina Wawzyniak, damals netzpolitische Sprecherin der Partei Die Linke, und Jan Philipp Albrecht, der für die Partei Bündnis 90/Die

Grünen bereits im EU-Parlament saß, davon überzeugen mitzuspielen. Sie sollten kurz vor unserem Auftritt als Google-Manager_innen Pressemitteilungen gegen uns raussenden. Damit sie hinterher belegen konnten, dass sie bewusst an der Inszenierung teilnahmen und nicht einfach auf unsere Aktion reingefallen waren, sollten in den Pressemitteilungen die Worte »Theater« und »Spiel« vorkommen. An diese Codes hielten sie sich alle.

Unser Auftritt begann um 15 Uhr. Wir wussten durch den Hinweis einer_eines internen Mitarbeiter_in, dass Google seine Reaktionen bereits geschrieben hatte, mit denen sie uns totapplaudieren wollten. Um ihnen nicht genug Zeit für die Abstimmung eines Strategiewechsels zu geben, hatten wir 13 Uhr als Maßgabe verlautbart, ab wann die Pressemitteilungen raussollten. Um 13.20 Uhr schrieb der Grünen-Albrecht bei Twitter »#googlenest: BürgerInnen müssen gegen Untätigkeit der Regierungen beim #Datenschutz endlich Theater machen!«, in der Pressemitteilung dann: »Die Angebote zielen darauf ab, auch die letzte Information über unser Privatleben auszuspähen und alle Lebensbereiche der Kontrolle durch Staat und Wirtschaft zu unterwerfen. Statt eines warmen Nestes erwartet die Menschen mit den neuen Produkten eine kalte Welt der Diskriminierung und Komplettüberwachung.«[26] Er hatte unseren Punkt gut getroffen. Die-Linke-Wawzyniak drehte noch ein bisschen höher, in ihrer Pressemitteilung aus dem Bundestag stand: »Das hat sich nicht einmal Orwell vorgestellt. Die neuesten Pläne von Google übertreffen sein 1984 bei weitem.« Sie ging sogar auf unsere neuen Produkte ein: »Die Möglichkeit, dass jede Person jeden mittels Google Bee total überwachen kann, lässt einen nur den Kopf schütteln.«[27]

Ich muss diese Bienennummer kurz erklären. Wir hatten mit der Google Bee tatsächlich eine Drohne vorbereitet, die angeblich den Müll rausbringen sollte und auf die Kinder aufpasst, wenn man mal nicht mitgehen kann. Der alltägliche Begleiter, den man auch mal zu einem Konzert schicken kann, wenn man kein Ticket mehr bekommen hat. Der vorausfliegt und einem einen Parkplatz sucht. Mir war als Showelement wichtig, dass wir irgendwas Verrücktes auf der Bühne machen. Eben so was wie eine Drohne, die mir entgegengeflogen kommt und der ich mit meiner Stimme Befehle geben kann. »Solar powered and suited to all weather conditions, the Bee flies above you (up to 1200 feet) almost unnoticed and collects information determined by you«, stand auf unserer Google-Nest-Website, solarbetrieben begleite sie einen und sammele alle Informationen, die man wolle. Abends könne man sich dann den Tag auch noch mal ansehen – und natürlich, ob die Kinder auch dort waren, wo sie behaupteten, gewesen zu sein. So weit, so creepy.

Als wir die re:publica-Konferenz betraten, sah ich einen Stand, der eine dieser damals noch wild besprochenen Google-Brillen rumliegen hatte. Das waren Brillen, die einem direkt vor das Auge Informationen auf das Glas projizierten und theoretisch parallel die Umwelt analysierten. Google Glasses hießen sie, und wenn man sie aufsetzte, sah man aus wie eine Mischung aus einer_einem Versicherungsvertreter_in mit Bluetooth-Headset und einer_einem transhumanoiden Futurist_in. Ich ging also zu dem Stand und legte meine gefakte Google-Visitenkarte hin, die ich extra für den Tag gedruckt hatte. Während des Gesprächs mit dem Standmitarbeiter fand ich heraus, dass er selbst gar nicht für Google arbeitete und dem Unternehmen selbstverständlich auch kritisch gegenüberstand. Fünf Minuten später hatte er mir die Brille ausgeliehen, damit ich die Show noch absurder gestalten und diese Brille als angebliches Sendegerät für die Bienen-Drohne aufsetzen konnte. Was ich erst 15 Minuten vor Beginn des Auftritts erfuhr: Dieser Octocopter, den ein Freund heimlich von der Seite der Bühne lenken sollte, säbelt einem die Finger ab, wenn man falsch zugreift. Der Drohnenpilot und ich, wir schauten uns fünf ernste Sekunden in die Augen.

Aber du musst wissen, Sancho, es gibt eben keinen gefahrenvolleren Stand als den einer_eines Abenteurer_in.

Piraten-Reda wurde bei der Formulierung ihrer Pressemitteilung in gekonntem Politiker_innen-Style dramatisch: »Ich bin zutiefst betroffen – ja, wirklich persönlich – von den unglaublichen grundrechtsverletzenden Produkten der neuen Google-Kampagne ›Google Nest‹. Dieses Post-Privacy-Theater muss endlich ein Ende haben.« Und weiter: »Mit Erschrecken sehen wir, dass sich Google eine Versicherung für den Datenklau aufbaut, anstelle seriös auf die Datenpannen der letzten Monate und Jahre zu reagieren. Die Privat-Drohne ›Google Bee‹ wurde bereits von einer unserer Hack-Expertinnen geknackt und ferngesteuert, was auf ein entscheidendes Sicherheitsleck hinweist.«[28] Sie spielte ihre Rolle gut. Die Drohne, die nie gebaut wurde, war bereits gehackt. Natürlich von: einer Hack-Expertin – wem sonst?

Mit der Versicherung meinte sie Google Trust, das erste und vermutlich komplizierteste der vier Produkte in unserem Sortiment: »Wir können zwar nicht immer Informationen über Sie schützen«, stand auf der Google-Nest-Website, »aber wir können Ihnen helfen, sich selbst zu schützen. Google Trust bietet Ihnen das weltweit erste Modell für eine Datenversicherung. Es ist kostenlos, Sie bezahlen mit Ihren Daten. [sic!] Je mehr Google-Produkte Sie verwenden, desto höher ist Ihre Versicherungsauszahlung im Falle eines Datenmissbrauchs durch Geheimdienste oder Privatkriminelle.« Also: Die Daten werden weiter unsicher bleiben, aber wenn sie mal gehackt oder an Geheimdienste weitergegeben werden, bekommt man irgendwas von Google. Was genau, steht im geheimen Algorithmus.

Zurück zur Piraten-Pressemitteilung: »Dass nun Google die Daten der Menschen nutzen will, wenn sie gestorben sind, ist eine Geschmacklosigkeit sondergleichen, worauf wir Piraten mit lebenserweiternden Technologien antworten werden – und zwar so lange, bis Google pleitegeht!«[29] Das war das letzte Produkt, das wir vorstellen wollten: die Lösung auf die Frage, was eigentlich mit allen privaten Daten passiert, wenn man stirbt. Eine Art Best-of aller E-Mail-Zitate, Fotos und Videos würde an einem zentralen Ort veröffentlicht, damit die Welt ein gutes Bild der Person bekäme. Im Namen von Google zeigten wir, welche Macht wir über einen Menschen hätten, selbst über seinen Tod hinaus.

Doch bevor wir das präsentierten, kam der Höhepunkt unserer Rede. Google Hug. Diese App analysierte in Echtzeit die emotionalen Bedürfnisse der Handybesitzer_innen, indem sie eine Tonalitätsanalyse der Stimmlage machte, die Geodaten und letzten Google-Suchen miteinander verband. Falls man sich gerade nach, sagen wir, einem Gespräch über Kants Philosophie bei einer Tasse Kaffee sehnte, so schaute sie, wer in der unmittelbaren Umgebung dazu am besten passen würde. Mit einem Tastendruck spuckte sie das Profil des besten Matches aus und gab Empfehlungen, wie man die Person am besten ansprechen sollte – und welche Themen man besser aussparte. Das war das fingierte Live-Experiment des Vortrags, wozu wir ein bisschen ausgeholt und zwei Schauspieler im Publikum versteckt hatten. Als wir nach Freiwilligen fragten, meldete sich Laurenz Pagemann, angelehnt an den Google-Gründer Larry Page. Wir taten so, als würden wir ein Google-Masterpasswort eintippen und sahen versehentlich vorm gesamten Publikum die privaten E-Mails von Herrn Pagemann. »Hey Honey-Bear, denkst du an die Reservierung heute Abend?« stand da, das Publikum raunte. Hastig klickten wir sie weg und starteten die Google-Hug-Analyse. Das war alles ein voraufgezeichnetes Video, das live anmutete.

Wer prompt als Match angezeigt wurde, war: Jan Josef Liefers. Der beliebte deutsche *Tatort*-Schauspieler. Auf dem großen Screen, vor 3000 Menschen im Publikum, sah man sein Profilbild auf einer Karte, die Übereinstimmung der Bedürfnisse und ein paar Empfehlungen. *83 % Give Jan a hug. 75 % Take a walk with Jan. 67 % Share a hot chocolate with Jan. TIPS: Don't mention his wife today. Do compliments on his last* Tatort. Ich tat überrascht. Und Tatsache, Liefers stand aus dem Publikum auf. Ich hatte ihn ein paar Wochen zuvor auf einer Party kennengelernt, und wir waren in Kontakt geblieben. Liefers, der zu DDR-Zeiten schon auf Demos gegen die Stasi Reden hielt, machte nun an einer Aktion gegen Googles Totalüberwachung mit. Nun ja, er habe gerade viel Stress, eine Umarmung täte sicherlich gut. Unter tosendem Applaus umarmten sich die beiden.

Wir hatten an dieser Aktion lange geübt, meine Kollegin Gloria und ich standen noch eine Stunde vor dem Auftritt neben der großen Konferenzhalle auf einem Sandhaufen und probten den Ablauf. Sie war weit souveräner als ich, hatte auch das meiste inhaltlich gut durchdacht und die detailverliebten Zuspitzungen aus der Techcommunity eingearbeitet. Doch ein paar Dinge hatten sich auch einfach gefügt. Die Google Glasses und die Drohne hatten wir erst wenige Stunden vor dem Auftritt organisiert bekommen. Die Kooperation mit Liefers entstand durch seine spontane Sympathie. Entscheidend war, dass wir wütend waren und Googles PR-Erzählungen nicht mehr durchgehen lassen wollten. Sie selbst reagierten weniger satirisch, der PR-Chef von Google schrieb Grünen-Albrecht an: »Herr Albrecht – die #rp14 ›Nest-Vorstellung‹ ist eine Satireshow, nicht von Google oder Nest. #rpFUN.«[30] Er hatte sich sprachlich tatsächlich zum Hashtag #rpFUN erniedrigt, für re:publica-Fun, haha. Albrecht konterte mit einer Gegenfrage: Ob sie wirklich »nicht die Absicht [hätten], ein #GoogleNest zu bauen«[31], und ob die Aussagen des Google-Chefs Eric Schmidt in einem *Zeit*-Artikel dann auch Satire seien. Dort stand, er würde »das Konzept Privatsphäre begraben«.[32]

Bei allem Fun, den Kay Oberbeck öffentlich in der Aktion sah, drohte uns Googles Markenrechtsabteilung aus den USA aber mit hohen Geldstrafen. Wir bekamen eine Reihe Forderungen, die wir binnen weniger Stunden erfüllen sollten, sonst dies das und wir wären für immer pleite. Unter anderem sollten wir öffentlich darlegen, dass Paul von Ribbeck und Gloria Spindle kein_e echte_r Google-Manager_in seien. Also veröffentlichten wir am nächsten Tag ein Video, in dem wir zwar nicht sagten, dass es diese Menschen nicht gibt, aber diese Figuren sich wegen des Unmuts des Mutterkonzerns und ihrer »schrecklichen Performance auf der Bühne« entschuldigten und ihren Rücktritt ankündigten. Rein technisch waren wir damit der Aufforderung nachgekommen.

Die Geschichte wurde massiv in der Presse besprochen, von *Zeit* und *Spiegel* bis hin zu *Times India* und dem *Forbes Magazine*, so dass schließlich auch die größte US-amerikanische Stiftung zur Wahrung der Meinungsfreiheit im Internet, die Electronic Frontier Foundation, uns bat, gemeinsam juristisch gegen Google vorzugehen. Auf ihrer Website schrieben sie in bissigem Ton, wie dünnhäutig Google offenbar zum Mobbing ausgeholt hatte. »Unfortunately, Google's skin was not thick enough to withstand this relatively gentle ribbing. The company wrote a polite note to the collective, expressing their sincere respect for political commentary – but nonetheless demanding that Peng! revise the site and assign the domain name to Google. Note to Google: polite trademark bullying is still bullying.«[33] Da waren sie. Die besten Anwält_innen der USA, die uns gegen die Markenrechtsanwält_innen von Google vertraten. Ihr Argument: das First Amendment der amerikanischen Verfassung. Mir wurde ein bisschen schwindelig, wie schnell das eskaliert war. In ihrem Brief an das Trademark-Team schrieben sie: »The Laham Act regulates only economic, not ideological or political competition [...] Competition in the marketplace of ideas is precisely what the First Amendment is designed to protect.« Sie hatten offenbar schon lange darauf gewartet, Google endlich ordentlich einseifen zu können. Der Beitrag auf ihrer Seite endete mit dem Hinweis: »There are plenty of smart trademark lawyers at Google; they should know they blew it this time. Having foolishly started this fight, Google ought to apologize and end it.«[34] Google sollte sich bei uns entschuldigen. Und das taten sie auch. In unserem Postfach landete am nächsten Tag eine Mail von Google, in der sie uns für die nächste Aktion viel Erfolg wünschten.

Google sollte ein paar Monate später ihre erste Drohne mit künstlicher Intelligenz vorstellen. Sie hieß nicht Bee, sondern Wing.[35] Als bekannt wurde, dass Google sich zudem an der Entwicklung von AI-Technologie fürs Militär beteiligte, entstand eine Kündigungswelle.[36] Bis heute ist auch völlig unklar, was mit den eigenen Daten bei Google passiert, nachdem man stirbt. Es ist nicht damit zu rechnen, dass tatsächlich alles gelöscht wird, wie Google mit dem Inactive Account Manager behauptet.[37] Und die verschiedenen Märkte, in die der heutige Mutterkonzern Alphabet investiert, gehen leider schon weit über unsere Albträume hinaus, die wir auf der Bühne präsentierten.[38]

Wir hatten diesen Megakonzern nicht auf die richtige Bahn bringen können. Aber wir hatten zumindest seine Maske der Gutmütigkeit, für die er Millionen an PR-Geldern ausgibt, kurzzeitig abreißen können. Mittlerweile ist Google Teil der

Unternehmensgruppe Alphabet, und ihr Motto ist auch nicht mehr »Don't be evil«, es heißt jetzt: »Do the right thing«. Mit diesem Motto klingt es nun so, als könnte man böse sein, aber das Richtige tun. Es verlagert sich von Ethik auf Recht. Und was richtig und was falsch ist, wird vermutlich mit Hilfe einer gut bezahlten Anwaltstruppe entschieden.

Ein paar der Angestellten im hippen Silicon Valley hatten dann aber doch keine Lust, mit der Waffenindustrie und unbemannten Tötungsmaschinen in Verbindung gebracht zu werden.[39] Womit wir beim nächsten Thema wären.

Intervention

Der PR-Krieg gegen die Waffenindustrie

Im Gegensatz zu Google wollten wir nur zu gerne mit der Waffenindustrie in Verbindung gebracht werden. Einer Industrie, die man noch so viel kritisieren kann, noch so stark gesetzlich einschränken kann, noch so unbeliebt in der Bevölkerung machen kann: Sie scheint eigentlich nur stärker und stärker zu werden. Die Schauplätze der deutschen Rüstungsindustrie sind Orte, die die Demokratie anscheinend verschluckt und wieder ausgespuckt haben. Sie bringen uns ins Kanzleramt, zu regelmäßigen Sitzungen des Bundessicherheitsrats, in Bordelle, in die Beamtenzimmerchen des Bundesamts für Wirtschaft und Ausfuhrkontrolle, zu albernen Militärparaden internationaler Diktator_innen.

Doch es war das Jahr 2016, und wir waren keine Waffenhändler_innen. Wir wollten mit ihnen den Kampf aufnehmen. Also landeten wir an ganz anderen Orten: vor einer Kirche im 600-Einwohner-Dorf Schwenke, im 14. Stock des luxuriösen Intercontinental Hotels in Berlin-Charlottenburg und an einem alten grünen Blechbriefkasten an der 3rd Avenue in New York City, auf dem »U. S. Mail« eingestanzt war. Doch zunächst: in der ersten Klasse eines ICE, wo ich mit unserem ehemaligen Wirtschaftsminister Sigmar Gabriel über seine Haltung zur Branche diskutierte – umringt von vier bewaffneten Bodyguards.

Es war im Zug zum Schauspiel Dortmund, wo wir uns einen Plan überlegen wollten, wie wir diese dreckige und viel zu mächtige Branche hacken könnten. Zu Hause hatte ich meine Klamotten in zwei Aldi-Tüten gestopft, war viel zu spät am Hauptbahnhof in Berlin, sprang mit einem Kaffeebecher in den Zug, um mich durch die erste Klasse zu zwängen und zu meinem Platz in der zweiten zu laufen. Überall Kaffeeflecken, mein Becher war undicht, aber ich hatte es geschafft. Vor mir ging ein sehr alter Mann, ein Schritt pro Atemzug, während mein Puls sich runterregulierte. Schritt, Atem, Blick nach links, rasierte Stoppelfrisur, Stöpsel im Ohr und Deutschlandflagge am Anzugrevers. Blick nach rechts, Sigmar Gabriel am Telefon. Mein Puls ging wieder hoch. Der Wirtschaftsminister, was macht der in meinem Zug? Ich konnte doch nicht einfach an ihm vorbeigehen und dann in Dortmund in Ruhe überlegen, wen wir als Recherchepartner anfragen könnten, wenn doch »the man in charge«, der Rüstungsexporte genehmigen muss, in meinem Zug sitzt!

Unruhig saß ich an meinem Platz, ich musste ihn kriegen. Ging noch mal zurück, er telefonierte immer noch. Also schrieb ich ihm hastig ein Zettelchen, mit dem ich ihn überzeugen wollte:

Lieber Herr Gabriel,

ich fände es knorke, wenn Sie die Abschaffung der Kleinwaffenexporte 2017 zum Bundestagswahlkampfthema machen würden. Sonst müssen wir das machen. Kleinwaffen machen nur Probleme. 80 % aller Toten, kaum Geld für die deutsche Wirtschaft & schlechte Presse. Wenn Sie Fragen haben, ich bin im Wagen 24, Platz 22.

Herzlich,

Jean Peters vom Peng Kollektiv

Doch als ich mit dem Zettel und ein bisschen Herzklopfen zum Herrn Minister trat, hatte er bereits aufgelegt. Er nahm den Zettel, las ihn zur Hälfte vor (knorke, aha, Augenbrauen) und erklärte mir seine Sicht der Dinge. Dass der damalige Wirtschaftsminister einem dahergelaufenen Zettelträger eine inhaltliche Antwort gab, fand ich schon auch beeindruckend. Punkt für Sie, Herr Politiker. Er habe die Produktion von G38-Sturmgewehren in Saudi-Arabien angehalten. Er stimme mir zu, dass Kleinwaffen ein Problem seien. Selbst auf Twitter reagierte die SPD zustimmend, und es wurde ein Bericht über den Rückgang von Kleinwaffenexporten unter meinen Tweet zu dem Treffen angehängt. Es wirkte geradezu so, als hätten wir mit der SPD eine richtig engagierte Partei, die sich gegen diese ganze Korruption stemmen wird, Gabriel an der Spitze!

Vermutlich war er aber auch so freundlich, weil er weiß, dass etwa 70 % der Bevölkerung dem deutschen Waffenexport mehr als kritisch gegenüberstehen.[1] Alle paar Jahre kommen Skandale auf, in denen Politiker_innen geschmiert werden, in denen illegale Exporte in Konfliktregionen bekannt werden, Verteidigungsminister_innen wechseln nach ihrer Amtszeit sogar ganz offiziell in den Vorstand der Unternehmen. Und nicht nur das. Gabriel selbst sollte später in der *ZEIT* als »Rüstungsminister« bezeichnet werden, weil er seine Versprechen, Waffenausfuhren zu bremsen, nicht hielt.[2] In Gabriels Amtszeit sollten die deutschen Rüstungsexporte im Gesamtvolumen alle Rekorde brechen. Allein 2016 hatte sich die Ausfuhr von Munition für Kleinwaffen im Vergleich zu 2015 verzehnfacht, wie uns später Otfried Nassauer vom Berliner Informationszentrum für Transatlantische Sicherheit verriet. War das der Grund, warum ich mir die freundlichen Worte des Ministers anhören durfte, in denen er beschrieb, wie engagiert er sei? Das Thema gelangte nach unserer Kampagne zwar in das Wahlprogramm der SPD, doch wir hatten vergessen, dass das bei einer großen Koalition heißt, dass sie bei »CDU-Themen« kein Interesse haben, das durchzusetzen. Die SPD wäre eben nicht die SPD, wenn sie nicht regelmäßig das eine sagen und das andere tun würde.

Wie wir der CDU das Christentum zurückbrachten
Das ist alles so ermüdend, wir brauchen einen Ortswechsel. Irgendwo in Nordrhein-Westfalen, wir sind in einem kleinen Kaff namens Schwenke am Rande von Halver, die letzten Schneeflocken des Januars fallen, bevor der Himmel aufklart. Anett, die wir vom Sprechchor des Dortmunder Schauspielhauses kennen, hat sich die weißen Haare zur ordentlichen Frisur gelegt, sie bibbert noch ein bisschen. Kamera, Tonangel, Text auswendig gelernt, es kann losgehen. »Guten Tag«, sagt sie den Text auf, »mein Name ist Brigitte Ebersbach, und ich bin die Vorsitzende des Ortsverbands Schwenke.« Da fällt uns auf, dass die Batterien des Tongeräts leer sind. Wir haben vergessen, sie nachts aufzuladen. Der kalte Wind peitscht noch mal, wir bibbern alle. Frieden schaffen bleibt Handarbeit.

Wir produzierten ein Video vor der Ortskirche, das erst im Mai, also vier Monate später erscheinen sollte. Da durfte sie sich nicht zu warm anziehen, das wäre verräterisch. CDU-Brigitte sollte spontan zum Frieden aufrufen. Von CDU- zu CDU-Mitglied, wenn die SPD das als Teil der Regierung schon nicht hinbekam. Dass das in Schwenke passierte, hatte einen technischen Grund. Wir brauchten eine CDU-Webdomain, auf der Bilder von ihr zu sehen waren, zusammen mit anderen Rentner_innen der örtlichen CDU. Eine CDU-E-Mail-Adresse, mit der wir andere CDU-Verbände in ihrem Namen anschreiben konnten. Wir durchsuchten also die Deutschlandkarte auf der CDU-Website rund um Dortmund nach Orten, wo die CDU noch nicht organisiert war. Schwenke ist so einer. Es ist zwar technisch kein eigener Ort, sondern ein Teil von Halver, aber egal. www.cdu-schwenke.de war noch zu kaufen, und wir kauften die Domain. Anett wurde zu Brigitte Ebersbach, mit eigenem Facebook-Profil, auf dem stand: »Ich liebe Hunde und engagiere mich sozial in meiner Gemeinde. Ich gehe gern auf Reisen und mag Blumen.« Ronny, mein Kollege, der das Profil aus alten Urlaubsbildern für Anett erstellt und übrigens auch das Videoskript geschrieben hatte, mag es simpel. Dazu ein Zitat von Matthäus 5,9: »Selig sind die Friedfertigen, denn sie werden Gottes Kinder heißen.« Und fertig ist unsere Friedensaktivistin aus der Christlich Demokratischen Union Deutschlands.

»Seit der Flüchtlingskrise«, sagt Brigitte Ebersbach in die Kamera, nachdem wir die Akkus des Tonmischgeräts in einem Café aufladen durften, »werden wir täglich vor unserer Haustür mit den Konsequenzen von Gewalt und Krieg konfrontiert.« Später im Video wird sie von plätschernder Klaviermusik begleitet, die Schnitte lassen sie die Zeilen mal vor ihrem Bücherregal, mal vor der Kirche aufsagen – wie eine unprofessionelle CDU-Dorfvorsitzende eben schneiden würde. »Aber wer bringt all dies Elend in unsere Welt? Leider auch wir«, geht es vor der Kirche weiter. »Deutschland ist weltweit der drittgrößte Waffenexporteur. Damit ist unser Land an dem Teufelskreis von Gewalt und Tod beteiligt. Besonders sogenannte Kleinwaffen fordern unzählige Todesopfer. Experten schätzen, dass etwa 90 % aller Kriegsopfer weltweit durch Kleinwaffen verursacht werden.« Sessel, Bücherregal, so weit die Fakten. »Als überzeugte CDU-Politikerin, Mutter von zwei Kindern und als Christin vor Gott kann ich dieses Handeln nicht länger mitverantworten.«

Der Satz sollte sitzen. Also, bei der CDU. So abstrus er, gemessen an der Lebensrealität der Christlich Demokratischen Partei, auch war, so logisch und ethisch konsequent beleuchtete Brigitte da ja die Doppelmoral einer Partei mit christlichem Wertekanon. Sie appellierte noch an Merkel, und am

Ende des Videos standen Michael, der Dramaturg des Dortmunder Schauspielhauses, Petra und Bärbel vom Sprechchor und Wilma von Peng in einer Reihe und sagten wie das dritte Bataillon der Schlammsoldaten aus einem Munde »CDU.« »MIT.« »GEFÜHL.«

Das Video schlug ein wie eine Bombe. Gleich nach der Veröffentlichung schrieb AP uns eine Mail, ob wir von der CDU seien. »Wer ist AP?«, fragte ich Ronny. »Das ist das Kürzel für Associated Press«, sprang er auf, »und einfach mal eine der größten Presseagenturen der Welt! Wenn die einen Text veröffentlicht, dann steht er weltweit in 300 Zeitungen und Onlinemagazinen.« Ja, schrieb Ronny also zurück, wir sind von der CDU. »Christians in Merkel's party want to curb German gun exports«, stand ein paar Stunden später in der *New York Times*, bei *Fox News* und in der *Times of India*.[3] Die Christ_innen bei Merkel wollten nun also Rüstungsexporte drosseln. Mit diesem kleinen, extra unprofessionell gedrehten Video wurde deutlich, wie einfach es für ein CDU-Mitglied ist, auf die Weltbühne katapultiert zu werden. Man muss einfach nur zu christlichen Werten stehen. Das aber scheint so erstaunlich zu sein, dass es zu einer Meldung wird, die über alle Ozeane getragen wird.

Zugleich muss man auch sagen, dass der Journalist von AP seine Arbeit nicht gut gemacht hat – er hätte ja nach dem Zwei-Quellen-Prinzip überprüfen können, ob es uns wirklich gibt. Ein Anruf bei der CDU in Halver, wovon Schwenke ja ein Ortsteil ist, hätte gereicht und dazu noch die Situation eingeordnet. Aber das wird für ihn kaum möglich gewesen sein: Am nächsten Abend habe ich mit ihm telefoniert, wollte ihm sagen, dass es uns nicht darum ging, die Presse zu verarschen, ihn persönlich schon gar nicht, und wir in dem Augenblick nur unsere medienperformative Rolle spielten. Aber so ein theaterwissenschaftliches Gelaber interessierte ihn nicht, er war merklich wütend. Bei der renommierten AP einen so drastischen Faktenfehler zu machen, das kann einem den Job kosten. Er müsse teilweise 15 Meldungen am Tag schreiben, sagte er mir. In einer Welt, in der wir dazu trainiert werden, auf Überschriften zu klicken und so lange wie möglich weiterzuscrollen, um möglichst viele Werbeeinnahmen zu generieren, bleibt es eine gesellschaftliche Entscheidung, sich ordentliche Recherche zu leisten und sich dem Publikationsdruck nicht zu beugen.

Wenn man medientaktisch arbeitet, ist es in jedem Fall eine Abwägungsfrage, ob man die Presse anflunkert oder nicht. Prinzipiell gilt für meine Arbeit, dass ich immer an einem bestimmten Punkt alles aufdecken will. Was ich getan habe, warum, wer dahintersteckte. Entweder ich oder andere, die darüber berichtet und das schon herausgefunden haben.

Im Fall eines Fakes macht es ja Sinn, dass wir uns nicht gleich zu erkennen geben. Es soll ja diskutiert werden. Gleichzeitig ist es nie das Ziel, dass die Journalist_innen Opfer der Aktion werden. Wir wurden auch von der *Spiegel*-Bildabteilung angerufen, ob sie das Video nutzen könnten. Da wir aber gerade einen anderen *Spiegel*-Reporter erwarteten, um ihm ein Hintergrundinterview zu geben, brachten wir es nicht übers Herz, seiner Kollegin vorzuenthalten, dass wir nur so tun, als gäbe es Christ_innen in der CDU, die gegen Waffenexporte in Diktaturen seien. Sie bedankte sich glucksend, es sei ihr erster Tag dort. Das wäre doppelt tragisch gewesen. Aber trotzdem gilt für mich, dass ich nicht die Verantwortung für die Journalist_innen trage, wenn wir Medienkunst und politische Kampagnen machen – die sollen unabhängig berichten und recherchieren. Unsere Verantwortung besteht darin, hinterher in Interviews transparent zu sein. Und wenn ich als Journalist arbeite, recherchiere ich halt so ordentlich ich kann.

Bei dieser Aktion hatten wir aber trotzdem einen entscheidenden Fehler gemacht. Wir waren uns sicher, dass die CDU schnell dementieren würde. Daher hatten wir einem eingeweihten Journalisten eine Sperrfrist bis 18 Uhr gegeben. Doch selbst als es in allen Zeitungen stand, kam von der CDU kein Wort. 18 Uhr verstrich, und der Schleier wurde von der *taz* gelüftet.[4] Wenn ich an diesen Tag zurückdenke, ärgere ich mich, dass wir nicht einfach abgewartet haben, bis irgendwer es schaffte zu recherchieren, dass wir das mit dem Schauspiel Dortmund produziert hatten. Hinweise hätte es genug gegeben, und das wäre weitaus spannender und unterhaltsamer gewesen. Aber ich will nicht klagen: Es haben sich im Laufe der Monate mehrere CDU-Mitglieder bei uns gemeldet, die die Aktion toll fanden und überlegten, aus der Satire eine reale Aktion zu machen. Auch wenn manche von ihnen viel Enthusiasmus zeigten, kein Einziger traute sich schlussendlich, sich dann wirklich entgegen der Parteilinie gegen Kleinwaffenexporte einzusetzen. Das eine predigen und das andere tun: Da ist die CDU eben Schwesterpartei der SPD.

Diese Branche ist eine Insel in Deutschland, in der die Regeln der demokratischen Kontrolle offenbar ausgesetzt sind. Auf der kommunikativen Ebene hat das einen Grund: Ihre Kund_innen sind staatliche Behörden, Militärs ausländischer Diktaturen, die organisierte Kriminalität – oder alles zusammen. Der Ruf ist schon längst ruiniert, was es einfacher macht, jeden weiteren Korruptionsskandal als Normalität an sich abprallen zu lassen, selbst wenn man »Thyssen Krupp« im Namen trägt oder ein DAX-Konzern wie Rheinmetall ist. Im Gegenteil, die Politik wird offenbar schlicht eingekauft. Der ehemalige Verteidigungsminister Franz Josef Jung ist noch während seines Mandats im Bundestag in den Aufsichtsrat eines der größten deutschen Rüstungskonzerne, Rheinmetall, eingestiegen.[5] Dirk Niebel, der in seiner Amtszeit als Entwicklungsminister immer mehr in die Außenpolitik einzugreifen schien, arbeitet als Berater für denselben Laden.[6] Die Sozialdemokrat_innen sind da anscheinend etwas günstiger zu überzeugen, die bekommt man im Zweifel durch den Druck der Gewerkschaften. Die Gewerkschaften überschreiben ihre Ethik mit Arbeitsplatzsicherheit und stehen daher voll und ganz hinter den Rüstungsunternehmen. Da spielt auch die psychische Gesundheit der Arbeiter_innen keine Rolle, wenn sie damit leben müssen, dass sie für die Befeuerung weltweiter Konflikte und Kinderarmeen mitverantwortlich sind.

Weshalb die Waffenindustrie von uns einen Friedenspreis bekam

Aber nehmen wir noch ein bisschen Anlauf, denn nun geht es erst mal darum, das Ohnmachtsgefühl abzuschütteln, um mit denjenigen umzugehen, die anscheinend unantastbar sind. Das System zu verstehen, mit dem sie sich einer demokratischen Kontrolle quasi entziehen, obwohl die Alliierten nach dem Zweiten Weltkrieg eigentlich darauf geachtet hatten, dass von Deutschland kein Krieg mehr ausgehen sollte. Im Artikel 26 des Grundgesetzes steht im zweiten Absatz erst mal: »Zur Kriegsführung bestimmte Waffen dürfen nur mit Genehmigung der Bundesregierung hergestellt, befördert und in Verkehr gebracht werden.«[7] Doch dann steht da weiter: »Das Nähere regelt ein Bundesgesetz.« Und genau das ist der Haken! Denn eigentlich regeln das nicht nur ein, sondern mindestens zwei Bundesgesetze. Zwei, die sich auch noch widersprechen. Und viele komplizierte Gesetze sind die technokratische Garantie für Verwässerung und Schlupflöcher. Zunächst sagt das Kriegswaffenkontrollgesetz aber klipp und klar, dass Deutschland keine Waffen exportieren lassen darf, wenn das den Frieden unter den Völkern stören könnte. »Die

Genehmigung ist zu versagen, wenn [...] die Gefahr besteht, dass die Kriegswaffen bei einer friedensstörenden Handlung, insbesondere bei einem Angriffskrieg, verwendet werden.«[8] Klingt doch super!

Im Widerspruch dazu wird aber eine ganze Menge in Konfliktregionen exportiert. Und Vorsicht, jetzt wird es etwas kompliziert. Man unterscheidet da drei Kategorien. Zum einen EU-Länder, in die exportiert wird, also etwa Pistolen an die britische Polizei oder militärische Güter an Ungarn. Dann Nato- und Nato-gleichgestellte Länder, also zum Beispiel Panzer- und Sturmgewehrlieferungen an die USA, Australien oder, ja, die Türkei. Schon in diesen ersten beiden Kategorien gehe ich davon aus, dass man mit Waffenlieferungen nicht immer zum Frieden unter den Völkern beiträgt. Für diese Analyse muss man kein Pazifist sein. Und schließlich gibt es noch die sogenannten Drittländer. Drittländer sind zum Beispiel Somalia, Libyen, Saudi-Arabien oder Kuwait: alles Länder, die nicht für ihre Konfliktlosigkeit oder vorbildliche Menschenrechtspolitik bekannt sind. Im Gegenteil, in Libyen tobt seit Jahren ein Bürgerkrieg, an dem die EU-Politik nicht unbeteiligt ist. Das sind nur Einzelbeispiele, aber davon gibt es viele.

Und jetzt ratet mal, an wen am meisten deutsche Waffen geliefert werden? Allein 2014 bis 2019 wurden 54,04 Prozent der deutschen Waffen in sogenannte Drittländer exportiert.[9] Wie viele davon zum Erhalt von Diktaturen genutzt werden, an die Mafia oder Kindersoldatenarmeen fließen, wie viele davon auf Zivilist_innen gerichtet wurden, das ist schwer nachzuweisen. Theoretisch könnte man es nachweisen, etwa indem man funktionierende Kontrollen einsetzt. Aktuell ist es im Gegensatz zu den USA in Deutschland noch so, dass häufig die_derselbe Diplomat_in die Waffenlager der Käufer_innen kontrolliert, die_der auch die Verhandlungen über noch mehr Waffenlieferungen führt. Das ist ein Interessenkonflikt, oft fehlen bei wechselnden Diplomat_innen auch Ressourcen und Fachwissen. Oder man könnte Waffen verkaufen, die Tracker haben. Aber wer kauft das schon, man will ja auch unerlaubt ballern und von den Gegner_innen nicht getrackt werden können. Man kann heutzutage theoretisch sogar smarte Waffen herstellen, die sich selbst abschalten, wenn sie missbraucht werden. Klingt erst mal nach einer naiven Phantasie, aber in die Forschung wird ohnehin nicht investiert.

Egal ob technische oder politische Lösungen, der Markt regelt nun mal nicht alles – und sicher keine Menschenrechte.

Wir mussten uns da irgendwie reinschleusen. Während wir also die Branche analysierten, während wir mit Expert_innen wie Otfried Nassauer, Barbara Happe oder Jan van Aken literweise Kaffee tranken, um uns einen Überblick über die politischen Labyrinthe zu verschaffen, die Deutschland seit dem Zweiten Weltkrieg entwickelt hat, um jeden Versuch einer friedensfördernden Regulierung in den Wahnsinn zu treiben, bauten wir schon mal die Fake-Website einer PR-Agentur.

Jetzt war es Zeit für den großen Test. Wir nannten sie Silverlinings, was an das englische Idiom der Silberstreifen angelehnt war. »Jede Wolke hat einen Silberstreifen«, heißt es, also dass jede Schwierigkeit und jeder Rückschlag auch das Potenzial für einen günstigen Ausgang enthalten kann. Auf diese Silberstreifen wollten wir uns konzentrieren, wenn die Rüstungsindustrie unsere Demokratie vernebeln will. Auf der Website stand, wir seien »die Kommunikationsagentur mit dem AHA-Effekt«. Wenn wir so schwer an sie rankämen, könnten wir die Mitarbeiter_innen der Rüstungsindustrie doch zu *uns* einladen. »Wir haben uns auf Communication Conferences spezialisiert«, schrieben wir auf die Website, »ein Format, in dem Öffentlichkeitsarbeit in eine Branche hinein oder von einer Branche nach außen getragen wird, indem Konferenzen, öffentliche Feiern, Preisverleihungen oder multimediale Events inszeniert und durchgeführt werden.«[10]

Es sollte nicht nur irgendeine Preisverleihung sein. Es sollte eine Friedenspreisverleihung werden. Von der Waffenindustrie, für die Waffenindustrie. Friedenspreise sind doch en vogue, sei es bei der EU, sei es für Obama. Oder jetzt für kriegswütige Unternehmen. Damit wollten wir sie ködern. Die Backgroundstory unserer Agentur war die: Unser fiktiver Kunde, ein ägyptischer Immobilienmogul, wolle in Ägypten Hotels bauen. Da viele Waffendeals so ablaufen, dass man einem Land Panzer unter der Bedingung verkauft, dass heimische Firmen dafür in dem Land investieren können, hatte dieser Immobilienheini unsere Kommunikationsagentur engagiert. Die politische Lage in Ägypten war zu dem Zeitpunkt etwas chaotisch und mit einer hirnrissigen Friedenspreisverleihung könne man sie doch etwas glamouröser aussehen lassen, da wäre vielleicht die Akzeptanz höher, auch wieder deutsche Panzer dorthin zu schicken. Und wenn Panzer verkauft werden, können auch Immobiliendeals eingeflochten werden. Solche sogenannten Kompensationsgeschäfte kennt jeder Außenminister ab Tag eins seiner Amtszeit. Sie fahren in ein Land und »öffnen« es für den heimischen Markt, etwa die Baubranche. Sie verhandeln mit den Staatsoberhäuptern wie auf dem Bazar. Du kannst Panzer kaufen, dafür dürfen wir Hotels bei dir bauen. Weswegen teilweise völlig unsinnige Hotelanlagen in Südafrika stehen oder der Stahlproduzent Ferrostaal dort in eine Kondomfabrik investierte, damit Thyssen Krupp Marine Systems U-Boote liefern konnte. Eine Fabrik, die übrigens schnell pleiteging. Deal ist Deal, und das ist eine besondere Form von politischem Angebot und Nachfrage.[11] Auf unserer Friedenspreisverleihung sollten Immobilienbranche, Politik und Waffenindustrie Canapés essen können.

In meiner Hosentasche war drei Monate lang das Telefon unseres erfundenen Agentursohns, seinen Namen habe ich schon wieder vergessen. Er hatte ein LinkedIn-Profil und ansonsten wenig Spuren im Internet hinterlassen. Friedrich-Ebert-Stiftung, ein bisschen Start-ups, bereit für den Kapitalismus eben. Und jederzeit konnte es klingeln, egal ob ich gerade pinkeln war oder in der U-Bahn, plötzlich war die Waffenindustrie am anderen Ende. Ein Airbus-Mitarbeiter erklärte mir, wie ich strategisch vorgehen sollte, Rheinmetall sagte mir mehrfach zu und wieder ab, die Sekretärin von Heckler & Koch rief sogar fünfmal an, um die Termine des Chefs zu besprechen. Mein Alias war immer freundlich, kokettierte, erkundigte sich nach dem Wohlbefinden des Gegenübers. Wir telefonierten auch viel mit Bundestagsabgeordneten. Den ehemaligen Verteidigungsminister Franz Josef Jung hatten wir fast als Schirmherr gewinnen können. Der Bundeswehrbeauftragte der SPD hatte eine kluge Sekretärin, die bei Lobbyanrufen etwas kritischer nachfragte – der ließ sich auch nicht auf uns ein. Es ging ja um Millionendeals, es ging um Korruption, es ging darum, am Wählerwillen vorbei Politik zu machen. Insgesamt spürten wir bei den Gesprächen, wie normal unser Vorhaben war, wie nah an der Realität wir agierten. Immer wieder erklärte ich ihnen, dass wir im Auftrag der Organisation mit dem sperrigen Namen IDSAEK arbeiten würden, der »Initiative für dauerhafte Stabilität im außereuropäischen Kontext«. Sie glaubten mir, acht Waffenhändler hatten bereits fast zugesagt.

Doch dann beging ich einen fatalen Fehler. Ich warb mit den halben Zusagen der Kolleg_innen. Das ist eigentlich ein Klassiker des Social Hackings: Wenn die Kollegin aus der Branche schon dabei sei, könne man ja selbst auch noch zusagen. Doch einer überprüfte das, die Branche ist eben klein. Und prompt bekam ich sechs Absagen, alle E-Mail-Adressen waren in Kopie. Ich versuchte nachzusteuern, entschuldigte mich, erklärte alles. Doch es kam nie wieder eine Antwort. Die Szene ist eingeschworen. Außenseiter_innen sind nicht willkommen.

Dann war da noch das Hotel, das wir buchen wollten. Wie kann man als kleines anarchistisches Kollektiv einen Eventraum in einem Luxushotel für die Waffenindustrie anmieten, ohne dass man auffliegt? Wir mieteten ein dickes Auto an, fuhren in die Tiefgarage. Visitenkarten, schicker Anzug, meine Kollegin Wilma hatte geübt, auf Stöckelschuhen zu laufen. Um realistische Mitglieder des Patriarchats zu sein, hatten wir verabredet, dass ich ihr Chef sei, sie wenig reden würde. Alles fühlte sich komisch an. Die Steuernummer und den Eintrag im Handelsregister wollten sie noch prüfen, hieß es in der E-Mail. Auf dem Weg dorthin telefonierte ich noch schnell mit einem Freund, der uns kurzerhand seine Nummern aus dem Handelsregister zur Verfügung stellte. Damit konnten wir Briefpapier herstellen, das professionell aussah. Silverlinings sei ein Testballon der Firma, erklärte ich, wir wollten uns auf dem Markt noch etablieren. Sobald das gelungen sei, würden wir die Firma abspalten. Die Frau im Intercontinental schaute mich an, ich schluckte. Doch sie lächelte, vielen Dank, dann warten Sie doch bitte noch kurz in der Lobby, sagte sie. Mein Herz flutschte in die Hose, der Test war bestanden.

Ein paar Tage zuvor hatten wir die Inszenierung besprochen, wie dort Musik spielen, wie ein kleiner Kriegsgott als Preisbüste verliehen werden, wie in der Laudatio über das Grundgesetz gelacht werden sollte. Wilma mit den Stöckelschuhen kam dann eine geniale Idee: Um die Situation dieser waffeneigenen Friedensbepreisung surrealer zu machen, könnten wir doch Fliegen in den Raum lassen. Nicht nur ein paar wenige, sondern so viele, wie sich auf Kadaver stürzen würden. Zehntausend Fliegen, wie würde das aussehen? Wie viel Platz bräuchten sie? Kurz im Netz gesucht, fanden sich schnell Angebote der Drosophila melanogaster, Superpack im Sale-Angebot. Besser noch, die Musca domestica, das sind die schwarzen, hartnäckigen Viecher. Dann ging alles ganz schnell, wir mussten das ausprobieren. Für 10 000 Larven, die sich nach drei Tagen verpuppen sollten, zahlten wir etwa 30 Euro. Ein würdeloser Preis, denken sich die Fliegenliebhaber_innen sicherlich. Doch das sollte erst mal für unsere Testphase reichen.

In das Büro eines Freundes, das ohnehin ein paar Monate leer stand, trugen wir unsere spezielle Fliegenkiste hoch. Sie war voller Fliegen, klar, aber unser Handwerksmeister Rudi hatte sie so gebaut, dass man sie als Veranstaltungskoffer tarnen und schnell aufklappen konnte. Zugleich hatte sie Lüftungsschächte, damit die Fliegen auch atmen konnten. Atmen Fliegen überhaupt? Bestimmt. Wir steckten also einen Staubsauger an das Gerät, machten alle Fenster und Türen zu und schoben die Fliegenklappe auf. Die kleinen Racker krabbelten an den Rand, schauten mit ihren alienartigen Rundumaugen in den Raum und flogen in die Freiheit. Erst fünf, dann zehn Fliegen pro Sekunde verließen den Koffer wie die Armee der T-65 X-Wing Starfighter von Luke Skywalker, bereit für die Rüstungsindustrie! Ich sprang hin und her, machte Nahaufnahmen, gluckste, bejubelte die heroischen Stubenfliegen dabei, wie sie das Dachgeschoss für sich eroberten.

Jetzt war es Zeit für den großen Test. Wir bepinselten unsere Hände mit Wein, denn der soll angeblich Fliegen anziehen. Wenn die Waffenhändler_innen reinkämen, dachten wir, könnten wir unsere Hände damit volltunken und ihnen die Hand schütteln, haha, oder sonst wie Zeugs auf sie schütten, damit dann die Schwärme sich gezielt auf sie stürzen würden. Vertreter_innen der Rüstungsindustrie, Symbolbilder des Todes auf zwei Beinen, Repräsentant_innen der ethischen Verwesung, mitten in Berlin, und wir spielten dazu Klavier.

Doch die Muscae domesticae, die wollten nicht. Sie setzten

sich an die Decke, an die Wand, an die Säulen des Dachbodens und blieben still dort sitzen. Really? Da gibt man den vermutlich unterschätztesten Lebewesen unseres Alltags die Möglichkeit, sich gegen das Böse in der Welt einzusetzen, und dann entscheiden sie sich dazu, einfach zu cornern? Etwa sechs Stunden lang liefen Rudi und ich auf diesem Dachboden hin und her, die Fenster weit aufgerissen, und jagten die Fliegen hinaus. Mit Pappkartons wedelnd, irgendwann mit Laubbläsern, gaben wir sie der Vogelwelt zum Fressen frei.

Die Fliegen, dann doch, waren eine herbe Enttäuschung. Dafür würden wir uns mit den Hotelbesitzern im Nachhinein nicht anlegen wollen, die mit der ganzen Sache ja kaum was am Hut hatten, wenn nach unserem Besuch noch 10 000 Fliegen in den Ritzen der Klimaanlage ihre Eier gelegt hätten. Vielleicht ein anderes Mal, dann eher 100 000, im Serverraum von Amazon, dachte ich. Für unsere Preisverleihung war das Experiment gescheitert.

Deutschland exportiert also sehr viele Waffen an Konfliktstaaten. Das muss natürlich kontrolliert werden. Vom Bundessicherheitsrat, der liebevoll BSR abgekürzt wird. Der BSR schaut sich vor allem die brenzligen Exportanfragen an, er ist das Nadelöhr, durch das die Waffenindustrie ihre Waffen, Fregatten und Panzer schicken muss. Jetzt könnte man denken, solche Genehmigungen wären ethische Herausforderungen, die angesichts unserer Geschichte der Öffentlichkeit vom ersten bis zum letzten Schritt nachvollziehbar gemacht werden müssten. Jeder Antrag, der reinkommt, müsste gleich auf der Website zu sehen sein, journalistisch debattiert und politisch abgewogen werden. Aber da huscht der staatlich-industrielle Rüstungskomplex in die Intransparenz und behauptet, dann würde die Konkurrenz auf dem internationalen Markt ja mitbekommen, was für Aufträge so reinkommen – was völliger Unsinn ist, da Auftragsanfragen auf dem freien Markt so gut wie immer an alle potenziellen Anbieter gehen. Also, es wird nichts veröffentlicht, und die kleine Runde aus dem BSR verspricht, schon gut aufzupassen, dass ethisch alles korrekt läuft.

Das ist, als würde der_die Klassensprecher_in den Auftrag bekommen, die Mitschüler_innen vorm Schummeln zu schützen. Wenn hinterher alle eine Eins plus haben, ist es ohnehin zu spät, und man kann nicht nachvollziehen, wer sich wie verhalten hat. Nur geht es hier um die Marktmacht der deutschen Rüstungsindustrie. Wer das politisch entscheidet, macht nicht selten Deals mit den Staaten, die Waffen kaufen. Dafür, dass eine Militärdiktatur 100 Panzer kaufen darf, verspricht sie der deutschen Immobilienwirtschaft, auch 100 neue Hotels im Land bauen zu lassen oder sie nach dem Krieg am Wiederaufbau zu beteiligen. Gerade das Land, das in den ersten zwei Weltkriegen nicht die beste Friedensperformance hingelegt hat, besteht bei Waffenexport auf Intransparenz.

Damit das funktioniert, muss man den Kreis aber auch klein halten. Der BSR hat nur neun Mitglieder, von Bundeskanzler_in über Kanzler_innenamtschef_in bis zu den verschiedenen Ministerien wie der Verteidigung, Entwicklungszusammenarbeit, Wirtschaft, Finanzen, Justiz sowie des Inneren und das Auswärtige Amt.[12] Die ganz oberen. Und im Falle einer großen Koalition meistens die Ressorts, die an die CDU gehen. Der Rat schaut dabei nicht nur auf das Kriegswaffenexportgesetz, das diesen schönen Satz mit dem Verbot friedensstörender Handlungen beinhaltet, sondern auch auf das, Obacht: Außenwirtschaftsgesetz. Deutschland soll frei handeln dürfen, sonst wäre es kein Superexportland. Freier Handel einerseits oder keine Waffen an Terrorist_innen und Diktaturen verkaufen andererseits: An der Stelle haben die Ministeriumsjurist_innen die Wahl, es nach ihrer politischen Auffassung zu interpretieren – und tun das auch seit Jahren immer drastischer. Hier wird der Klarheit des Artikels 26 des Grundgesetzes 75 % Salpeter, 10 % Schwefel und 15 % Holzkohle beigefügt; die friedenswahrende Funktion wird mit dem Schwarzpulver des freien Marktes weggesprengt. Am Ende liest man jedes Jahr aufs Neue in den Nachrichten, dass Waffen in Bürgerkriegsländer und Diktaturen geliefert werden und Deutschland trotzdem nicht im Krieg mit niemandem sei.

Doch politisch liegt hier der General im Pfeffer versteckt! Denn spätestens an dieser Stelle sollten die meisten Leser_innen schon ausgestiegen sein, sei es aus Frust oder Komplexitätsmüdigkeit. Und die Regelwerke und Gesetzeslabyrinthe gehen noch viel weiter. Es ist verführerisch, jetzt das unangenehme Gefühl von Ohnmacht zur Seite zu legen und sich den Dingen zu widmen, bei denen man Einfluss haben kann. Der Familie, den Freund_innen, der Mülltrennung, die immer so gut funktioniert und einem ein Gefühl von Ruhe und Anstand gibt. Vielleicht auch einer politischen Aktion gegen Amazon oder einem Fluch über die Deutsche Bahn. Doch da fängt der subversive Widerstand für eine stärkere Demokratie ja erst an.

Denn die Demokratie krankt bei der Rüstungsindustrie an genau den drei Strukturen, die Macht zementieren und Machtmissbrauch ermöglichen: einer hohen Intransparenz, der Konzentration von Entscheidungsgewalt auf sehr kleine Kreise und der dadurch ermöglichten Korruption. Das sind die Schlüssel, die man braucht, um demokratische Strukturen außer Kraft zu setzen. Je mehr Menschen gegenüber ganzen Industriezweigen ein Gefühl der Machtlosigkeit haben, umso stärker erodiert die demokratische Kultur, die das wieder aufbrechen könnte. Gerade solche Bollwerke müssen immer wieder aufs Neue aufgebohrt werden. Also zurück zu unserer fingierten Friedenspreisverleihung.

Da waren wir, im 14. Stockwerk des Intercontinental Hotels. Tommy Finke, ein Singer-Songwriter, der gerade am Schauspiel Dortmund die musikalische Leitung innehatte, übte am Klavier das makabre Friedenslied, das er extra für uns komponiert hatte. »We have just one world / no matter what you've heard«, fing er an und im Refrain dann: »our weapon is hope / our mission is freedom / let them say, what they say / but we are right / 'cause every bullet hits a heart / with the love that we provide / and we believe in freedom that is right!« Die Weingläser standen bereit, sogar Marketingtassen, auf denen »Frieden ist Handarbeit« gedruckt war. Im Raum waren ein Mitarbeiter der Bundeskulturstiftung, verschiedene befreundete Dramaturg_innen, die Dortmunder Schauspieler und Statisten, die gezielt ältere Männer waren, wie es sich in der Rüstungsszene gehört. Nach den sechs Absagen waren noch zwei echte Gäste angekündigt – von Thyssen Krupp Marine Systems und ein Mitarbeiter von Sig Sauer. Noch nie hatten wir so viel Vorbereitung in eine Aktion gesteckt, deren Ausgang völlig offen war, für ein Publikum, das aus zwei Männern bestand. Und es sollte in einer Katastrophe enden ...

Christian Stuve, der Senior Vice President Strategie & Politik von Thyssen Krupp Marine Systems, kam zuerst. Die Stimmung im Raum veränderte sich schlagartig, die etwa 30 Schauspieler_innen und Freunde unterhielten sich, als wären sie Politiker_innen, Polizei- oder eben Agenturmitarbeiter_innen. Die Luft vibrierte, alle versuchten, es zu verstecken. Nur Stuve, der hing seinen Mantel auf und setzte sich auf den Fenstersims. Voxi Bärenklau, unser Kameramann, der sonst vor allem mit Helge Schneider und Christoph Schlingensief zusammengearbeitet hatte, versuchte, unerkannt die versteckte Kamera auf unseren Ehrengast zu richten, während wir noch auf den Sig-Sauer-Soldaten warteten. Unsere Produzent_innen standen am Empfang, hatten sich Perücken angezogen, um ihre blau und grün gefärbten Haare zu verstecken, es war ein riesen Theaterstück für nur einen Mann. Und das sollte es bleiben, denn der Sig-Sauer-Typ kam einfach nicht.

Weshalb die Waffenindustrie von uns einen Friedenspreis bekam

Schließlich eröffneten wir die Zeremonie, viel zu spät. Und die Schauspieler begannen mit ihrem Sermon über die Erfolge der Waffenindustrie. »Wir leben in unruhigen Zeiten. Die Welt erlebt eine beispiellose Serie von Konflikten, Kriegen und terroristischen Bedrohungen, die auch für Deutschland und Europa neue Herausforderungen mitbringen.« Blablabla. »Exzellente Ingenieur- und Wehrtechnik aus Deutschland hilft, politisches Vertrauen aufzubauen und zu konsolidieren, Sicherheit in Krisenregionen zu bringen und Menschenleben zu schützen. Innovative deutsche Unternehmen machen mit hochmoderner Technologie die Erde zu einem sichereren, friedlicheren Ort für unzählige Menschen.« Der Text war viel zu lang. Und die Schauspieler hatten ihn auswendig gelernt, sie waren nicht darauf trainiert, einfach abzubrechen und den Stuve auf die Bühne zu bitten, damit er nicht abhaut. Währenddessen hatten wir uns auf eine Doppelregie geeinigt, die sich live absprechen sollte, aber in der Situation auch nicht unerkannt den Plan umschmeißen konnte, weil wir uns ja hätten absprechen müssen. Wir waren überfordert. Und ausgerechnet als unser Darsteller auf der Bühne den Artikel 26 des Grundgesetzes zitierte, verließ Christian Stuve den Raum. In meinen Augen war Panik. Er muss gemerkt haben, dass da was komisch läuft, vermutlich stand es in allen Gesichtern, sosehr wir uns auch bemüht hatten, authentische Waffenhändler_innen, Immobilienheinis und Agenturensöhne zu sein, wir hatten nicht den Stall- bzw. Leichenhallengeruch.

Anton aus unserem Team sprintete ihm hinterher, hüpfte noch in den Aufzug und versuchte, ihn aufzuhalten. »Lassen Sie mich in Ruhe«, schrie Stuve ihn an, »lassen Sie mich!« Da muss ihm klargeworden sein, dass es eine Falle war. Eine Falle voller Kameras, die aufzeichnen sollten, dass ein Unternehmen, das mit 1,7 Billionen Euro Umsatz etwa eine Million Euro für Lobbyismus in Brüssel ausgibt, das seine Betriebsräte schmiert und in mehrere Korruptionsfälle verwickelt war, ein Unternehmen, das Kriegsgerät unter anderem an Ägypten, Griechenland, Indonesien, Israel, Pakistan, die Türkei, Südkorea lieferte, dass dieses Unternehmen tatsächlich noch bereit gewesen wäre, einen Friedenspreis entgegenzunehmen.

Doch er tat es nicht. Stuve war weg. Und wir waren gescheitert, hatten ihm nicht mal eine Torte ins Gesicht geworfen. In meinem Kopf war Leere, ich wusste in dem Augenblick nicht weiter. Wie zum Teufel sollten wir das nach außen erklären? So viel Arbeit, so viele Menschen, die so viele Hebel in Bewegung gesetzt hatten, monatelang. Wir waren gescheitert.

Aber ich war ja nicht allein. Meine Kolleg_innen sprangen auf die Bühne, verkündeten, dass wir ihm den Preis eben hinterhertragen müssten. Und in die Kamera sagte unsere Hauptdarstellerin: »Stuve ist abgehauen, er hatte Angst vor uns!« In dem Augenblick stimmte das vermutlich sogar, denn der Manager hatte für einen Augenblick die Kontrolle über seine Außendarstellung verloren. Die Kritik an seinem Unternehmen war nicht mehr bloße Zeitungszeile, die er mit den Kolleg_innen aus dem Ministerium weglachen konnte. Als der *Tagesspiegel* ihn damit konfrontierte, reagierte Thyssen Krupp Marine Systems, wie professionelle Krisenkommunikation reagiert: mit einer giftigen Umarmung. »Einen deutsch-französischen Friedenspreis hätten wir gerne angenommen, da wir mit dem Marineschiffbau einen wesentlichen Beitrag zu Sicherheit und Frieden in Europa leisten.«[13] Auf unsere Bitte, ihm den Preis übergeben zu dürfen, reagierte er dann aber doch nicht.

Warum wir im Namen von Heckler & Koch Kleinwaffen zurückriefen

Das ganze Pulver war aber noch nicht verschossen. Wir hatten dazu ausgeholt, die Doppelmoral der stärksten Unterstützerpartei der Waffenindustrie zu entlarven, der CDU. Das war uns gelungen. Für eine angeblich christliche Partei sollte die Würde des Menschen vor Gott unantastbar, sollte die Unterstützung von Diktaturen damit nicht vereinbar sein. Sogar Radio Vatikan hatte darüber berichtet.[14] Zweitens wollten wir die Mitarbeiter_innen ins Licht rücken, die sonst hinter den Kulissen arbeiteten. Die Idee mit den Fliegen war Quark, Stuve war abgehauen, die anderen hatten abgesagt oder waren nicht erschienen, da waren wir gescheitert. Doch die dritte Strategie im PR-Krieg gegen die Waffenindustrie war, ihre Produkte madigzumachen. Neben der ganzen Doppelmoral und Intransparenz war dieser Punkt der offensichtlichste: Eine Firma, die alle Händler_innen uncool finden, wird nichts mehr verkaufen können. Und da hatten wir noch einen Plan. Einen Plan, der so simpel wie treffsicher war.

Wir suchten uns die tödlichste aller Kleinwaffenfirmen Deutschlands aus, Heckler & Koch. Um ihr Werk im verschlafenen Oberndorf am Neckar ranken sich viele schaurige Korruptionsgeschichten. Sicher ist, dass sie trotz eines Waffenembargos Waffen nach Mexiko lieferte, in Regionen, die wegen Folter und Menschenrechtsverletzungen nicht beliefert werden durften. Sie hatte Tipps aus den Regierungsbehörden bekommen, um die Waffen über Umwege dorthin zu schaffen.[15] Dorthin, wo sie für Massenentführungen genutzt, wo demonstrierende Student_innen erschossen und an die Mafia übergeben wurden. Die 18 Mitarbeiter_innen von Heckler & Koch, gegen die ermittelt wurde, kamen super davon: In 13 Fällen wurden die Ermittlungen eingestellt, zwei bekamen gemütliche Bewährungsstrafen und drei wurden freigesprochen.[16] Der Tod ist ein Meister, der das deutsche Strafgesetzbuch als Kopfkissen benutzt.

Wir ermittelten also zunächst die Polizeibehörden in Mexiko, die mit der Mafia zusammenarbeiteten und die Gewehre geliefert bekommen hatten. Dazu suchten wir Bilder von abgesprengten Köpfen und montierten sie neben Fotos der Gewehre, die geliefert wurden. Wir wollten all diesen Behörden Faxe mit diesen Bildern schicken, in denen auf Spanisch stand:

Rückrufaktion! Die folgenden Kleinwaffen sind fehlerhaft konstruiert und bilden Rückschlagfeuerung, die in vielen Fällen zum Tode der Schützen führte. Wir bitten dringend um Kontaktaufnahme zur Überprüfung Ihrer Waffe. Loggen Sie sich dazu mit Ihrer Webcam auf heckler-und-koch.com/recall ein und laden Sie ein Bild des Modells inklusive Registrierungsnummer hoch.

Die echte Website von Heckler & Koch war kürzer, heckler-koch.com. Das war der Trick: Auf unserer Seite, so hofften wir, könnten wir die Polizist_innen locken, uns die illegal beschafften Gewehre abzufotografieren, um so weitere Beweise zu sammeln, wo die Waffen alle gelandet und noch in Benutzung waren. Die Fotos wären nicht nur Zeitdokumente, sondern könnten als große Prints vor dem Bundeswirtschaftsministerium beeindruckende Bilder schaffen, die die Verantwortung sichtbar gemacht hätten. Mexikanische Polizist_innen mit Waffen, die sie nicht hätten bekommen dürfen.

Keine witzige Aktion. Kein Augenzwinkern, pure direkte Intervention. Doch dann kam uns noch eine andere Idee: Da Heckler & Koch gerade den Bau eines neuen Werks in den USA plante, war das doch ein kommender Markt, wo wir ihnen wunderbar den Ruf schädigen konnten! Wir schwenkten also um, schrieben Briefe an die amerikanischen Zwischenhändler in den USA, die wir auf der Website unter der Kategorie »Shop in deiner Nähe« finden konnten, und kündigten den Rückruf an. Eine Freundin von uns hatte ohnehin eine Reise nach New York geplant und nahm den Stapel Briefe mit, ging zur 3rd Avenue und stopfte sie one by one in diese schönen alten Blechbriefkästen, wie wir sie aus alten Filmen kennen. Die Botschaft war unterwegs: Da durch die Wahl Donald Trumps eine Gewalteskalation absehbar sei und Deutschland laut Verfassung keine Waffen an Konfliktregionen liefern dürfe, würde auch Heckler & Koch nun darum bitten, die Waffen zurückzusenden. Oben im Briefkopf war unsere Handynummer zu finden, unten liebe Grüße, der Chef.

Die Foren der amerikanischen Waffennerds schäumten vor Empörung. Der User *LGBT* (was in seinem Fall für »Liberty, Guns, Beer & Trump« steht) rang mit sich, ob das ein Fake der Cyberkommunisten oder tatsächlich echt sei: »This looks awfully legit. The anti-gun communists cybering their fake stories pretty good these days. Still kinda unsure if it's real or not since it does link into the Heckler and Koch's website.«[17] Immerhin war auch VW als deutsche Firma dafür bekannt, Rückrufe zu starten. Jimmygunns69 schrieb in dem »fastest growing thread in the history of the HKPro Forum«, dem am schnellsten wachsenden Diskussionsbeitrag dieser Waffennerd-Seite, wir seien »most likely Merkel supporter«[18] – und CDU-Unterstützer_innen waren wir ja tatsächlich, wir hatten schließlich einen eigenen CDU-Spot gemacht, der bei *Fox News* gelandet war.[19]

Der Schaden war angerichtet. Die Firma selbst schaltete ihre internationale Website schwarz, schrieb einen wütenden Begrüßungstext auf Englisch und Deutsch voller Ausrufezeichen, Doppelpunkte und unnötiger Wiederholungen.

Klarstellung: Gefälschte Rückrufaktion! Fake! Richtigstellung: keine Rückrufaktion bei Heckler & Koch! Derzeit ist ein gefälschtes Schreiben im Umlauf, in dem von Unbekannten die unrichtige Behauptung verbreitet wird, Heckler & Koch rufe sämtliche Zivilwaffen aus den USA zurück. Zur Klarstellung halten wir fest, dass diese Behauptung jeglicher Grundlage entbehrt und gänzlich falsch ist. Es handelt sich um eine Fälschung/Fake-News. Heckler & Koch hat zur Klärung des Sachverhalts bereits straf- und zivilrechtliche Schritte eingeleitet.[20]

Da war jemand offenbar sehr, sehr wütend. Eine Klageschrift ist allerdings bei uns nie angekommen. Vielmehr: Wir wurden angerufen. Wir hatten ja eine Handynummer im Briefkopf angegeben, die die Händler_innen bei Rückfragen anrufen konnten. Und das taten sie. Ja klar, es sei alles korrekt, aber jetzt bitte erst mal nur den Fragebogen ausfüllen, alles Weitere werde geprüft, sagte meine Kollegin, die eigentlich gar nicht ans Telefon gehen wollte. Jaja, sie sei die Sekretärin von Martin Oberbamm, äh, -mann, alles korrekt. Sie passte höllisch auf, damit jetzt keiner Pakete zurückschickte, da damit ein wirtschaftlicher Schaden entstehen könnte, für den wir wiederum haftbar gemacht werden könnten. Also nur den Fragebogen erst mal, danke, jaja. Und wir, damit das Thema auch in den USA Feuer fangen konnte, riefen in den USA bei der Presse an. Nicht als Heckler & Koch, sondern als Waffenhändler, der empört tat.

Die Journalistin wiederum, von irgendeinem Provinzblatt, das wir auf der Landkarte gefunden hatten, rief bei Heckler & Koch an, dem echten, dessen amerikanischer Niederlassung. Unsere Beschuldigung musste sie natürlich prüfen. Die echten Hecklers wiederum riefen dann uns, den falschen Waffenhändler an, um mehr über diesen Brief zu erfahren. Ein amerikanischer Freund und begnadeter Performancekünstler, Jeremy Wade, nahm sich die Zeit, dem Manager von Heckler & Koch mit seinem triefenden Südstaatendialekt alles im

Detail zu erzählen, wie ein pleitegegangener Alkoholiker, der sich über die Aufmerksamkeit freut: Wie er doch die Waffen brauche, um sich gegen Ausländer_innen zu wehren, dass die USA doch ein freies Land seien und man Deutschland doch eigentlich noch mal besetzen sollte, wenn die sich nun weigern, Waffen zu liefern. Der Manager stimmte zu, jaja, das sei ja richtig, aber was stehe denn genau in dem Brief? So spielten wir einen Nachmittag lang Katz und Maus, ließen uns von Waffenhändler_innen als Heckler & Koch anrufen und telefonierten als Waffenhändler_innen mit Heckler & Koch. Diese Firma machte sich an dem Tag in den USA keinen guten Ruf. Und wenn wir sie schon nicht aufhalten konnten, so stahlen wir ihnen wenigstens die gute Laune.

Wie wir Aktionäre wurden und Gesetze schrieben

Und um unsere Friedenspreisstatue doch noch loszuwerden, ging ich schließlich eine Woche später auf die Hauptversammlung von Rheinmetall, Deutschlands größtem Waffen- und Munitionshersteller, und schleuste mich mit Hilfe einer kritischen Aktionärin als Redner ein. Hat man Aktien eines Unternehmens, hat man Rederecht, so einfach ist das. Ich hielt eine Lobesrede, hob insbesondere die neuartige Form des »Franchisings« von Rheinmetall hervor, mit dem sie ihre Werke in der ganzen Welt eröffneten, um den deutschen Exportgesetzen zu entkommen. Ich verhöhnte das Grundgesetz, grüßte den ehemaligen Verteidigungsminister »Franz Josef Strauß, äh, Jung«, der in der ersten Reihe saß, und ließ unseren Preis an den Vorstand übergeben. Ein Werk in der Türkei, ein Werk in Südafrika, die Wut auf diese Industrie war einfach zu groß, um nach einer ersten gescheiterten Aktion aufzugeben.

Doch ist der vierte Streich vorbei, folgt sogleich der fünfte.

Es war uns wichtig, was Handfestes anzubieten, so utopisch es auch sei. Daher fragten wir einen Freund, der in einer renommierten Menschenrechtskanzlei arbeitete, ob er uns helfen könnte, das Kriegswaffenkontrollgesetz umzuschreiben. Denn das ist ja das Nadelöhr, durch das jede Korruption hindurchmuss, um den Geist des Grundgesetzes, wie es nach dem Zweiten Weltkrieg geschrieben wurde, zu verscheuchen. Am Tag, an dem wir das Aktionsvideo launchten, veröffentlichten wir fünf alternative Versionen des Gesetzes auf unserer Website. Sie waren mal mehr, mal weniger radikal, mal Komplettverbot, mal nur Kleinwaffenexportstopp an Drittstaaten. Wir schickten sie an alle Mitarbeiter_innen des Bundestags, also auch der CDU. Es waren konstruktive Vorschläge. Dank der Förderung der CDU-Kulturministerin Grütters, bedankten wir uns, konnten wir diese Gesetze vorlegen und wollten dem Plenum die Gelegenheit geben, sich für ein friedliches Deutschland in der Welt starkzumachen.

Natürlich kam keine Reaktion. Weder auf jenes, das den Kleinwaffenexport einschränkte, noch auf den Entwurf, der vor allem die Entsendung an Diktaturen beenden sollte. All das war offenbar nicht der Rede wert. Im Gegenteil, innerhalb der Fraktion gab es erheblich Stunk, dass so eine Gruppe wie wir vom CDU-geführten Kulturministerium gefördert werde, wie uns eine Mitarbeiterin vertraulich zusteckte. Doch die Gesetze sind bis heute online, wir ließen online abstimmen, welche Version die beste sei.[21] Die Crowd sprach sich mit 56 % der Stimmen deutlich für die kürzeste aller Versionen aus. Sie besteht aus nur einem Satz:

§ 1 Verbot der Ausfuhr von Rüstungsgütern
(1) Waffen, Munition und sonstige Rüstungsgüter sowie
Güter für die Entwicklung, Herstellung oder den Einsatz
von Waffen, Munition und Rüstungsgütern dürfen aus
dem Bundesgebiet nicht ausgeführt werden.[22]

Ich war am Ende meiner Kräfte. Ich erinnere mich noch daran, wie wir als Gruppe vom Schauspiel Dortmund nach Hause gingen und so viel Stress von mir abfiel, sich so viele Momente der Angst und Verunsicherung in mir angestaut hatten, dass ich kaum denken konnte und zugleich alles gleichzeitig denken wollte. Wie ein Auto, das in voller Fahrt in den zweiten Gang schaltet. Diese Kampagne hatte es mit einer der robustesten und undurchdringlichsten Branchen dieses Landes aufgenommen, und wir waren immer wieder mit dem Kopf gegen Wände aus Kruppstahl gerannt. Noch monatelang sollte mir der Kopf brummen, bis ich das alles für mich einordnen konnte. Waren wir komplett gescheitert? Waren die Erfolge vielleicht einfach wenig sichtbar, da alles hinter den Kulissen ablief, als die CDU oder Rheinmetall in ihrer uneingeschränkten Handlungsmacht etwas verunsichert wurden? Und reicht es schon, dass sich die Zuschauer_innen des Dokumentarfilms über unsere Arbeit freuen, all diejenigen, die unser eigenes Video anschauen, weil wir das Gefühl der Ohnmacht bekämpft haben? Eines Tages, wer weiß, werden vielleicht Kleinwaffenexporte verboten sein. Hoffentlich wird es auch bessere Nachkontrollen geben – diese beiden Regulierungsansätze schätze ich zumindest als politisch umsetzbar ein.

Doch sowenig direkter politischer Wandel durch unser Treiben entstand, sosehr Deutschland immer noch ein Arschloch in der Welt bleibt: Ich würde immer wieder mit Elan gegen diese Kruppstahlmauern rennen. Es gab zu viele absurde und aufregende Momente, sei es, als unser Schauspieler noch zum Abschied des Thyssen-Krupp-Christians eine Friedenstaube im Raum fliegen ließ, oder sei es, als die Chefs von Heckler & Koch uns anriefen und dachten, wir seien amerikanische Waffenhändler_innen. Jedes Mal rutschte mir vor Freude und Angst das Herz in die Hose, jedes Mal schauten wir uns hinterher an, als wären wir in einer parallelen Realität, in der man über die Rüstungsindustrie noch lachen durfte. Wenn ich zu solchen Aktionen nicht mehr bereit sein sollte – und das obwohl ich in Deutschland genug Freiheiten habe, um immer wieder aufzubegehren –, dann würde das bedeuten, dass ich die Welt, wie sie jetzt ist, akzeptiere.

Die Finanz-Hypnose

Doch wie geht man mit der Macht um, wenn sie nicht greifbar ist? Saskia Sassen sagte in einem Interview, wir hätten es aktuell mit einem Monster zu tun, das nicht sichtbar sei und dessen Sprache wir nicht sprechen können. Sie bezog sich da auf Private-Equity-Management-Firmen.[23] Sie sprechen von Assets, von Leverage Buy-outs, von Upper Scale Sandboxing Opportunities. Sie haben ihre eigene Sprache erfunden, entwickeln sie jedes Jahr neu. Wenn man anfängt, sich in diesen Zirkeln zu bewegen, bekommt man schnell das beklemmende Gefühl, von nichts eine Ahnung zu haben. Und das ist nicht die einzige Branche. Auch bei der Finanzindustrie sprechen viele Expert_innen von der massenhypnotischen Wirkung, die das Thema hat. Wenn ich hier anfange, davon zu schreiben, dass eine Eigenkapitaluntergrenze von zwanzig Prozent eingeführt werden müsste, um die europäischen Banken zu stabilisieren, werden schon bei den meisten von Ihnen Schlafhormone ausgeschüttet. Oder Sie empfinden den Drang, das Thema zu wechseln, das Kapitel zu überspringen. Finanzwirtschaft, irrgh.

Zu der Desinteresse-Hypnose kommt ein intellektuelles Argument: Ist das nicht ein antisemitisch angehauchtes Thema? Die Nazis haben den Juden doch immer die Zinspolitik vorgeworfen, bis heute finden sich bei den Finanzmarktkritiker_innen viele antisemitische Argumentationsmuster. Schon in seiner Struktur erinnert das Bild eines Hedgefonds-Managers an antisemitische Erzählungen der zwanziger Jahre: Sie seien raffgierig, würden sich in Hinterzimmern dieser Welt absprechen und sich global verschwören. Mit Zinspolitik würden sie versuchen, uns alle zu knechten, uns auszusaugen, und manipulierten dazu die Mächtigen dieser Welt. Die Bilder, die wir in Nazipropaganda von damals wie auch heute in kapitalismuskritischen Broschüren finden, sind entmenschlichend: Vampire, die Zähne fletschen, Kraken, die uns alle aussaugen, oder riesige Wesen, die die Weltkugel in der Hand halten. Puppenspieler_innen, die Politiker_innen an Fäden ziehen, sind auch beliebt. Und es findet sich bei vielen Kapitalismuskritiker_innen eine Offenheit für Verschwörungserzählungen, nicht selten gepaart mit esoterischen Interessen oder einem Faible für KenFm, mit Xavier-Naidoo-Platten im Regal oder anderen sogenannten Querfront-Ideologien.[24] Das schreckt ab, damit will man erst mal nichts zu tun haben, das kann ich verstehen.

Es kostet daher auf mehreren Ebenen Kraft, sich kritisch mit den Finanzmärkten und der globalen Wirtschaft zu beschäftigen. Aber ich glaube, man muss nicht gleich das 800-Seiten-Buch von Piketty[25] lesen, um zu verstehen, dass jede ökonomische Behauptung ideologisch geprägt ist. Besonders dann, wenn Autor_innen von Naturgesetzen oder mathematischer Allgemeingültigkeit sprechen, um sich Kritik zu entziehen. Zudem brauchen wir breite, populäre Erzählungen, die eine valide Kritik an Finanzmarktstrukturen oder Private-Equity-Systemen erlauben, die nicht antisemitisch sind. Es gibt ja welche, für die man nicht sechs Jahre Ökonomie studiert haben muss, um sie zu verstehen: so simpel wie der populäre Kampfspruch »Atomkraft – nein danke«, bei dem die wenigsten, die ihn aussprechen, Nuklearphysik studiert haben. Ich würde mir beispielsweise wünschen, es sei allgemeine Ansicht, die Finanzwirtschaft sollte nicht in sozialökologisch ungerechte Bereiche investieren dürfen, oder habe ich da einen Denkfehler, weil das ja alles viel komplizierter ist und man das besser den Ökonomen überlassen sollte?

Grundsätzlich gibt es ja die Unterscheidung zwischen Finanzwirtschaft und Realwirtschaft. Die Finanzwirtschaft ist so was wie ein Haufen imaginäres Geld von anonymen Superreichen, der dazu da ist, dass man der Realwirtschaft Start- und Investitionskapital zur Verfügung stellt. Die Realwirtschaft, das sind dann Menschen, die arbeiten, die Fabriken bauen, die sich Kaffeemaschinen ins Büro stellen und so weiter. Also alles, was nicht nur aus Zahlen auf dem Kontostand besteht, sondern real anpackbar ist. Schon eingeschlafen? Nur ein paar Zeilen noch: Dieses Investitionsprinzip ist erst mal okay, würde ich meinen. Ich will eine Firma gründen, die irgendwas Sinnvolles macht – Menschen gesund, Kinder schlau, Gemüse lecker und so weiter –, dann leihe ich mir Geld von Investor_innen und baue das auf. Aber warum sollte es erlaubt sein, Geld in etwas zu investieren, das die Umwelt kaputt macht oder Menschen eindeutig schadet? Das wäre mein erster Vorschlag für einen Stammtischkonsens: »Dreckige Investitionen – nein danke!«

Eine relativ erfolgreiche »Divestment«-Bewegung macht immer wieder öffentlichen Druck, damit Aktienbesitzer_innen ihr Geld aus klimaschädlichen Hedgefonds rausziehen. Nicht investieren, sondern eben »divestieren«.[26] Zusammen mit den Yes Men, zwei US-amerikanischen Aktionskünstlern, machten wir 2015 in Berlin auf der Klima-Charity-Veranstaltung von *Cinema for Peace* dazu eine Aktion – wie wir da hinkamen, ist eine lange Geschichte, die ich vielleicht ein anderes Mal erzähle.[27] Mike Bonnano, der eine der beiden Künstler, unterbrach die Rede der Schauspielerin Natalie Portman. Die Halle des Berliner Konzerthauses war prall gefüllt mit Securitys, Promis und Speichelleck-Beauftragten. Am Abend zuvor hatten wir mit Gitz Crazyboy, einem kanadischen Aktivisten der indigenen Siksikaitsitapi-Bewegung, und den Yes Men noch in einer Bar gesessen und überlegt, was die womöglich absurdeste Eskalation an dem Abend sein könnte. Was uns einfiel: Ein betrunkener Manager von Shell geht torkelnd auf die Bühne, gefolgt von einem Eisbärkostüm und Gitz. Er hält eine flammende Rede darüber, wie erfolgreich sein Ölkonzern ist, macht rassistische Andeutungen und wird dann irgendwann von Gitz gestoppt. In seinem Vollrausch versucht er dann, den Eisbären von hinten zu ficken, woraufhin die zwei Schauspieler_innen aus dem Kostüm schlüpfen, wegen des dicken Fells nur mit Unterwäsche bekleidet, und ihren Job kündigen: »So kann man doch nicht arbeiten!« Eine Charity-Veranstaltung, die sich das Klima auf die Fahnen schreibt, sollte auch ein passendes Skandälchen frei Haus geliefert bekommen.

Unser Plan klappte aber leider nicht so richtig, wir hatten zu lange mit dem Eisbären vor dem Bühneneingang gewartet, so dass die Securitys merkten, dass da was nicht stimmte, und das Viech blockierten. Wir brauchten Plan B: Gitz und Mike sprangen kurzerhand ohne Eisbären auf die Bühne – einfach als sie selbst – entschuldigten sich bei Natalie Portman, die im Begriff war, die Gewinner_innen des Filmpreises zu verkünden, und fragten in den Raum, wer denn am Start wäre: Wer bereit wäre, sein Aktienportfolio zu überprüfen und alle Aktien zu verkaufen, die mit fossiler Energie zusammenhängen. Das Besteck klimperte verlegen, die argentinischen Rindersteaks und Kaviarschaumhäppchen versteckten sich in der Masse nicht anwesender Gäste. Doch, dahinten, eine Person hob die Hand, nur einer der vielen berühmten und rolextragenden Flashlight-Suchtis bekannte sich offen dazu, kein Geld mit fossiler Energiespekulation verdienen zu wollen. Der Charity-Abend war der Klimakrise gewidmet, linksliberale Politiker_innen hatten sich unter die Sternchen gemischt. Auf der Bühne machten wir Quatsch, und die Veranstaltung war eine Farce. Die Sicherheitsleute zogen Mike und Gitz von der Bühne und eskortierten uns alle, inklusive Dreimetereisbären, in den Keller des Gebäudes. Nadia und Maria von Pussy Riot kamen uns hinterhergerannt – sie hatten sich buchen lassen und mussten noch ihr Punk-Lied singen, damit sich das Publikum ein bisschen wild und liberal fühlen konnte. Was das für eine elendige Veranstaltung sei, sagten sie uns und stellten sich vor die Securitys. Man solle doch die Eisbären in Ruhe lassen, die seien ohnehin schon gefährdet.

So wichtig individuelles Bewusstsein auch ist, wie sehr wir alle ein Teil dieser Kultur sind und ziviler Ungehorsam ja auch auf starke Persönlichkeiten setzt: Grundsätzlich halte ich nicht viel von der Selbstverpflichtungstheorie. Wenn Menschen und Unternehmen die Wahl hätten, heißt es da, zwischen ethischer Verantwortung und Profit, dann würden sie sich irgendwann schon für das Richtige entscheiden. Die Gefahr ist viel zu groß, dass es Feigenblätter sind, die von den systematischen Problemen ablenken. Kampagnen, die auf Selbstverpflichtungen setzen, können nur ein erster Schritt auf dem Weg zum Gesetz sein, das sie unnötig macht. Dabei, das darf man nicht vergessen, geht es um die Regulierung eines freien Marktes, der nie frei war. Wir dürfen in Deutschland nicht einfach als Mörder_in arbeiten, wir dürfen kein Plutonium im Tante-Emma-Laden verkaufen. Wieso gibt es also kein Gesetz, das dem Finanzmarkt verbietet, in Kleinwaffenexporte oder fossile Energieextraktion zu investieren, wenn es doch die Stabilität unserer Gesellschaft gefährdet? Wenn jemand Öl und Kohle fördern will: bitte schön, aber ohne internationale Finanzhilfen, mit staatlichen Subventionen erst recht nicht.[28] Ich vermute, dass es komplexer ist als das, aber wir brauchen Ansätze, die populär erzählt werden können. Um sich über die Grundzüge des Kapitalismus aufregen zu können, muss er greifbar werden, müssen einfache Fragen gestellt werden können. Also los.

Die Regulation der Finanzregulation

»Was wurde am Finanzsystem geändert, um eine weitere Krise zu verhindern?«, fragte Constantina, eine junge Griechin am Telefon. Sie saß mit fünf weiteren Callcenteragents im zweiten Stock der Athen Biennale, die 2018 im ehemaligen Gebäude des größten griechischen Telekommunikationsunternehmens stattfand. »Wir rufen die Finanzregulationsinstitutionen an, um einfache Antworten auf einfache Fragen zu bekommen«, erklärte Vassilis dem Mitarbeiter der BaFin am Nebenplatz. Als Teil der Ausstellung hatten wir diese »begehbare performative Installation« aufgebaut, wie es dann in Kunstkatalogen heißen sollte. Als deutsches Team, das nach Griechenland eingeladen wurde, war mir wichtig, dass wir Griech_innen eine Stimme geben: Innerhalb von sechs Wochen machten sie 1254 Anrufe, telefonierten insgesamt 32 Stunden lang mit etwa 20 verschiedenen Finanzregulationsinstitutionen Europas. Jede_r konnte auf unserer Website cfro.eu Fragen eingeben, die dann vom Team per Telefon an verschiedene Institutionen gestellt wurden.[29] An den Wänden hingen die Organigramme der Institutionen, die offiziell den Job haben, unser Finanzsystem zu kontrollieren. Besucher_innen konnten sich dazusetzen oder selbst auch mal einen Anruf wagen. Die Antworten wurden online dokumentiert – sowohl, wenn einfach aufgelegt wurde oder Ausreden gefunden wurden, als auch, wenn es ernst gemeinte Reaktionen gab.

Davon gab es aber kaum welche. »Was macht die größte Behörde Europas zur Stabilisierung der Wirtschaft angesichts der Klimakrise?«, fragte Constantina weiter. Diesmal die Mitarbeiterin des Financial Stability Board, einer internationalen Organisation, die das globale Finanzsystem überwachen und Empfehlungen aussprechen soll. »Das ist eine Frage für Regierungen. ... Wir betrachten dies allein aus der Sicht der Finanzstabilität«, war die Antwort, als wäre die Klimakrise keine Bedrohung der Stabilität der Wirtschaft. Die Stimmung im Raum unserer Pseudobehörde kippte immer wieder von Euphorie zu Zynismus.

Einerseits hatten wir uns einfach erdreistet, eine zivilgesellschaftliche Behörde zu gründen, die staatliche Institutionen bat, sich zu erklären. Wir maßten uns an, Antworten bekommen zu wollen von denjenigen, die den gesellschaftlichen Auftrag hatten, für eine stabile Wirtschaft zu sorgen – in einem System, das nur Wachstum oder Krise kennt. Finanziert wurde das alles vom deutschen Außenministerium und politischen und journalistischen Stiftungen aus Deutschland, die Mitarbeiter_innen bekamen den deutschen Mindestlohn. Allein dass dieses Gehalt, wenn auch nur für sechs Wochen, dem fünffachen Gehalt griechischer Callcenteragents entsprach – finanziert von einem Staat, der Griechenland in die Austerität gezwungen hatte –, unterstrich den euphorischen Zynismus. Das passte, das ist der typische Sound der Kunstwelt, dem vielleicht hyperkapitalistischsten Bereich dieser Gesellschaft, der sich selbst als Ort der totalen Freiheit bezeichnet.

»Es gehört nicht zu unserem Aufgabenbereich, Fragen der Zivilgesellschaft zu beantworten«, sagte ein Mitarbeiter der Europäischen Zentralbank ganz direkt. Nur kurz: Weshalb ist das Schuldensystem in Europa so gestaltet worden, dass Griechenland sich immer nur so viel Geld leihen kann, dass es die Zinsen zurückzahlen kann? Weshalb kann niemand sagen, wie viele Derivate auf dem globalen Markt existieren, geschweige denn in einfachen Sätzen erklären, was Derivate sind? Keine Chance.

Es wird vermutlich noch lange dauern, bis die Welt der Finanzinstitutionen und ihrer Regulator_innen sich dem breiten gesellschaftlichen Diskurs öffnet. Bis dahin fließen vermutlich noch Milliarden an Investitionen in fossile Energie, in die Privatisierung des Gesundheits- und Wohnungssektors. Bis dahin werden wir vermutlich noch mehrere Krisen erleben, werden noch weitere Cum-Ex-, Cum-Cum- oder Wirecard-Skandale aufgedeckt, die immer einen anderen Grund haben werden als die systematische Grundausrichtung des Finanzhokuspokus.

Natürlich wollen wir von uns stets das Beste zeigen. Alles, was peinlich ist, worüber andere lachen könnten, alles, was wir selber hässlich finden, versuchen wir zu verschleiern. Unsere Stimmlage ist Fremden gegenüber immer etwas höher als gegenüber vertrauten Menschen: Wir haben es gelernt, besonders freundlich zu wirken, jederzeit. Doch so, wie wir als Einzelne irgendwann depressiv werden, wenn wir unsere Verletzlichkeiten und Ängste nicht teilen, so zerfällt auch eine Demokratie, wenn sie die negativen Effekte ihrer Unternehmen unter den Tisch kehrt. Wenn sie Hunderte PR-Agenturen hat, die nichts anderes tun, als zu erzählen, wie dringend wir Autos bräuchten, wie wichtig es sei, immer schlanker, schlauer und schneller zu werden, die ein Unternehmen wie die Deutsche Bank oder Volkswagen öffentlich als sympathisch und vertrauenswürdig darstellen, während ihre Anwaltskanzleien alle Rechtsverstöße und Korruptionsfälle auffangen. Ich flirte in diesem Buch ja gerne mit spontanen Gesetzesideen: Um Interessenkonflikte offenzulegen, wäre es doch sinnvoll, ein Kund_innenregister aller PR-Agenturen verpflichtend offenzulegen, damit man nachvollziehen kann, wenn Politiker_innen und Ministerien von denselben Agenturen beraten werden wie die Firmen, die sie regulieren sollten. Wenn von der Leyen dann von derselben Firma beraten würde, die massiv von ihrer Politik profitiert, wären zumindest neue Fragen auf dem Tisch, denen man nachgehen könnte.

Aber was, wenn einzelne Branchen sich gar nicht von ihrer schönsten Seite zeigen müssen? Die Rüstungsindustrie zum Beispiel braucht ja keine PR-Agentur, sie lebt mit ihrem ruinierten Ruf ganz ungeniert. Die Finanzindustrie hat die hypnotische Kraft der Komplexität entwickelt. Sie hat die volle Wucht des akademischen Habitus auf die Spitze getrieben, quasi eine eigene Sprache erfunden, die sich in tausendseitigen Reports und Diagrammen zeigt, in Tabellen von Firmen und Unterfirmen auf Inseln und in exterritorialen Gebieten, deren Verflechtungen zu durchdringen zu teuer wäre, als dass einzelne Regulationsbehörden das leisten wollten. Das deutsche DAX-Unternehmen Wirecard, das mit imaginärem Geld handelte und ein Maximum an Firmen gründete, um jeglicher Kontrolle zu entkommen, hat sich in dem Sinne nur an die Regeln gehalten, die der Markt vorgab.[30] Regulation bedeutet bei den Finanzregulationsbehörden die Stabilisierung eines korrupten Systems, da will niemand das Wohl der Gesellschaft durchsetzen.

Und dann gibt es noch die Branche, die das Geheimnis im Namen trägt. Die Branche, in denen Menschen arbeiten, die ihren eigenen Beziehungspartner_innen nicht erzählen dürfen, was sie tun, weil es das Wohl der nationalen Sicherheit gefährden könnte. Sie leben den James-Bond-Mythos und befreien Geiseln aus den Klauen des Islamischen Staats, sie schützen unsere Verfassung und warnen Alliierte vor geplanten Angriffen. Dabei bleiben sie unsichtbar, wechseln die Namen und inspirieren Held_innen-Romane. Zumindest in unserer Phantasie hat die Geheimdienstszene einen relativ guten Ruf, dafür dass sie regelmäßig das Völkerrecht bricht, die Massenüberwachung der eigenen Bevölkerung forciert und immer wieder lokale faschistische Netzwerke unterstützt. Ihre Kommunikationsstrategie: »We neither confirm nor deny«, »Wir können das weder bestätigen, noch können wir dem widersprechen.« Die Geheimdienstszene ist eine hochparanoide Welt, in der die Realität und die professionelle Lüge einen eng umschlungenen Tango tanzen. Aus irgendeinem Grund fanden wir es 2015 eine gute Idee, uns mit der gesamten internationalen Welt der Geheimdienste anzulegen.

Der Exit-Verein für Geheimdienste

Wie in jedem vernünftigen Geheimdienstfilm hatten wir uns auf einer Brücke verabredet. Der Hobrechtbrücke in Berlin, die Kreuzberg und Neukölln verbindet, zehn Minuten von unserem Büro entfernt. Er bediente das volle Geheimdienstklischee, trug eine Sonnenbrille, die Hände in seine beige, irgendwie teuer aussehende Jacke gesteckt, humpelte er leicht auf uns zu. Das erinnerte mich an Julian Assange, der sich, als er auf der Flucht war, ein Steinchen in den Schuh gepackt hatte, da man mit automatisierter Bewegungsanalyse Menschen an ihrem Gang erkennen kann. Humpelte er deswegen? Wir waren zu zweit gekommen, hatten auf die E-Mail reagiert, die wenige Minuten nach dem Launch unserer Geheimdienst-Aussteigerkampagne *Intelexit* an uns ging. Er sei Agent, sei in Kreuzberg am Görlitzer Park und wolle sich gerne mit uns treffen. So bald wie möglich.

Im ersten Augenblick dachte ich, das sei ein Plattenfirmenagent, für so unwahrscheinlich hielt ich die Möglichkeit, dass ein Geheimdienstagent sich so schnell auf unsere Aussteigerkampagne meldete. Dazu noch einer, der offenbar direkt neben unserem Büro steht, als hätte er nur auf uns gewartet. Ich war auch nicht paranoid genug, um zu denken, dass wir von Geheimdiensten für so voll genommen werden, dass sie jemanden schicken würden, um uns auszuchecken. Und bei aller Megalomanie hatte ich auch nicht ernsthaft erwogen, dass wir mit unserer Website, die Geheimdienstmitarbeiter_innen dazu aufruft auszusteigen, so schnell erste Aussteiger_innen erreichen würden. Da stand er nun aber, mit Sonnenbrille und Barbour-Wachsjacke, in meinem Kiez und fummelte sich eine selbstgedrehte Zigarette zusammen. Wir hatten einen Fake gebaut, der nach zwei Stunden zur Realität wurde – willkommen in der Welt der Geheimdienste.

Er wirkte zugleich vorsichtig und bestimmt. Sagte uns seinen Namen und dass der natürlich nicht echt sei. Logisch. Er habe von uns auf einem internen »Schwarzen Brett« seines Geheimdienstes gelesen, man solle uns nicht kontaktieren. Er sei selbst auf der Flucht, habe mit seiner gesamten Division gebrochen, hätte daher keinen Pass, keine Identität mehr. Er wisse selbst, dass wir als Aktionskunstkollektiv vermutlich keine echte Hilfe seien. Aber die Chance sei ja 50/50, das Risiko wolle er eingehen. Wir klärten ihn genau darüber auf, was wir leisten könnten und was nicht, hörten uns seine lange und verworrene Geschichte an, fragten, was er brauche.

Immer wieder deutete er an, dass er Daten habe, die er uns geben wolle. War das eine Falle? Wollte er herausfinden, wie wir vernetzt sind? Bis heute wissen wir nicht genau, wer er ist und was er wollte, wir haben nur Vermutungen. Wir sollten uns noch öfter treffen, in vollem Bewusstsein, dass wir voneinander nicht wissen, wer wir wirklich sind. Es war ein bisschen wie Kalter Krieg. Er wisse nicht, ob wir ein »Honeypot« seien, also eine Organisation, die selbst von Geheimdiensten hochgezogen wurde, um verräterische Aussteiger_innen zu finden. Ich besorgte ihm eine Anwältin, gab ihm Zugang zum deutschen Rechercheverbund und organisierte sogar einen Chirurgen an einem renommierten Krankenhaus, der bereit war, ihn kostenlos zu behandeln. Sein Humpeln war keine Assange-Steinchen-im-Schuh-Nummer, er hatte einen Leistenbruch in fortgeschrittenem Stadium. Wir wussten nicht, mit wem er alles zusammenarbeitete, ob er unsere Netzwerke ausleuchtete und einen Bericht über die Aktion schreiben musste, der in irgendeinem Aktenschrank mit der Plakette »Kunst, Quatsch & Humoristisches« landen würde.

Am Morgen war unser Video auf www.intelexit.org erschienen. Intel ist die Abkürzung für Intelligence, Geheimdienst, Exit steht für Exit. Eine tiefe Stimme mit US-amerikanischem Akzent spricht die Mitarbeiter_innen mit ernsthaftem Unterton an – natürlich auf Englisch: »Right now, thousands of people work in the shadows of the intelligence community.« – Tausende würden im Schatten der Geheimdienstgemeinschaft arbeiten. »Sie stellen keine Fragen«, übersetze ich mal weiter, »sie befolgen Befehle. Sie halten ihre Köpfe unten, machen ihre Arbeit. Aber was passiert, wenn man etwas sieht, das man nicht vergessen kann?« Bilder von Drohnenangriffen auf zivile Einrichtungen werden gezeigt, Zahlenfolgen am Bildschirm deuten Massenüberwachung an. »Wenn man merkt, dass das eigene System die Demokratie zersetzt. Jede Stunde, jeden Tag. Man fühlt sich ohnmächtig, überwältigt.« Snowden flimmert kurz auf dem Bildschirm auf. »Einige Leute haben bereits ihre Entscheidung getroffen zu gehen. Andere denken jeden Tag darüber nach.« Und schließlich nennt er unser Angebot: »Intelexit hilft Menschen, sich aus der Geheimdienstgemeinschaft zu befreien und ein neues Leben aufzubauen.« Wie in einer kleinen Werbedokumentation aus der Welt der Geheimdienste sprechen sich daraufhin abwechselnd Thomas Drake, der prominenteste NSA-Whistleblower vor Edward Snowden, die Wiener Psychologin Angelika Schneider, der ehemalige Stasimitarbeiter Walter Eichner und der weltberühmte Kryptologe Bruce Schneier für die Vorzüge von *Intelexit* aus. Allein: Walter Eichner und Angelika Schneider gibt es nicht, sie gehören zum Schauspielensemble in Dortmund. Ästhetisch war von Anfang an klar, dass Realität in der Geheimdienstwelt ein dehnbarer Begriff bleiben muss.

Es war auf dem alljährlichen Chaos Communication Congress, 2014, dem sogenannten 31C3, als die Sprecherin des Chaos Computer Clubs, Constanze Kurz, vor 3000 Leuten sinngemäß sagte, irgendwer müsste mal eine große Aktion machen, die die Geheimdienste angreift, für alles, was sie der Demokratie antun. Da saß der Trottel im Publikum und dachte: Da stimme ich zu, sie meint vermutlich mich! Ich begann also meine Recherchereise, zusammen mit meiner Kollegin Gloria. Sie arbeitete in einer Bude, die weltweit politischen Gruppen Verschlüsselung und sichere Kommunikation beibrachte. Mit ihr war ich schon als Google-Manager aufgetreten, jetzt suchten wir nach Wegen, die andere Seite des staatlich-industriellen Überwachungskomplexes aufzubohren.

Während der Umweltschutz etwa mit Greenpeace und Friends of the Earth weltweit vernetzt ist, haben sich für dieses globale Thema keine vergleichbaren Strukturen durchsetzen können. Doch Geheimdienste sind eine brennende Gefahr für unsere Demokratie. Weltweit ist ihre Struktur so angelegt, dass sie das Fundament unserer Gesellschaften angreifen. Wir brauchten also ein weltweites Netzwerk, das der globalen Vernetzung der Dienste eine zivilgesellschaftliche Kraft entgegensetzt, dachte ich. Für unsere Recherche war ich zu Privacy International nach London und mit meiner Kollegin Gloria nach New York geflogen, um Alliierte zu finden. Wir besuchten Hacker_innen in Hinterhofgaragen, trafen die Yes Men im *Hemispheric Institute* und gingen zur Softwareklitsche *Guardian Project*, die Apps entwickelt, die uns vor Massenüberwachung schützen sollen. Es gibt sie, die Alliierten, sie haben nur noch keinen Dachverband.

Als ich Edward Snowdens Anwalt Ben Wizner in einer der

bedeutendsten Bürgerrechtsorganisationen ACLU besuchte, in einem Wolkenkratzer mit Blick auf die Freiheitsstatue, schaute er von seinem Laptop auf: »Hey, Ed just wrote you a message. He has an idea what Peng could do to show what metadata actually means.« Die Idee war nicht sonderlich überzeugend, aber spätestens hier hatte ich das Gefühl, dass die Realität in einen Abenteuerfilm abdriftete. Nur dass ich kein James Bond, sondern ein größenwahnsinniges Berliner Trottelchen war, im Begriff, allen Geheimdiensten der Welt den Mittelfinger zu zeigen. War es wirklich notwendig, sich so zu exponieren?

Durch Massenüberwachung entsteht ein Klima der Angst, niemand fühlt sich mehr unbeobachtet. Wenn wir wissen, dass jedes Telefon abgehört wird, dass jede Laptopkamera eingeschaltet ist und Bewegungsprofile erstellt werden können, verhalten wir uns irgendwann alle grundsätzlich anders. Wir fühlen uns nie ganz allein, uns kommt die Intimität abhanden. Sozialpsychologisch ist das für eine Demokratie fatal, denn nur in Intimsphären können sich starke Persönlichkeiten entwickeln. Nur wenn man sich unbeobachtet ausprobieren, im Vertrauten Quatsch machen und über die Stränge schlagen kann, entwickeln wir auch widerständige Persönlichkeiten. Was ist das für eine Welt, in der Jugendliche ihre Zimmertür vor den Eltern verschließen – sich völlig zu Recht ihren eigenen Raum nehmen –, um dann mit drei Mikros und zwei Kameras auf Handy und Laptop per Direktleitung ihre Daten an 50 bis 200 Unternehmen weiterzugeben. Gesichtserkennung, emotionale Sprachanalyse, Interessenvorhersage. Die eigene Persönlichkeit wird tausendfach gespiegelt, zerlegt und auf weltweiten Servern durch Algorithmen wieder zusammengesetzt. Jede Stunde, jeden Tag. Die meisten hätten ja nichts zu verbergen. Als würde man auf Pressefreiheit verzichten wollen, weil man nichts zu sagen hat.

Nein, wir wollten was dagegen tun. Doch selbst nach den Veröffentlichungen von Edward Snowden, nach den Hunderten von Cryptopartys, auf denen wir alle lernten, wie weit die Überwachung schon fortgeschritten ist, schien die Smartphonisierung unaufhaltsam. Deutschland, dank seiner Stasierfahrung weltweit ein Vorreiter in Sachen Datenschutz, wurde stets von den Mitarbeiter_innen US-amerikanischer Techfirmen dafür belächelt, wie sehr es sich gegen die Eingriffe in die Privatsphäre wehrt. *Aff, the Germans.* Zumindest war das 2015 noch so, bevor ein rassistischer Präsident gewählt wurde, der auf Basis privater Datenprofile seinen Wahlkampf führte und maßgeschneiderte Werbevideos bei Facebook schaltete.

Das erste Problem, das uns entgegenschwappte, war die Angst und Resignation, die mit dem Thema verbunden ist. Geheimdienste sind kaum angreifbar, und jedes Mal, wenn ein Skandal öffentlich wird, bekommen sie in der nächsten Budgetrunde mehr Geld. Das Buch von Glenn Greenwald über die Snowden-Leaks liest sich wie eine gerissene Schallplatte, die alle paar Seiten nur leicht den Ort und den Umfang variiert, welche Bürgerrechte verletzt und welche E-Mail-Provider mitgeschnitten werden.[31] Und selbst nach diesen Veröffentlichungen gab es keine grundlegende Reform, nur immer weiter so. Wenn man sich bewusst wird, wie fatal die Situation für unsere Demokratie ist, wie auch Anwält_innen und Journalist_innen schon längst massenhaft abgehört werden, wie jedes Jahr aufs Neue Zivilist_innen von Drohnen aus der Wüste in Nevada abgeschossen werden, als spielten die Soldat_innen ein Computerspiel[32], wenn man die Verflechtungen zwischen Verfassungsschutz und dem Nationalsozialistischen Untergrund nachzeichnet, dann will man am liebsten schnell TikTok einschalten und ein lustiges Pinguin-Video anschauen. Die Realität ist zu hart für diese Wirklichkeit.

Bei einem Angriff auf den staatlich-industriellen Geheimdienstkomplex kopierten wir also einfach zwei ihrer eigenen Formen: die menschelnde, immer positive Form, die in einer damals facebookisierten, heute instagrammisierten Welt zur Pflicht geworden ist. Positive und personifizierte Nachrichten, egal wie schlimm der Kontext ist. Es geht immer um Likes. Diese Erzähltechnik, diesen Positivitätszwang vermischen wir dann mit der Methode der Aussteigerprogramme, die der Verfassungsschutz anbietet. Dort gibt es Ausstiegshilfen für Linksextremist_innen [sic!], für Rechtsextremist_innen und früher auch mal für Islamist_innen.

Was wir hinzufügten: einen Aussteigerverein für alle, die beim Geheimdienst mitarbeiten. Einen Verein, der nicht rechtlich gegen sie vorgeht, sondern die menschliche Seite erzählt. Der ihre Ängste, ihre Sorgen anspricht und sagt: Wir helfen euch da raus. So, wie ihr technische Hintertüren in unsere Computer und Smartphones baut, sind wir eure soziale Hintertür, durch die ihr zurück in die Demokratie kommen könnt.

Und ich meine das ernst! Wenn eine progressive Organisation Geheimdienstmitarbeiter_innen auffangen würde, wäre das auch ein Grund mehr, Geheimnisträger_innen nicht zu viele illegale Aufgaben während ihrer Arbeitszeit zu geben. Die Zahl an Whistleblower_innen würde vermutlich steigen – ganz nebenbei. Ich glaube wirklich, dass insbesondere US-amerikanische Geheimdienstmitarbeiter_innen, die oft in ganzen Stadtteilen rund um die NSA- oder CIA-Gebäude leben, an Wochenenden ihre Barbecue-Grills miteinander anschmeißen und wenig Kontakte zur zivilen Außenwelt haben, dringend eine Anlaufstelle brauchen. Eine Organisation, die ihnen hilft, neue, gemeinwohlorientierte Berufe zu finden. Momentan gibt es vor allem personellen Austausch mit den Techgiganten Google, Apple oder Facebook oder hin zu Sicherheits- und Söldnerfirmen wie Blackwater. Da fällt es mir einfach schwer zu glauben, dass sie dort zum Wohle der Gesellschaft beitragen. Was tut man als Spion_in, wenn man dort rauswill?

Also: *Intelexit*. Wir organisierten einen 300 Kilo schweren Panzerschrank, beschafften uns zwei Laptops, die nicht mit dem Internet verbunden und voll verschlüsselt wurden, und steckten sie da rein. Mit zwei USB-Sticks, die wir ständig um den Hals trugen, waren wir die perfekten Security-Freaks, denn nur so konnten wir sicherstellen, dass die E-Mails, die uns über einen – Vorsicht jetzt wird's nerdig – Torknoten geschickt wurden, nicht von etwaigen Geheimdiensten abgefangen und gelesen werden konnten. Torknoten sind Server, die im sogenannten Darknet erreichbar sind und ihren Ursprungsort dadurch verschleiern, dass sie nie direkt, sondern immer über viele Ecken, also andere Server, angesteuert werden. Die Datei ist also verschlüsselt, und man kann den Ursprungsort nicht finden. Aber was, wenn man auf unsere Rechner einen Trojaner packt? Dazu laden wir die Mail auf dem einen Laptop runter, kopieren ihn mittels des einen USB-Sticks auf den anderen, der niemals mit dem Internet verbunden wird, und entschlüsseln die Nachricht mit dem zweiten USB-Stick. Ein täglicher Aufwand, den uns eine Supernerd-Kollegin beibrachte und der sicherstellen sollte, dass wir nicht unnötig tatsächliche Aussteiger_innen gefährden würden, die uns für voll nehmen. Auf den Panzerschrank wiederum richteten wir eine Überwachungskamera, die auch nicht mit dem Netz verbunden war und per Bewegungsmelder alles aufzeichnete, was passierte. Wenn dort Bilder fehlen würden, wussten wir, dass jemand versucht haben muss, den Schrank zu öffnen. Sosehr unser Aussteigerverein ein Witz war, so sehr mussten wir uns für den Ernstfall vorbereiten.

Zugleich muss die andere Seite auch wissen, was sie tut: Ein Spion, der beim BND in der Poststelle arbeitete, hatte wohl mal über eine einfache Gmail-Adresse den Russen Informationen angeboten – was dann der Verfassungsschutz abfing.[33]

Nun gut, und doch wird immer und überall nur mit Wasser gekocht. Wir beobachteten im alten Fabrikgebäude – weil die Heizung ausgefallen war, in Decken eingewickelt – unsere Laptops und wunderten uns, wer wieder mal unser Twitter-Passwort verschlampt haben könnte. Und gleichzeitig legten wir uns mit den Geheimdiensten der ganzen Welt an.

Die Ausstiegskampagne hatte eine durchgetaktete Chronologie: Am ersten Tag sollten die Werbeplakate weltweit veröffentlicht werden. Vor dem BND und der amerikanischen Botschaft fuhren Freunde in Berlin mit einem Werbeanhänger vor, am britischen Geheimdienst GCHQ stand ein gemieteter Werbeträger, und eine Aktivist_innengruppe, die ich noch aus dem Studium in London kannte, händigte Flyer aus, die Hilfe versprachen. Vor zwei US-amerikanischen Kasernen, in denen bekannt geworden war, dass sie die Daten europäischer Kommunikation abfangen mussten – vorm Dagger Complex in Darmstadt und der Clay Kaserne in Wiesbaden[34] –, stellten wir große mobile Werbeflächen auf: »Listen to your Heart – and not our private Phonecalls«, sie sollten auf ihr Herz hören, statt unsere Telefonate abzuhören. Und in den USA tourte ein gigantischer Lkw mit einer Werbefläche um das NSA-Hauptquartier in Maryland und parkte auf dem Parkplatz des Lieblingsrestaurants der Angestellten. Thomas Drake, der ja selbst lange dort gearbeitet hatte, verriet uns, welches das war. Es heißt Café Joes, und auf der Plane unseres Lkw war ein zielgruppenorientiert-patriotischer Spruch auf eine Amerikaflagge gedruckt: »Hoped to serve our people? Ended up spying on them? Exit Intelligence.« Meine Kollegin hatte wochenlang amerikanische Werbeträger durchtelefoniert, bis wir endlich den Service gefunden hatten, den wir wollten: ein Bild per E-Mail versenden, das Geld mit der Kreditkarte zahlen und hopps, einen Lkw mit Werbung zur Unterwanderung um einen der abhörwütigsten Geheimdienste der westlichen Welt fahren lassen. Ein Werbeplakat, das die Angestellten in bester pathetischer Manier an ihre eigene Verfassung erinnert. Wenn es einen Überwachungskapitalismus gibt, muss es auch einen Anti-Überwachungskapitalismus geben, da lobe ich mir den freien Markt.

Am dritten Tag unserer Kampagnenwoche hielten wir eine Pressekonferenz im 17. Stock des Hotels Park Inn am Alexanderplatz ab. Die große Fensterfront schenkte uns den Blick über Berlin und insbesondere auf den BND. Trotzdem: Park Inn. Also auch Gummibärchen auf den Plätzen, suppiger Kaffee und dieser fusselige Konferenzraumteppich. Hier sollte es inhaltlich ans Eingemachte gehen. Geladen waren Zeitzeug_innen, die zu Drohnenkriegen, zum NSU-Komplex und zu Massenüberwachung sprachen. Die Konferenz war ursprünglich mal minutiös durchgeplant, wie alles an dieser Kampagne in einer Mischung aus realen und fiktiven Personen, also auch mit einer fiktiven Anwältin eines fiktiven Aussteigers – nur hatte uns die Realität ja schon eingeholt!

Doch eins nach dem anderen.

Geladen war zunächst Nighat Dad, eine pakistanische Menschenrechtsanwältin und Bürgerrechtsaktivistin, die von den Effekten der Drohnenkriege in ihrem Land erzählte. Die ist echt. Sie erzählte, wie US-Drohnen im Nahen Osten über die Militärbasis Ramstein in Rheinland-Pfalz gesteuert würden. Wie durch sie der Himmel in Pakistan kein Symbol der Freiheit sei, sondern der Ort wurde, von dem zu jeder Zeit eine Rakete auf sie fliegen könne. »Die Menschen leben in ständiger Angst«, sagte sie auf dem Podium. »Die Existenz von Drohnen zu ignorieren, mag für Deutschland und die USA möglich sein, aber für viele Pakistani sind sie ein ständiges Summen in der Luft. Wie tödliche Moskitos in einer Art

Horrorgeschichte ... ›Bugsplat‹ [also zerquetscher Käfer] ist das, was die Drohnenpiloten angeblich sagen, nachdem sie ihr Ziel getötet haben.« Wenige Tage zuvor war der amerikanische Drohnenpilot Brandon Bryant als Whistleblower ausgestiegen, wodurch operative Details bekannt wurden. »Militärische Ziele sind in Wirklichkeit ›nur Kollateralschäden‹«, sagte Dad weiter. »Zivilist_innen sind diejenigen, die in den meisten Fällen durch diese Angriffe getroffen werden.« Die deutsche Beteiligung, etwa durch Weitergabe von Handynummern durch den BND an amerikanische Geheimdienste, zeichnet ein Bild des gemeinsamen Verstoßes gegen das UN-Völkerrecht.[35]

Echt ist auch Mitat Özdemir, Sprecher der Initiative »Keupstraße ist überall« in Köln. Der Straße, in der die Neonazi-Terrorgruppe NSU einen Nagelbombenanschlag verübt hatte. Der Straße, in der die Ermittler_innen daraufhin jahrelang gegen die Bewohner_innen ermittelten und sie beschimpften, als diese rechtsradikale Motive vermuteten.[36] Als die zweite Bombe nach dem Anschlag beschreibt Özdemir das. »Die zweite Bombe war so, dass die Polizei und Geheimdienste ständig auf uns losgegangen sind. [...] Wir waren alle Kriminelle. So ist man mit uns umgegangen.« Als dann auch noch bekannt wurde, wie der Verfassungsschutz Akten zum NSU vernichten ließ – kurz nachdem herauskam, dass das Trio den Anschlag verübt hatte –, da war auch in der breiten Bevölkerung nicht mehr klar, auf welcher Seite der Verfassungsschutz steht.[37] »Wen schützen die?«, fragte Özdemir auf unserer Pressekonferenz, »schützen sie einfache Menschen, oder schützen sie irgendwelche Organisationen?«

Die Geheimdienste des Inneren ziehen aber nicht nur in Deutschland Menschen an, die eine besondere ideologische Verbindung zur faschistischen Vergangenheit ihres Landes pflegen. In Argentinien gab es zum Beispiel die Geheimdiensteinheit Batallón de Inteligencia 601, die 1970 während der

Militärjunta entstanden war und erst im Jahr 2000 aufgelöst wurde.³⁸ In der Türkei geht der Geheimdienst Millî İstihbarat Teşkilâtı bis heute gegen Alevit_innen und Kurd_innen vor, bis hin zu Entführungen aus Deutschland in türkische Foltergefängnisse.³⁹ In den USA geht das FBI etwa mit seinem Programm »Iron Fist« gezielt gegen Schwarze Aktivist_innen vor, die Drogen-Strafverfolgungsbehörde DEA ist dafür bekannt, bevorzugt Schwarze und Latinos zu verfolgen.⁴⁰ Wer Bürgerrechte und Demokratie im eigenen Land unterwandern will, sucht sich offenbar gern einen Job beim Geheimdienst.

Als Dritten im Bunde hatten wir Jérémie Zimmermann eingeladen, den berüchtigten Datenaktivisten und Cypherpunk aus Frankreich, den ich nicht zuletzt für seine ausschweifenden Whisky-Verkostungen und spontanen Nasenpfeifengesänge schätze. Jérémie hat schauspielerisches Talent, doch hier war er in seiner Funktion als Zeuge einer massiven Überwachung durch Geheimdienste. Seit Jahren kämpft er unerbittlich für freie Software mit offenem Code und konsequente Verschlüsselung. In seiner engagiert-quirligen Art erklärte er, wie die »Dunkelheit«, das Nicht-Sagen der Geheimdienste auf unsere Kultur übertragen wird, wenn ein allgemeines Bewusstsein entsteht, unter Massenüberwachung zu leben. »Der schlimmste Effekt der Überwachung ist das, was wir nicht sehen. Es sind die Verhaltensweisen, die wir uns nicht erlauben. Es sind die Worte, die wir nicht aussprechen.«⁴¹

Drei Punkte betont Zimmermann als besonders bedrohlich: prädiktive Algorithmen, Selbstzensur und das enorme Ungleichgewicht zwischen denjenigen, die die Daten besitzen, und denjenigen, die die Daten liefern. Ein prädiktiver Algorithmus ist keine Zukunftswundermaschine, aber immerhin kann man ja abschätzen, dass Personen, die besonders gerne feiern, also vermutlich trinken und wenig Schlaf bekommen, eher krank werden können. Will man die in eine Krankenversicherung aufnehmen? Will man ihnen einen Job mit Verantwortung geben? »Solche Entscheidungen, die durch proprietäre Black-Box-Algorithmen getroffen werden, die als ›Geschäftsgeheimnisse‹ vor der öffentlichen Kontrolle geschützt sind, werden nicht öffentlich sein und können nicht in Frage gestellt oder angefochten werden«, schreibt mir Zimmermann später. »Jede Studie zu dem Thema zeigt, dass überwachte Personen das, was sie davon wahrnehmen, verinnerlichen und ihr Verhalten entsprechend ›korrigieren‹. Man will ständig seinen ›Score‹ senken. Der Verlust für die Gesellschaft durch diese Selbstzensur ist dabei unmöglich zu quantifizieren.« Drittens seien da die enormen Machtunterschiede zwischen Datenbesitzer_innen und Datenlieferant_innen. Mit Blick auf Unternehmen wie Amazon und Google spricht Zimmermann von einer wirtschaftlichen Intelligenz, mit der sie jede Konkurrenz ausschalten können. Mit Blick auf die Interventionen in die US-amerikanischen Wahlen durch die Firma Cambridge Analytica oder sogenannte »PsyOps«, also gezielte militärisch geplante Beeinflussung der öffentlichen Meinung, warnt er vor indirekten Wahlmanipulationen. Was Zimmermann sagt, klingt alles schon recht spooky, muss ich sagen, aber wenn ich darüber nachdenke, wie gerne ich immer noch ab und zu bei McDonald's essen gehe, obwohl mir danach immer ein bisschen schlecht ist, kann ich nicht verneinen, dass wir vermutlich alle hier und da manipulierbar sind.

Schließlich hatten wir noch eine Schauspielerin dabei. Sie hatte ihren Text auswendig gelernt, sie sollte eine Anwältin spielen, die angeblich einen Aussteiger betreut und ihn hier vertritt. Über die Situation ihres Mandanten sollte sie sprechen, über die Schwierigkeiten auszusteigen und darüber, dass es jetzt darum gehe, auch gesetzliche Rahmenbedingungen zu schaffen, damit Aussteiger_innen nicht untertauchen müssten, wenn sie Whilstleblowing betreiben wollten. Whistleblowing betreiben, was für ein schrecklich sperriger Ausdruck, es gibt nicht mal ein deutsches Wort dafür. Schlimmer noch, es gab bis 2019 nicht mal ein Gesetz, das Menschen schützen würde, wenn sie Gesetzesbrüche ihrer Kolleg_innen melden. 1950/51 gelang es dem SPD-Juristen Adolf Arndt, die Veröffentlichung von Staatsgeheimnissen zumindest durch Bundestagsabgeordnete im § 100 Absatz 3 des Strafgesetzbuches zu legalisieren, wenn es sich um Rechtsbrüche handelte. Diese Regelung wurde aber bald wieder kassiert.[42] Das »Gesetz zum Schutz von Geschäftsgeheimnissen (GeschGehG)«, das 2019 auf Druck der EU-Richtlinie entstanden ist, erwähnt Whistleblower_innen, von einem wirkungsvollen Whistleblowergesetz ist es aber noch weit entfernt.[43]

Da waren wir also wieder, mit einer uralten Forderung. Und wir taten so, als hätte es schon einen Aussteiger gegeben. Unser Problem war nur: Es gab ja tatsächlich einen! Zumindest schien er echt – so genau wussten wir am Ende ja nicht, wer er war. Aber Journalist_innen vom *Rechercheverbund von NDR, WDR und Süddeutscher Zeitung* hatten sich auf seinen Wunsch auch mit ihm getroffen und waren überzeugt, dass er zumindest safe Geheimdienstmitarbeiter sei. Kein deutscher Geheimdienst, aber ein Geheimdienst. Er sprach mehrere Sprachen fließend, es gab Fotos von ihm in Kriegsmontur. Der unwahrscheinliche Fall war offenbar eingetreten: Ein Aussteiger hatte sich bei unserem Aussteigerverein gemeldet, gleich am ersten Tag. Da konnten wir unseren Plan doch nicht durchziehen und eine Show abziehen, die in alter PsyOp-Propaganda-Manier eine Realität zu erschaffen versucht, die schon längst Wirklichkeit geworden war.

Vor uns saßen Reporter_innen von *n-tv*, von der *Zeit* und der *Tagesschau*. Ein *Heise*-Mitarbeiter, eine Journalistin vom *Vice*-Magazin. Auch der *Spiegel* war gekommen. Wir sagten, was ist: Dort sitzt unsere Schauspielerin, die sollte eigentlich eine Anwältin darstellen. Doch der Aussteiger, der war schneller. Mehr können wir momentan nicht sagen, wir sind selber verblüfft.

Und es war nicht mal der einzige, der sich im Laufe der kommenden Wochen melden sollte. Es waren Dutzende, die uns schrieben. Dutzende, deren Identität ich schützen muss.

Ich kann sie aber grob in Kategorien einteilen: Es gab diejenigen, die tatsächlich in einer beschissenen Situation waren. Vorsichtig anfragten, was wir für sie leisten könnten. Sie blieben in vielen Fällen bis zuletzt anonym. Manche hatten erkannt, dass wir eher ein Aktionskunstprojekt als eine echte Aussteiger_innenorganisation waren und schrieben nur einen flotten Dank für die Aktion. Andere waren bereits ausgestiegen und beschrieben, wie dringend sie eine solche Organisation gebraucht hätten. Oder ein Mitarbeiter der DEA, der schrieb, dass er zwar noch nicht aussteigen wolle, aber ein starkes Mitteilungsbedürfnis über den Rassismus seiner Behörde habe. Das waren die echten.

Dann gab es ungefähr zehnmal so viele, die völlig verrückt waren. Es liegt mir fern, über E-Mails Diagnosen zu erstellen, aber das Ausmaß an Verfolgungswahn, man habe unser Auto vor dem Haus schon entdeckt, das seit der letzten E-Mail dort parke, oder die Beschreibungen von krebserzeugenden Laserkanonen, von denen einige getroffen worden zu sein behaupteten, sprachen eine eigene Sprache. Das war alles erfunden. Irrwitziges Geschwurbel kam wirklich sehr viel rein.

Und dann gab es eine dritte Kategorie: die Verrückten, die aber auch *echt* beim Geheimdienst gearbeitet *hatten*. Und bitte nicht falsch verstehen: Ich möchte mich in keinster Weise über psychisches Leiden lustig machen. In einer kapitalistischen und hypersingularisierten Desinformationsgesellschaft liegt es nah zu leiden, die innere Orientierung zu verlieren. Es gab einfach auffällig viele in der Geheimdienstwelt. Wir konnten in mindestens zehn Fällen durch Kündigungsschreiben und Lohnzettel, einmal sogar durch Zeitungsartikel zum jeweiligen Fall nachvollziehen, dass diese Leute wirklich mal bei Geheimdiensten angestellt gewesen waren. Doch irgendwann drehten die Korrespondenzen ab. Einer schickte uns aus dem Nichts eine Power-Point-Präsentation, die belegen sollte, dass sein Großvater einen Hühnerstall aus Gouda habe, in dem er Delfine züchtete. Gut, das war der extremste Fall. Die halb echt, halb verwirrten waren auch die Hartnäckigsten, schrieben uns monatelang E-Mails, wollten nach den ersten Treffen immer mehr und mehr davon. Ich weiß nicht, ob es einfach menschlich ist, in dieser Welt verrückt zu werden und ob das in allen Berufssparten so ist. Ich kann nur sagen: Die Menschen mit besonders phantasievollen Weltbildern, die ich persönlich kennenlernen durfte, hatten eine Geheimdienstvergangenheit.

Das Ausmaß an Paranoia innerhalb von Geheimdiensten führte vermutlich auch dazu, dass wir bei den Diensten selbst bleibenden Eindruck hinterlassen hatten. Wir erfuhren von einem Mitarbeiter des GCHQ, dass der gesamte britische Apparat Workshops organisiert hatte, wie man sich vor uns schützen könne. Vor uns, einem kleinen Kollektiv aus Berlin. Und nachdem wir selbst eine Drohne gebaut hatten, die amerikanische Propagandaflieger imitierte und Aussteigerhilfeflugblätter über einer NSA-Basis in Darmstadt abwarf, berichtete der *Spiegel*, dass die *Intelexit*-Website vom Gelände aus nicht mehr erreichbar gewesen sei. Hatte wirklich das amerikanische Militär so reagiert, hatte es ihren Mitarbeiter_innen den freien Internetzugang eingeschränkt?

Ich muss auch sagen, dass ich selbst in der Zeit dieser Kampagne immer wieder an meinen eigenen Wahrnehmungsfähigkeiten zweifelte. Oder andersherum, ich zweifelte zu wenig daran. Nachdem ich monatelang obsessiv dazu geforscht hatte, war ich von der Idee von *Intelexit* so dermaßen überzeugt, dass ich meine Interviews mit visionärem Blick und leidenschaftlicher Sicherheit vortrug. »Ist das alles ein Scherz? Jein.«, schrieb die *Zeit*, »Intelexit ist ein großes, keineswegs auf Deutschland beschränktes Projekt mit ernstem Hintergrund.«[44] Aus dem Fake war schon längst mehr als ein Verwirrspiel für die anderen geworden. Ich wurde selber zum Teil dieser unwirklichen Realität, der auch mehrere Aussteiger gefolgt waren. Ich betreute sie monatelang, organisierte unbezahlte Arztbesuche für untergetauchte Personen, sogar einen chirurgischen Eingriff im Krankenhaus für einen, der gerade aus einem Kriegsgebiet zurückgekommen war. Immer, wenn es um Daten ging, leitete ich sie weiter an die Presse, erklärte die unterschiedlichen ethischen Standards zwischen *Spiegel*, Rechercheverbund oder *Correctiv*.

Es gab tragische Momente, es gab lustige. Aber selbst wenn ich fest davon ausgehe, dass ich wohl selten mehr Chancen hatte, selber überwacht worden zu sein, hatte ich nie wirklich Angst, dass ich mich in Gefahr manövrieren würde. Denn du musst wissen, Sancho, nur die Dummen und Naiven erleben Abenteuer.

Das Callcenter zur Unterwanderung der NSA

Als ich auf einer Konferenz für investigativen Journalismus in Berlin das Projekt vorstellen sollte, brachten wir gleich eine ganze Kunstinstallation mit. Mit etwas Glück hatten wir rund 20 000 Telefonnummern amerikanischer, deutscher und kanadischer Geheimdienste gefunden. Na ja, gefunden ist etwas vage ausgedrückt, Hacker hatten sie veröffentlicht, und bevor die Hacker im Gefängnis gelandet und die Listen aus dem Internet verschwunden waren, hatten wir sie runtergeladen. Aber Telefonnummern finden sich auch oft in Konferenz-PDFs und Power-Point-Dateien, die Mitarbeiter_innen veröffentlicht haben. Auch bei Wikileaks wurden Dokumente veröffentlicht, in denen vieles geschwärzt ist, aber die Telefonnummern – warum sollten sie sensible Informationen sein? Die Wahrscheinlichkeit ist ziemlich gering, dass ein investigatives Aktionskunstkollektiv aus Berlin eine Telefonkabine baut, in der man wahlweise die Mitarbeiter_innen privater Überwachungsfirmen oder internationaler Geheimdienste anrufen kann. Tja, so schön kann Wahrscheinlichkeitsrechnung sein. Wir bauten Kabinen, in denen wir Anleitungen an die Wand hängten, wie man das Gespräch beginnen solle, wie man es zu ethischen Grundsatzdiskussionen führen und wie man die Spione an der anderen Seite der Leitung zum Ausstieg bewegen könne. Es war sehr amüsant zu beobachten, wie die Journalist_innen zaghaft, fast ängstlich die Telefonzellen betraten, um dann irgendwann stundenlang immer wieder neue Spione anzurufen.

Nach etwa 500 Stunden geführter Telefonate kontaktierte mich der ehemalige NSA-Mitarbeiter, den ich zum Anfang dieses Buches schon erwähnte, weil er gerade in Berlin war. Er hatte aus der Presse von uns erfahren und meinen Kontakt über eine Kollegin bekommen. Doch er wollte nicht aussteigen. Er war schon länger in Rente und hatte mir etwas mitgebracht. Das war der Moment, in dem mir der Zettel rübergeschoben wurde, xxxx am Ende, vorne der Anfang aller NSA-Telefonnummern. Hier waren sie, die Mitarbeiter_innen, die geheimen. Die uns abhören lassen, die mathematisch berechnen, wie man Persönlichkeitsprofile aus Metadaten erstellt, und die Software bauen, um unsere Webcams fernzusteuern. Meine Stimme bebte vor Aufregung, ich versuchte weiter, ein bisschen beim Smalltalk zu bleiben, aber bei allem Geplapper betrieben wir vor allem nonverbale Kommunikation miteinander. Durch seine warmen Augen, seine gefleckten Hände auf einen Stock gestützt, schmunzelte er mir seine Glückwünsche zu. Es war eine Mischung aus erledigter Berichterstattung und der Übergabe der Seepferdchenurkunde.

Sobald es nicht mehr unhöflich war, rannte ich mit der Nummer zu unserem Programmierer, damit er sie einpflegte. Aber nicht alle der potenziellen 10 000 Telefonnummern, die er mir mit diesem Zettel anvertraute, würden funktionieren, das war ja auch klar. Mein Kollege baute also einen Bot, der jede Telefonnummer einzeln anrief und den schrubbelnden Sound eines versehentlichen Taschenanrufs imitierte. Wenn nun ein_e Mitarbeiter_in ans Telefon ging, würde nach ca. fünf bis 20 Sekunden wieder aufgelegt werden. Alles, was länger oder kürzer war, war kein menschliches Verhalten. Wenn die NSA Algorithmen auf uns loslässt, lassen wir eben auch welche auf sie los.

Und obendrein versuchten wir mit *Call a Spy*, die erste richtige Marketingaktion zu machen: Wir verkauften es als Installation an mehrere Biennalen und Galerien und entwickelten Shows und Performances für Theater. Wir ließen das Publikum von Marketingtelefonist_innen trainieren und auf der Bühne gegeneinander antreten. Wir wollten einfach hundertprozentig sichergehen, dass alle Geheimdienstmitarbeiter_innen gezwungen würden, über die ethische Dimension ihrer Arbeit nachzudenken. Die Telefoninstallation mit mittlerweile knapp 30 000 Telefonnummern von Geheimdienstmitarbeiter_innen tourte durch die Kunstausstellungen Europas, landete in Staatsmuseen und verwandelte die Spione unfreiwillig zu Opfern des Entertainments. Jetzt schauen nicht sie uns, sondern wir ihnen zu.

Das Ziel war bis zuletzt, ihre Gespräche im dritten Stock der grauen Bürogebäude an der Kaffeemaschine auf *Intelexit* zu lenken, auf die Hintertür zur Demokratie. Und gemessen an dem Rücklauf, den wir bekommen haben, haben wir das auch geschafft. Die Geheimdienste existieren zwar immer noch. In Deutschland gibt es auch noch immer keinen ordentlichen Schutz für Whistleblower_innen. Doch vielleicht liest jemand diese Zeilen und baut die nächste Organisation nach *Intelexit* auf, die gut finanziert, den vielen Spionen hilft, aus der Dunkelheit herauszutreten und ein neues Leben anzufangen.

Journalismus, Kunst & Aktivismus

Eitel ist derjenige, der die Kunstfertigkeiten der Novität, der Sorge um das Glück der Bürger und der Kunst umfassender Schönheit zertrümmern will, um nur eines der drei Scherbenstücke sein Eigen zu nennen, schrieb Théophraste Renaudot, Erfinder des modernen Journalismus und Herausgeber der ersten massenhaft gedruckten Zeitung, *La Gazette*. In die heutige Sprache übersetzt sagte er, Journalismus, Aktivismus und Kunst zu trennen, beruhe auf Eitelkeit.

Es war das Jahr 1631, er saß in der Maison du Grand Coq auf der Pariser Île de la Cité, draußen regnete es, und sein Ofen bollerte, als seine Schreibfeder im Kerzenlicht diese Zeilen auf Papier kratzte. Er kam gerade von seinen wöchentlichen Diskursreihen, in denen die neuesten Informationen mit allen geteilt wurden, die Interesse daran fanden – auch die Armen, auch die Kranken! Und da wollte ein Gelehrter ihm die Form madigmachen, die er in seinem Blatt eingeführt hatte, die Trennung von Bericht und Kommentar, pah. Es gebe nur neutrale Avisen – so nannte man damals Journalist_innen – alle anderen seien nur Diener der Armen, verblendet und verweichlicht. Nein, dachte sich Théophraste, das kann man nicht trennen. Er haute auf den Tisch, dass sein Tintenfass kurz auftanzte. Jede Information ist gefüllt mit Vorwissen, von der eigenen Herkunft geprägt. Jede Form, sei sie schön oder hässlich, sei sie verwirrend oder bestätigend, ist Teil der Information. Und jeder Mensch setzt sich für etwas ein, willentlich oder nicht. Es ist nur Eitelkeit, die die Trennung von Aktivismus, Journalismus und Kunst behauptet. Es ist die Angst, sich die eigene Ambivalenz einzugestehen, wenn man andere als Ideolog_innen beschimpft.

Théophraste gab es wirklich, doch diesen Satz habe ich ihm in den Mund gelegt. Ich weiß auch nichts von einem Bollerofen oder einem Gelehrtenstreit. Doch es hätte von ihm stammen können, denn er setzte sich tatsächlich für die kostenlose Behandlung der Armen ein und gründete die *Gazette*, die als erste Zeitung der Welt bekannt wurde.[1] Dabei war auch Théophraste ein Verfechter der Idee, man müsse sich als Journalist_in zurückhalten, der »Stift sei nur Aufzeichner« einer Idee, die er selbst mit subjektiver Leidenschaft diskutierte.[2] Spätestens seit 1835 der *New York Herald* gegründet wurde, der sich bemühte, möglichst neutral zu berichten, streiten sich die Geister, ob es objektiven Journalismus gibt.

Zu Recht, mag man meinen, denn wer einen Bericht über die korrupten Geschäfte von BMW schreibt und selbst bei Daimler-Benz arbeitet, steht im Verdacht, ein paar Fakten über die Korruption im eigenen Unternehmen auszulassen. Zugleich ist allgemein bekannt, dass die verschiedenen Medienhäuser in Deutschland unterschiedlich gefärbt sind – *Springer* ist politisch weit konservativer als die mal liberale, mal rechtskonservative *Zeit*. Die *Süddeutsche Zeitung* mag SPD-nah sein, die *taz* häufig bewegungsnah – selbst wenn man auch dort immer wieder tief bürgerliche Positionen finden kann und sie dann fast wirkt wie das olivgrüne Parteiblatt. Doch der Personalwechsel einer_eines Mitarbeiter_in aus dem Aktivismus in den Journalismus – sei es aus der Welt der Werbung und PR oder der zivilgesellschaftlichen Umwelt- und Menschenrechtsorganisationen – ist in den meisten Fällen ein Tabu für die Reputation der großen Häuser. Eine offengelegte Mitgliedschaft in einer Partei, die enge Freundschaft mit einem ehemaligen Kanzler wie bei *Bilds* Kai Diekmann mit Helmut Kohl oder gar das Herausgeben einer Zeitung als ehemaliger Kanzler wie bei Helmut Schmidt und der *Zeit* sind wiederum bürgerlich akzeptiert. Gute Kontakte und Statusspiele sind auch im Jounalismus viel wert. Ich würde gerne sagen, dass die großen Journalismuspreise dafür an diejenigen gehen, die Risiken eingehen, die den Versuchungen widerstehen, einem redaktionellen Konsens blind zu folgen, wie etwa bei Juan Moreno, der die Phantasiegeschichten seines Kollegen aufdeckte und damit das ganze System des effizienzorientierten Faszinationsjournalismus in Frage stellte. Doch der Applaus auf der Preisverleihung für die Leistung Morenos hatte auch eine zweite Funktion. Es war eine Selbstvergewisserung, ein Aufatmen nach dem Schock, nachdem jahrelang eben der Kollege von Moreno selbst mit Preisen überhäuft wurde, weil er die Geschichten erfand, die die Redaktion so gerne lesen wollte.

Die Grenzen müssen immer wieder neu verhandelt werden. Unabhängigkeit – das wird auch in den amerikanischen Diskursen rund um Black Lives Matter deutlich – gibt es nicht. Die soziale Prägung, der Blick auf die Welt, je nachdem, ob man in einem akademischen Haushalt aufgewachsen ist, egal welches Geschlecht man hat, ob man als Weiße_r, als Schwarze_r oder als Person of Color aufgewachsen ist, in Deutschland, den USA oder Somalia. Die transparente Kennzeichnung der Autor_innen ist wichtig, die Biographie und die Ideale, die sie mitbringen. Theoretisch, wenn auch nicht üblich, ebenso der Kontext, in dem publiziert wird. Aber wer macht das schon? »Dieser Text ist in der zweiten Hälfte des Spätkapitalismus entstanden, einem journalistischen Umfeld, das vom Werbemarkt in hohem Maße abhängig ist und ein Artikel eigentlich kaum noch gelesen wird, wenn es nicht mindestens zur Hälfte um die Gefühle der_des Autor_in geht.« Ich bin sehr ambivalent gegenüber dem, was ich gerne »Selfie-Journalismus« nenne und sich durch YouTube-Kanäle und Reportagentexte aller Zeitungen zieht. Es ist eine Entwicklung, an die wir uns vermutlich gewöhnen müssen.

Individualisierung klickt besser, man kann sich besser identifizieren, und wir wurden die letzten 40 Jahre darauf trainiert, im Ich-ich-ich-Modus zu denken. Nicht nur beim Fischer Verlag wird heute jedes zweite Sachbuch wie vom Selfiestick geschrieben.

Brauchen wir also wieder mehr vom abstrakt-abgekühlten Ton der *Tagesschau*? »Die Proteste im Zentrum Istanbuls trafen heute wieder auf die Streitkräfte der Polizei, es kam vermehrt zu Ausschreitungen.« Puh. Oder gibt es einem doch mehr Kontext, wenn ein_e Journalist_in im Gonzo-Style eintaucht, sich eventuell gar mit den Protesten gemeinmacht – solange ein Team und die Leserschaft die Möglichkeit haben, Fakten zu überprüfen und zu ergänzen, wenn zu wenig Kontext da ist? »Ich komme gerade aus einem der Protestzentren, wo etwa 50 verletzte Gezipark-Bewohner_innen verarztet werden. Es werden Protestlieder gesungen, und die anliegenden Bewohner_innen bringen Essen und Material für Barrikaden vorbei. Die Stimmung ist trotz der Angriffe durch die Polizei und die Linie Erdogans hoffnungsvoll.« Die Neutralität würde dann zumindest nicht behauptet, viele Details, die die Situation nur durch Teilnahme entschlüsseln lassen, würden übertragen werden. Aber ab wann ist das Propaganda?

Der Axel Springer Verlag verpflichtet alle Mitarbeiter_innen auf eine eigene Ideologie, die folgenden fünf Grundwerte:

Wir treten ein für Freiheit, Rechtsstaat, Demokratie und ein vereinigtes Europa.
Wir unterstützen das jüdische Volk und das Existenzrecht des Staates Israel.
Wir zeigen unsere Solidarität in der freiheitlichen Wertegemeinschaft mit den Vereinigten Staaten von Amerika.
Wir setzen uns für eine freie und soziale Marktwirtschaft ein.
Wir lehnen politischen und religiösen Extremismus und jede Art von Rassismus und sexueller Diskriminierung ab.[3]

Journalismus, Kunst & Aktivismus

Gerade beim fünften Punkt, der erst im November 2020 erweitert wurde, mag man den Eindruck haben, dass sich nicht alle daran halten. Doch zumindest gibt es eine Orientierung, die es Leser_innen erleichtert zu wissen, woher die ideologische Färbung von *Bild* und *Welt* kommt. Der rhetorische Aktivismus des Verlags wird klar gekennzeichnet. Man konnte die *Bild*-Zeitung auf den zweiten Punkt festnageln, als ihre Titelseite indirekt darüber spekulierte, ob der israelische Politikberater Tal Silberstein hinter dem Ibiza-Video stecke, was später zum Sturz der rechtsextremen österreichischen Regierung führte. Ein Jude als weltweit agierender Manipulator, das ist die antisemitische Erzählung des Weltjudentums in Reinform. Darauf angesprochen, machte die *Bild* ein Interview mit Silberstein, in dem er solche Spekulationen ausräumen konnte. Das war nur ein Beispiel von vielen, doch niemand (außer vielleicht *Bildblog*) macht sich ernsthaft die Mühe, Springers Chefredakteur_innen täglich an ihre eigenen Regeln zu erinnern.

Die journalistische Plattform netzpolitik.org geht sogar noch weiter. Sie hat keinen Fünf-Punkte-Plan, nur zwei Sätze: »Wir verstehen uns als journalistisches Angebot, sind jedoch nicht neutral. Unsere Haltung ist: Wir engagieren uns für digitale Freiheitsrechte und ihre politische Umsetzung.« Sie unterscheiden sich von den meisten großen Zeitungen darin, dass sie ihre Quellen, soweit möglich, offenlegen. Während der *Spiegel*, die *Welt* oder die *Zeit* in den allermeisten Fällen nur die wichtigsten Sätze aus einem geheimen Dokument zitieren, um dann ihre Wissenshierarchie zu betonen, »Es liegt uns vor.« Uuuh, sie haben was, was ich nicht hab, und das heißt Abofalle.

Nein, Netzpolitik setzt hier auf Spenden und veröffentlicht die gesamten Dokumente, seien es Interna vom Verfassungsschutz, die Pläne von Ramstein oder ungeschwärzte NSA-Untersuchungsausschuss-Dokumente. Sie bieten der_dem Leser_in die Möglichkeit, sich den Kontext auch selbst noch mal zu erschließen, eventuell auch Dinge zu erkennen, die das Team übersehen hat. Sie halten nichts zurück, wenn es nicht sein muss – etwa aus Gründen des Quellenschutzes.

Das folgt dem Anspruch, den auch das Recherchezentrum *Correctiv* oder der deutsche Ableger von *BuzzFeed* mitbringen: Wenn man etwas schreibt, sollte es der Community, die der Text betrifft, nutzen. Es sollte greifbar sein, anwendbar. Wenn Journalist_innen sich um die Fakten und Belege kümmern, sie kontextualisieren und die Machthabenden konfrontieren, dann sind es eben die Menschen, die den Kontext abbilden, die betroffen sind, die es ermächtigen soll. Berichten bleibt dabei Selbstzweck, wie Daniel Drepper von *buzzfeed.de* mir schreibt. Seine Redaktion berichtet über die Probleme der Menschen. »Wenn diese Probleme dann dadurch auf die Agenda rücken, umso besser«, steht auf ihrer Website. Und: »Wir treten immer nach oben und nie nach unten.«[4]

Seit der gedruckten *Gazette* von Renaudot entwickelte sich mancher Journalismus nicht nur inhaltlich zum Onlineboulevard oder zur Gemeinnützigkeit, auch die Form erhöhte den Blutdruck. Mit dem Radio, mit Fernsehen und schließlich mit dem Internet erreichte unser Informationspuls nicht nur eine neue Geschwindigkeit, sondern auch neue emotionale und ästhetische Wirkungen. Die neuen Journalist_innen finden sich heute auf TikTok und Snapchat wieder, sie erreichen ein superjunges Publikum, erzählen persönliche Geschichten oder schaffen es, mit subversiven Methoden Chinas Informationsmauer zu penetrieren. Sie tanzen auf diesen Apps codierte Reihenfolgen, die sie in keiner Zeitung publizieren könnten, weil die Regierung es zensieren würde, weil sie dafür vielleicht sogar im Gefängnis landen könnten. Doch ist das dann gleich Kunst? Ist es Aktivismus? Und das dreißigminütige YouTube-Video über selbstgemachte Seifenmischungen, ist das antikapitalistischer Aktivismus, Journalismus oder vielleicht einfach nur ein YouTube-Video?

Die wichtigsten Maßstäbe für Journalismus sind, finde ich, dass man für die zentralen Fakten seiner Berichte mindestens zwei belastbare Quellen hat, sie ausgiebig kontextualisiert, um die Zusammenhänge verstehen zu können, und die eigene Position, aus der man spricht, offenlegt. Das einzuhalten, ist viel Arbeit, weshalb es naheliegt, in Teams zu arbeiten, um mehr Belege zu finden, mehr Kontext erkennen zu können und auch mehr Positionen einzubeziehen, zumindest wenn es diverse Teams sind. Das ist ein weiterer wichtiger Maßstab: Ausgewogenheit. Das heißt auch, die Perspektive derjenigen einzubringen, die unter dem Kapitalismus leiden, die drei Jobs haben und trotzdem kaum in den Urlaub fahren können. Eine ausgewogene Berichterstattung, davon sind wir in Deutschland noch sehr weit entfernt. Auch wenn es sich langsam bessert, werden noch immer eher ein paar versprengte Neurechte als »zweite Perspektive« im *Spiegel* porträtiert, als Menschen, die von Armut, Rassismus oder der Klimakrise direkt betroffen sind.

Kunst, Journalismus und Aktivismus, das sind jeweils komplexe Bereiche, die so viel gemeinsam haben, wie sie unterscheidet. Vermutlich gibt es innerhalb der Szenen sogar mehr Unterschiede, als man zwischen ihnen ausmachen kann. Was sie, wie alle anderen Bereiche des Berufslebens, gemeinsam haben: Sie bewegen sich in einem kapitalistischen System, das jahrzehntelang den Individualismus gepredigt hat. Da gilt es, sich abzugrenzen, von anderen abzuheben.

Gerade die Kunstwelt, die den vermutlich hyperkapitalistischsten Markt der Welt erschaffen hat. Wie ich ihn kennenlernte, ein Markt, der von Launen und Eitelkeiten der Sammler_innen abhängig ist und politische Aussagen nur so lange zulässt, wie es zum Schick der_des Museumsdirektor_in passt, wie es amortisierbar ist. Dabei ist ja Kunst nicht gleich Kunst. Diskurskunst, die man auf Biennalen und in den Feuilletons findet, ist grundsätzlich von der Kunst für den Kunstmarkt zu unterscheiden. Entweder du lebst von Stipendien und lehrst an der Uni, oder du findest eine Galerie, die deine Werke in Privatsammlungen verschwinden lässt. Ich kann meine Abneigungen dem Kunstwelt-Habitus gegenüber nicht verleugnen. Wenn ich durch manche White-Cube-Ausstellungen gehe, an den weißen Wänden vorbei, die die Kunstwerke aus ihren Kontexten reißen sollen, die verkörperlichte Angst der Galerist_innen sehe, wie sie ihren Aperol Spritz halten und versuchen, ein Foto im *Vice*-Magazin zu mimen, wie sie französische Philosoph_innen zitieren und in jeder Sekunde Terrain verteidigen, zucke ich immer ein bisschen zusammen und muss mich überwinden, mich zu erinnern: Wir versuchen alle zu überleben, wollen alle nur ein bisschen Anerkennung für unsere Mühe, wollen gesehen und gefüttert werden. Dazugehören im Kunstbusiness ist hart, der Freiheitsbegriff ist dort vor allem einer des sozialen und monetären Ausschlusses. Und der gilt leider auch für hochtalentierte Künstler_innen, die sich nicht vermarkten wollen oder können, wie die Kunstwelt es von ihnen verlangt, die sich irgendwann künstlerisch ganz zurückziehen. Andere bestimmen, was als interessant gilt. Setzen sich durch. In unserer Kunstwelt bin ich frei, wenn ich andere ausschließen kann.

Oder ist die Trennung von Journalismus, Aktivismus und Kunst seit jeher eine rhetorische Angelegenheit? Théophraste Renaudot, der Gründer der *Gazette,* gestaltete diese neue Form, er half Armen und Kranken und war der erste namhafte Zeitungsverleger. Wäre er nur eins gewesen, hätte er die Zeitung nie erfunden. Alle drei Bereiche sind elitär – der Anteil an weißen und männlichen Künstlern oder Journalisten, die gut davon leben können oder Entscheidungsmacht haben, ist überproportional hoch. Traditionell werden Aktivist_innen eher gehört, wenn sie weiß sind. Und selbst dort: Es ist in elitären Kreisen kaum anerkannt, sich selbst als Aktivist_in zu bezeichnen, warum auch immer. Das heißt ja nur, dass man für eine Sache einsteht, bereit ist, Risiken einzugehen und persönliche Verluste dafür hinzunehmen. Sich selbst so zu bezeichnen, muss man sich also auch leisten können. Je mehr Druck man von Arbeitgeber_innen oder staatlichen Behörden bekommen würde, desto schwieriger wäre es. Konformität macht das Leben dahingehend oft leichter.

Doch so breit diese Begriffe sind, so selten bringen sie einen weiter. Es sind die Mythen der jeweiligen Szenen, die ich spannend finde. Diese Mythen erschaffen dann sozusagen eigene Konformitäten, wie man als gute_r Künstler_in, als gute_r Journalist_in, als gute_r Aktivist_in gelten kann.

Im Aktivismus gehört es zum guten Ton, sich nicht als Einzelne_r hervorzuheben. Credits für die eigene Arbeit bekommen zu wollen, wie es in der Kunstwelt überlebenswichtig ist, gilt fast schon als verpönt. Für die Sache zu kämpfen, die gemeinsamen Interessen zu suchen und andere zu stärken, die gemeinsame Gegner_innen haben. Unangenehm wird es, wenn sich aktivistische Gruppen selbst als Held_innen bezeichnen, als großgeistige Humanist_innen etwa, und eigentliche Misserfolge erhöhen, um besser an Spenden zu kommen. Die Mischung aus Aktivismus und Social-Media-Marketing zerstört schnell das Vertrauen in die Arbeit einer Gruppe, sie wirkt verblendet, die Motive werden unglaubwürdig. Eine differenzierte Selbstkritik, gekoppelt mit journalistischen Methoden nachvollziehbarer Belege macht heutzutage die stärksten Aktivist_innengruppen aus.

Die Künstler_innen, die mich am meisten inspirieren, sind wiederum diejenigen, die den Mythos des wahnsinnigen Genies von seinen patriarchalen Grundzügen befreit und die verbleibende Obsession verinnerlicht haben. Die immer wieder zum Einzigartigen streben und dabei unermüdlich neue Formen produzieren. Ubermorgen aus Österreich, Ztohoven aus Prag, Bitnik aus der Schweiz, Eva und Franco Mattes aus Italien, die Yes Men aus den USA. Die unhinterfragte Ideologien entlarven und ihre eigene Position daraus formulieren. Die akribisch genau die Formen der Darstellung in einen historischen Kontext setzen und jedes Symbol, jede Farblichkeit erkennen und weiterdrehen können, ohne in wahllose Ironie abzudriften. Bei ihren Arbeiten stehen das Ästhetische, die performativen und medialen Spiele im Vordergrund, die politische Haltung ist nur die Basis, von der aus sie agieren.

Andersherum wäre es fatal: Moralin frisst Kunst. Ein Werk, das die Moral in den Vordergrund stellt, lässt das politische Vorhaben im Gestus verpuffen. Es gibt seltene Fälle, in denen Künstler_innen sich in vollem Einsatz ethisch positionieren, sei es mit den antiautoritären Performances von Woina, die beispielsweise einen großen Penis auf die Hebebrücke vor dem FSB-Hauptgebäude in Russland malten[5], oder den Dadaist_innen, die im Schweizer Exil während des Ersten Weltkriegs kriegsfreie Räume mit Poesie erkämpften.[6] Das sind zwar Haltungen, bei denen die moralische Haltung entscheidend, aber keine belehrende ist. »Moral in der Kunst [...]«, schreibt Maxim Biller, »heißt darum nicht moralisieren – es heißt, fähig zu sein in einer Art metaphysischer Wut, zu Gegnerschaft, zur Position, zum Bericht«?[7] Sie gehen in Stellung gegen einen Autoritarismus von Staat und Bürgertum, ihre Ablehnung wirkt befreiend.

Hingegen sind Werke, bei denen sich die Künstler_innen selbst moralisch als überlegen darstellen und Moral instrumentell einsetzen, ästhetisch, sagen wir, eher Geschmackssache. Verstehen Sie mich nicht falsch. Eine künstlerische Arbeit kann gefährlich sein, etwa für Ministerpräsident_innen, die darin behandelt werden, oder für ein empörtes Bürgertum. Sie kann radikale Orte in Diskursen besetzen, kann zersetzend wirken und Autoritäten in die Verzweiflung treiben. Das sagt aber nichts darüber aus, wie sie ästhetisch oder moralisch zu bewerten ist. Eine autoritäre Haltung von Künstler_innen selbst, wenn sie nicht ironisch reflektiert ist, unterwandert die eigene Grundlage künstlerisch-subversiver Kraft. Das geht auch anders. Ein Jonathan Meese, der eine Diktatur der Kunst fordert[8], unterscheidet sich da nicht von Beuys' Anspruch, alle Menschen seien Künstler_innen[9]. Und was moralisch gut oder schlecht ist, kann man ja dann einzeln diskutieren, egal wie schön einer_einem das Werk vorkommt. Ich finde weder Bonos Charity-Festival noch die Dau-Filme von Ilja Chrschanowski[10] besonders »gut«, interessant sind sie allemal.

Natürlich kann auch Kunst die Moral fressen, kann ein politisches Vorhaben auf einen symbolischen Gestus reduziert und damit inhaltlich von seiner Substanz so weit entleert werden, dass hauptsächlich die ästhetischen Formen und Tonalitäten überzeugen und mobilisieren sollen. Das wäre im Prinzip kein Problem, wenn sie nicht auf die heutige Massenmedienmaschine geworfen würden, die dem Eigenleben verleihen kann. Walter Benjamin attestierte 1935 schon aus dem französischen Exil der Politik durch ihre Ästhetisierung ein Abdriften in den Faschismus.[11] Einerseits sei durch eine kollektive Ästhetik gesellschaftliche Emanzipation möglich, aber die massenhafte Reproduzierbarkeit könne eben auch politisch vereinnahmt werden – siehe Hitler.

Die Situation in Deutschland ist heute eine völlig andere. Wir leben nicht im Nationalsozialismus, Reproduzierbarkeit und Verbreitung sind schneller und zugänglicher, die Kontrollen der Einflussnahme haben sich in Teilen hin zu großen Techunternehmen verschoben, um nur drei Unterschiede zu nennen. Konzentrieren wir uns auf das Argument der politischen Instrumentalisierung, übertragen auf heutige Medienkultur: Wer die besseren PR-Agenturen, die besseren Social-Media-Algorithmen und Popsongs hat, gewinnt im demokratischen Kapitalismus eher die Wahlen als mit überzeugenden Inhalten. Das sage ich jetzt mal mit der vorsichtigen Annahme, dass konsequente sozialökologische Gerechtigkeit zu den besseren Inhalten gehört, und nicht das, was populäre Parteien anbieten. Es liegt natürlich auch schlicht daran, dass wir in einer dominant rassistisch-patriarchalen Gesellschaft leben, deren Mitglieder ganz bewusst Parteien an der Macht halten, die die Klimakrise weitestgehend ignorieren. Je mehr das Politische zur Geste wird, eine vermeintliche Schönheit in den Vordergrund gestellt wird, umso weniger greifbar konkrete Politiken der Umverteilung, des Minderheitenschutzes oder der Klimakrisenbekämpfung werden, desto mehr Verunsicherung entsteht.

Die Begriffe »Schönheit« und »Politik« sollten also stets nur mit Bedacht vermengt werden. Denn sollte die Vermischung zur Regel werden, wird unschönerweise das Vertrauen in demokratische Prozesse zersetzt.

Leider lockt die Kunstszene mit der Identifizierung im Genie-und-Wahnsinn-Mythos gerade auch narzisstische Persönlichkeiten an, die damit kokettieren und Verunsicherung als Beleg ihrer eigenen Erhabenheit ansehen. Einer solchen Identität nachzueifern, ist aber alles andere als erhaben, es gleicht eher einem Lauf durch das Spiegelkabinett. Jede Identität, und das ist das Wundersame am Konzept »Identität«, wird von den eigenen Mythen und Erfahrungen getragen. Wir orientieren uns an einer Postkarte unserer selbst, einer Postkarte, wie wir denken, sein zu wollen.

Auch Journalist_innen, die jede Annahme eines Textes hinterfragen, die Gegenpositionen testen, die das Fundament einer Recherche so lange prüfen, bis der Kontext es in das richtige Licht stellt, sie folgen mit einer Akribie, einem fast aktivistischen Willen zur Wahrheit dem Mythos ihres Faches, der im Arbeitsalltag niemals absolut erfüllt werden kann. Der aber auch hier die treibende Kraft zur Nonkonformität bilden kann. Der die Grenzen des eigenen historischen Kontextes herausfordert, aus dem man nie ganz ausbrechen kann. Dieses Getriebensein, diese Obsession, das eigene Sein zu überwinden, ist in allen Bereichen das, was mir herausragende Erlebnisse ermöglicht.

Und ich denke, Théophraste Renaudot, wenn er am Ende auch nur vom guten Willen des Kirchenfürsten Duc de Richelieu abhängig war, hätte mir zugestimmt.

Aber kommen wir zurück zu unseren Aktionen. Die Grenzen unseres historischen Kontextes liegen nicht zuletzt in der Überwindung einer kapitalistischen Normalität. Selten hinterfragen wir die Welt des Konsums, in dem wir leben, obwohl uns allen bewusst ist, dass sie auf Ausbeutung basiert. Selten handeln wir außerhalb der Logik des ewigen Wachstums, obwohl es einleuchtend ist, dass es nicht mehr lange so weitergehen kann. Zu selten entzaubern wir die Scharen an Lobbyist_innen, die jeden Tag dafür bezahlt werden, ein Weiter-so in Sachen Klimapolitik einzufordern. Mit den folgenden drei Geschichten erzähle ich von den Aktionen, mit denen wir uns an diesen Grenzen rieben. Mal mit einem Aufruf zum zivilen Ungehorsam, mal künstlerischer, mal klassisch journalistisch.

Aktion & Kunst: Aufruf zum Diebstahl im Supermarkt

Am Morgen des 13. Juli 2018 fand ich einen Brief in der Post, in der Ecke des Umschlags war ein kleines Wasserzeichen mit den Initialen *HG*. Er war auf älterem Papier geschrieben, mit einem putzigen Rotkehlchen bedruckt. Freundlich, nicht kitschig. Briefpapier, das Omas seit Jahrzehnten in der Schublade aufbewahren, dachte ich.

Liebes Peng Kollektiv,

das ist jetzt ein bisschen komisch, euch zu schreiben, ich habe lange gewartet und mich schließlich dazu entschlossen, euch das zu erzählen.

Meine Frau hat ihr ganzes Leben in der Entwicklungszusammenarbeit gearbeitet. Sie war in den 80er Jahren in Infrastrukturprojekten in Ghana, in den 90er Jahren arbeitete sie mit Frauenkollektiven in Südafrika. Von Deutschland aus suchte sie in ihrer Rente noch nach Möglichkeiten, internationale Handelsabkommen so zu gestalten, dass sie zumindest den Anschein von Fairness bekommen könnten.

In den letzten Jahren litt sie immer stärker an einer seltenen Form von Demenz. Sie konnte sich an vieles nicht mehr erinnern.

Doch als ich ihr von eurer Aktion Deutschland geht klauen *erzählte, wurde sie hellhörig. Sie fing an zu strahlen und lachte wie ein kleines Kind. Das hatte ich lange nicht mehr erlebt.*

Sie hatte auf Konferenzen die Idee kritisiert, dass Konsumenten entscheiden sollen, ob sie Fair Trade einkaufen oder nicht. Menschenrechte könnten doch nicht im Supermarkt verhandelt werden, sagte sie immer. Die sind doch per se nicht verhandelbar.

Ich glaube, was ihr an eurer Idee besonders gut gefiel, war, dass ihr den Konsumenten die Möglichkeit gegeben habt, dieses Supermarktsystem als Ganzes abzulehnen, und die Verantwortung zurück in die Politik getragen habt.

Sie konnte nicht mehr alles artikulieren, aber an dem Leuchten ihrer Augen, an ihrem herzlichen Lachen erkannte ich, dass es eine der letzten großen Freuden war, die sie erleben durfte.

Dieser Moment, noch mal ihre ganze freudige Persönlichkeit aufflackern zu sehen, war für mich unbezahlbar. Es war ihr Sinn für Gerechtigkeit, ihre Wut auf ein System, das so selbstverständlich auf Ausbeutung basiert, was sie noch einmal auflachen ließ. Ihr ganzes Leben hatte sie gekämpft.

Ich weiß, dieses System bleibt auch nach ihrem Tod bestehen. Doch ich hoffe, ihr wisst zu schätzen, was ihr auslösen konntet.

Ganz herzlichen Dank,

Herbert Ganslmeier

Ich musste mich erst mal setzen, hatte Tränen in den Augen. Seinen Namen habe ich für dieses Buch geändert, doch seine Zeilen berühren mich heute noch.

Wir hatten die Aktion *Deutschland geht klauen* genannt, weil das so schön doppeldeutig ist: Zum einen riefen wir zum Diebstahl in Supermärkten auf. Das Geld, was man damit »sparte«, konnte man auf unserer Website spenden, und wir reichten es zu 100 Prozent an ausgewählte Gewerkschaften der jeweiligen Produzent_innen weiter. Statt dem Supermarkt, der Teil der Ausbeutungskette ist und damit am meisten Geld verdient, gaben wir es den Leuten in den Produktionsländern, die für ihre Rechte kämpfen. Eine Bananenplantagengewerkschaft in Ecuador, eine Frauengewerkschaft von Weintraubenernterinnen in Südafrika, Tomatenpflücker_innennetzwerke in Italien und fünf weitere Produktsektoren, bei denen wir sicher nachweisen konnten, dass es im großen Stil Ausbeutung in den Lieferketten gibt.

Zum anderen wiesen wir darauf hin, dass Deutschland, dass unsere Gesellschaft systematisch die Produzent_innen im globalen Süden ihrer Grundrechte beraubt. Wir wissen das alle, kaum jemand vertraut den Effekten von Labeln auf Kleidung und Schokolade. Und trotzdem gehen wir wöchentlich im Supermarkt einkaufen, schlucken das schlechte Gefühl runter, sind Teil eines komplexen Ausbeutungssystems.

In der Vorrecherche war ich mit einem Freund in die Einkaufshölle in Berlin gegangen, ein riesiger Konsumtempel direkt am Alexanderplatz. Bijou Brigitte, Calvin Klein und Calzedonia, Handyshops und Eiscremestände, dazwischen wandernde Einkaufstüten, aufgeregte Teenager, die alles anprobierten und Selfies machten. Wir hatten eine kleine Kamera dabei und fragten die Jugendlichen, was sie dachten, wie die Produkte hergestellt würden, die sie dort kauften. »Naa, ich glaub, das machen Kinder, die werden von den Familien weggenommen und müssen dann in Fabriken arbeiten«, sagte ein Mädchen mit Zahnspange. »Manchmal werden die auch ausgepeitscht«, lachte ihre Freundin schrill, verlegen um einen Witz, der sie aus dieser unangenehmen Situation rausholen sollte.

Ich war beeindruckt von der Phantasie der jungen Shoppingqueens, aber im Grunde war die Aussage bei allen dieselbe. Die Produkte, die dort angeboten wurden, kamen nicht aus Fabriken, in denen vegane Smoothies in der Küche standen und man den Chef mit Vornamen ansprach. Arbeitsrechte, Menschenrechte, Grundsicherung: alles eher unwahrscheinlich. Als wir versuchten, mit den Verkäufer_innen zu reden, meistens junge Aushilfsstudent_innen, flackerte die Angst in ihren Augen (ähm, darf ich nichts zu sagen, ich husche mal schnell nach hinten zu meiner Chefin oder besser existiere ich einfach gar nicht mehr). Sie baten uns freundlich, den Laden zu verlassen.

Ich behaupte, es ist uns als Gesellschaft voll bewusst, dass unser Reichtum, der Zugang zu gutem Essen, zu bezahlbaren Klamotten, zu Laptops und Krimskrams auf dem Rücken anderer Familien ausgelebt wird. Ich glaube, es gibt ein kollektives Schuldbewusstsein, das wir nur mit einer krankhaften Normalisierung jeden Tag verdrängen können.

Es tut ja sonst auch niemand was dagegen.

Ab und zu Fair Trade einkaufen, wenn man es sich leisten kann, ab und zu den Zapatista-Kaffee aus Revolutionsgegenden bestellen. Der aufrechte Anarchokommunist in einem ruft zur Vernunft, dass man erst mal den Chefs die Luxusprodukte abnehmen sollte, bevor die Arbeiter_innen sich vom guten Leben verabschieden. Irgendwer verdient ja immer mehr, lebt rücksichtsloser. Bis das System gestürzt ist, fahre ich 'nen dicken Benz.

Und da ist ja was dran. Es braucht nicht nur individuellen Verzicht, es braucht Regulierung. 2016 begann der Prozess des Nationalen Aktionsplans für Wirtschaft und Menschenrechte der Bundesregierung. Es schien so, als wäre von vornherein alles auf maximale Komplexität ausgelegt. Sperrige Begriffe wie »Menschenrechtliche Sorgfaltspflicht für Unternehmen«, bei denen man schon eingeschlafen ist, wenn man sie ausgesprochen hat.[12] Unübersichtliche Beratungsrunden zwischen zehn verschiedenen Ministerien und vier externen Beratungsfirmen wie Ernst & Young – heute EY –, die eher durch ihre Unternehmensfreundlichkeit als durch Menschenrechtsexpertise bekannt wurden.[13]

Das Beratungsunternehmen sollte stichprobenartig deutsche Unternehmen befragen, ob sie sich in ihren Lieferketten an Menschenrechte halten. Sollten 50 Prozent das tun, so einigten sich die Ministerien, sei kein Gesetz erforderlich. Umgekehrt heißt das: Bei der Hälfte aller Produkte, die wir kaufen können, weigern sich die deutschen Unternehmen zu überprüfen, ob sie auf die eine oder andere Art Menschen ihrer Rechte berauben. Sexuelle Belästigung am Arbeitsplatz, Kindersklaverei, Arbeit zum Hungerlohn bis zum Umfallen. Wer weiß. Denn was *genau* abgefragt wird, war auch nicht klar. Und wer nicht antworten wollte, wurde – wie mir verschiedene NGO-Referent_innen bestätigten – in die Statistik einfach nicht einbezogen, das war dann auch okay.

Das ist ungefähr so, als würden Eltern eine wildfremde Passantin damit beauftragen, ihre Kinder zu fragen, ob sie heimlich kiffen oder gar LSD nehmen: Die Passantin würde etwas zu Cannabinoidrezeptorenstimulation und Lysergsäurediethylamidverträglichkeit fragen. Wenn keines der Kinder antworten würde, würde deren Studie sagen, alles sei in Ordnung, die Kinder offenbar clean. Über 50 Prozent der Antworten würden angeben, nicht zu kiffen oder zu trippen. Auch wenn die Kinder sie mit schwarzen Tellerpupillen anstarren oder gerade in der Fresskick-Chipstüte nach den letzten Krümeln stochern würden.

Nur, dass es hier nicht um pubertäre Bewusstseinsexperimente geht, sondern um die Verschleppung von Kindern in der Schokoladenindustrie. Um die organisierte Tötung von Gewerkschafter_innen durch Autoteilezulieferer oder um die komplette Rohölüberschwemmung ganzer Dörfer im Nigerdelta. Es ist kein kleines Ding, es ist die Grundlage des kapitalistischen Systems, das wir jahrhundertelang aufgebaut haben, einer neokolonialen Ausbeutungsmaschinerie, die offensichtlicher und leichter zu erforschen ist als die Steuerhinterziehungsmodelle der Familie Quandt.

Im Ernst: Wenn wir mittlerweile Handys auf den Meter genau lokalisieren können, wenn wir die ganze Welt mit Satelliten abscannen und kartographieren können, wenn wir innerhalb von Stunden Amazon-Päckchen versenden und empfangen können – dann sollte es kein Problem sein, eine Kette von zehn oder meinetwegen auch fünfzig Zwischenhändler_innen auf ihre Menschen- und Arbeitsrechtssituation zu überprüfen.

Ich schreibe mich bei dem Thema gern in Rage. Denn was schließlich bei der Befragung der Unternehmen herauskam, war, dass nur 13 bis 17 Prozent der Befragten, also nur derjenigen, die freiwillig antworteten, sich an die Kernpunkte der menschenrechtlichen Sorgfaltspflicht gehalten haben. Es waren nicht 50, nicht 40 Prozent, nein. Und das, obwohl mit aller Kraft versucht wurde, es ihnen einfach zu machen, gute Statistiken zu, sagen wir, »generieren«. Fast kein deutsches Unternehmen achtet auf Menschenrechte in seinen Lieferketten. Es ist desaströs.

Im Ergebnis wird nun ein Gesetz diskutiert, endlich. Während ich diese Zeilen schreibe, ist aber unklar, ob es kommen wird oder die Koalition sich darüber zerstreitet. Der Chef des Arbeitgeberverbands BDA, Ingo Kramer, sagte schon, er stehe »mit beiden Beinen im Gefängnis«, wenn das komme.[14] Was für ein Schuldeingeständnis! Dabei geht es nicht mal um Haftbarkeit, wenn Menschenrechte verletzt werden, sondern um die Prozesse, die das verhindern sollen. Beschwerdebriefkästen in den Frauentoiletten, Risikoabschätzungen, bevor man eine Kooperation eingeht, so was. Und selbst da weiß Ingo anscheinend genau: Er würde sich strafbar machen.

Ich habe Angst davor, in 20 Jahren gefragt zu werden, wie wir dabei einfach zuschauen konnten, wie wir den Geschmack von Orangensaft genießen konnten, obwohl wir genau wussten, wie der hergestellt wurde.[15]

Und das CDU-geführte Wirtschaftsministerium tut alles, um ein wirkungsvolles Gesetz abzuschmettern. »Man werde alles daransetzen, eine gesetzliche Regelung zu verhindern«, sagte ein_e Regierungsmitarbeiter_in dem *Handelsblatt*.[16] Da juckt es mich in den Fingerspitzen, denen ein dilettantisch-konkretes Gesetz zu schreiben, das diese Bockigkeit kontert.

»Waren, die von einem deutschen Unternehmen hergestellt werden oder in Deutschland verkauft werden, dürfen in ihrer Lieferkette keine Menschenrechtsverstöße aufweisen. Bei Zuwiderhandlung werden die Geschäftsführer und der ge-

samte Vorstand der jeweiligen Unternehmen fünf Jahre lang keine Handys mehr besitzen, dürfen nur noch Fallobst und Kartoffeln essen und werden zu zehn Jahren sozialer Arbeit verdonnert.«

Ich weiß, sich selbst zum Juristen zu erheben, ist sehr deutsch. Ich weiß nicht, was man alles beachten muss, um ein Gesetz zu schreiben, damit es auch greift. Aber ich suche eine Grundlage, die das Offensichtliche verankert: Menschenrechte sind per Definition nicht verhandelbar, so wie Frau Ganslmeier, die auch anders hieß, es treffend beschrieben hatte. Ich mag naiv sein, aber ich glaube, das Lieferkettengesetz könnte gar nicht verwässert werden, wenn man diese Annahme ernst nähme.

Denn das passiert immer wieder. Mit Verweis auf die Komplexität der internationalen Völkerrechts und Handelsabkommen wird ein juristisches Labyrinth geschaffen, das Hintertüren aufhalten soll. Hintertüren, durch die sich Unternehmen weiter an der internationalen Ausbeutung beteiligen können. Politisch will keine Partei sich die Hände schmutzig machen, weil das ja bedeuten würde, dass wir grundsätzlich was ändern müssten. Deswegen wird so gern von allen Seiten auf die Verantwortung der Konsument_innen verwiesen, wird von Selbstverpflichtungen der Unternehmen gesprochen.

Mit der Kampagne *Deutschland geht klauen* drehten wir das um. Es war ein klassischer Aufruf zu zivilem Ungehorsam. Ein Aufruf zum Diebstahl. Wenn die Idee der Verantwortung der Konsument_innen ernst genommen wird, dann muss die wirklich freie Wahl auch beinhalten, das System als solches sabotieren zu können. Dieses alltägliche System ist so tragisch normal, dass ich es Ihnen noch mal runterbeten muss: Wenn jemand in Brasilien, wo 80 Prozent des weltweit gehandelten Orangensafts herkommen, zwei Tonnen Orangen am Tag pflückt, um zehn Euro zu bekommen, und dann mit 20 anderen Leuten in einer Baracke eingepfercht unterkommen muss. Wenn in der Elfenbeinküste und in Ghana fast zwei Millionen Kinder auf Kakaofarmen arbeiten, weil der Marktpreis so schwankt, dass kein Mindestlohn gezahlt werden kann und dann eher Arbeitskräfte aus Kinderhandel bezogen werden. Wenn in abgelegenen Zeltghettos in Süditalien Tomaten gepflückt werden, ohne sanitäre Anlagen, ohne Arbeitsschutz, ohne Kontrollen, die Polizei bestochen wird, weil es ohnehin Menschen sind, die illegalisiert in Europa leben. Dann ist der symbolische Akt, solche Luxusgüter aus den Supermarktregalen zu klauen und dafür Geld an die Gewerkschaften zu schicken, schlicht subversiver Widerstand. Es war ein Aufschrei. Ein taktischer Schrei, der andere gezielt mitschreien lassen sollte.

Und die Öffentlichkeit schrie auf. Sie verschrie sich aber, ganz wie geplant. Dass Diebstahl ja nicht okay sei. Schließlich ist das doch eins der zehn Gebote. Wo soll das denn hinführen und was machen die Supermarktbetreiber_innen dann? Im ersten Schrei nannte niemand die Politik, niemand die Einkaufsteams der Supermarktketten, die die Preise so lange drücken, bis Umwelt und Menschenrechte als eitrige Suppe an den Seiten rausquellen. Es war ein Aufschrei Tausender Kommentare in den sozialen Medien und auf Nachrichtenseiten, der aber im Halse stecken blieb. Der Anstand, der dort verteidigt wurde, verteidigte damit auch ein unerträgliches System.

Unsere trashigen Werbevideos waren bei dieser Aktion gar nicht so zentral, es war die Alternative, die wir angeboten hatten. Man konnte in unserem Onlineshop verschiedene Produkte anklicken – Schoki, Orangensaft, Kaffee, Tomaten, Bananen, Blumen, Tee oder Wein – und sie direkt bei uns bezahlen. Wir gaben das Geld dann an die entsprechenden Gewerkschaften weiter. Es war das Praktische, das Gefühl der drei simplen Klicks, die man auch von anderen Plattformen kennt, das so aufregte. Wir hatten einen Ausweg geboten, der so illegal wie legitim war. Der daherkam wie von einem fluffigen Start-up.

Ich hörte von Berliner WGs, die ihre Diebstahltechniken mit unseren Anleitungen aufpolierten und wöchentliche Schichten vereinbarten. In einem Video hatten wir drei Grundtechniken unterschieden: einfach alles schnappen und weglaufen, sich als vertrauenswürdige Oma verkleiden oder einen doppelten Boden in den Einkaufskarton basteln. Wie bei allem im Leben ist es auch eine Persönlichkeitsfrage, wie man am liebsten als Ladendieb_in arbeitet.

In den Vorgesprächen mit den lokalen Gewerkschaften wurde uns eindringlich klar, in welch desaströsen Situationen sie sich befanden. Das waren Menschen, die teils seit Jahrzehnten gegen Mafiastrukturen ankämpften. Sie mussten gut abwägen, wie viel Eskalation in der internationalen Presse sie gerade aushalten wollten, gerade die Teeplantagen in Indien führten auch Grabenkämpfe untereinander. Ein Gewerkschaftsführer aus Ecuador sagte einen Satz, der ihm so selbstverständlich über die Lippen kam, dass ich mich für die deutsche Normalität schämte: »Mein Kollege wurde gerade ermordet, daher müssen wir erst mal Sicherheit schaffen.«

Ich wiederhole es, denn es ist eine der wichtigsten Kampagnenregeln: die Leute, die verteidigt werden sollen, in dem Maße einzubinden, wie sie es wollen und können. Kampagnen zu Flucht oder Obdachlosigkeit sollten immer versuchen, Betroffene ins Kernteam aufzunehmen. Aktionen zu Ausbeutung in den Lieferketten auch. Deswegen nahmen wir uns so viel Zeit, redeten mit allen Gewerkschaftspartner_innen, übersetzten alle unsere Texte und diskutierten die Details. Bei Presseanfragen empfahlen wir Interviews mit den Plantagenarbeiter_innen, für unsere Pressemappe hatten wir eine Übersicht mit allen lokalen Kontexten vorbereitet.

Aktion & Kunst

Wir hatten einen Nerv getroffen. Obwohl alle NGOs, die zu dem Thema arbeiten, nicht öffentlich mit uns kooperieren wollten, ploppte es doch in allen Zeitungen auf. Der UN-Ökonom Jeffrey Sachs meldete sich in der *Zeit* zu Wort und kommentierte unser Waschbärkostümvideo.[17] Matthias Händle, Präsident der Außenhandelsvereinigung des Deutschen Einzelhandels, schrieb eine offenbar unüberlegt wütende Pressemitteilung zu unserer Forderung einer gesetzlichen Regelung: »Sie schafft nicht nur bürokratischen Aufwand ohne tatsächliche Verbesserungen zu erreichen. Sie generiert auch einen immens hohen bürokratischen Aufwand [...]«[18] Hä, was? Nun gut. Bei jeder Gelegenheit vor Bürokratie zu warnen, ist der billigste Trick aus dem Handbuch der Wirtschaftsliberalen, da kann man es schon mal einfach wiederholen. Dann hatte uns ein Mitarbeiter von Edeka erzählt, dass die Leitung an alle deutschen Filialen ein Fax gesendet hatte, in dem vor uns gewarnt wurde. Selbst aus dem Bundesarbeitsministerium wurde uns dankbar mitgeteilt, dass das Thema Lieferkettengesetz nach unserer Aktion in der Agenda nach oben geklettert sei. Es war eine kleine Wohltat gegenüber den Organisationen, die unseren Aufruf zu radikal fanden, die uns warnten, wir würden dem Thema damit schaden. Es hatte sich was bewegt.

Und klar: Es war keine Lösung oder so was. Es war dialektische Kommunikation. Wir haben den Rechtsstaat mit Füßen getreten, haben dazu aufgerufen, ein Gesetz zu brechen – damit ein neues Gesetz entsteht. Ein Lieferkettengesetz, das nun, etwa zwei Jahre und wahnsinnig viel Arbeit verschiedenster Organisationen später, von der großen Koalition besprochen wird. Vielleicht ist es zu dem Zeitpunkt, an dem Sie das lesen, schon verabschiedet. Vielleicht hat es Zähne, vielleicht ist es ein reiner Papiertiger. Das weiß ich jetzt, wo ich dieses Buch schreibe, noch nicht.

Was ich weiß: Die Staatsanwaltschaft Hamburg hat das

Verfahren, in dem uns der Aufruf zur Straftat angelastet wurde, eingestellt.

Apropos: Populismus

Mit dem Wahlkampf von Donald Trump 2016 wurde auch die »Framing-Theorie« bekannt: die Analyse des Kontextes, in dem bestimmte Informationen verbreitet werden.[19] Kurz zusammengefasst geht es da um gezielte Manipulation von Wissen. Ich gebe dir eine ganz bestimmte Perspektive auf die Wahrheit, die die Interpretation mitliefert. Ein bekanntes Beispiel: Wenn viele Menschen vor Krieg und Hunger nach Europa fliehen, wurde das als »Flüchtlingswelle« bezeichnet. In dem Wort finden sich sowohl Verniedlichung (»-linge«), als auch Entmenschlichung (die Welle als Naturereignis), und Bedrohung (eine Welle kann einen überrollen). Wenn wir uns das klarmachen, können wir die politische Agenda der Nachrichtensprecher_innen oder Politiker_innen, bewusst gesetzt oder unbewusst internalisiert, besser erkennen.

Dass Sprache die Agenda setzt, ist nicht neu, Sprache war schon immer von unserem politischen Denken und Leben geprägt. Aber die Metapher des Rahmens ist klug. In der Kakophonie der Informationen auf allen Kanälen, durch die TikTok-getanzten, Twitter-ver-GIF-teten und immer lauter schreienden Headlines ist sie eine wichtige Form der informationellen Selbstverteidigung geworden: Jede Information ist nur das Kind der Umstände, in denen sie entstanden ist.

Trump spricht von Fake News und seine ehemalige Beraterin Conway von *alternative facts*, womit gemeint ist, dass regierungskritische Nachrichten etablierter Medien nicht der Perspektive des ehemaligen Präsidenten entsprechen. Ich habe die Verunsicherungsmaschinerie und die historische Rolle der Werbung in dem Zusammenhang bereits erwähnt. Dabei baut Trump ja auf einem bekannten Phänomen auf: Das, was öffentlich gesagt wird, ist potenziell durch so viele Kommunikationsstrategierunden geflossen, dass es per se unglaubwürdig erscheint, wenn es von einer Stelle gesagt wird, die sich professionelle Kommunikationsagenturen überhaupt leisten kann. Wir befinden uns in einer Phase des Informationszynismus, haben uns daran gewöhnt, dass die meisten Informationen einem Interesse, einem habituellen Code folgen. Jeder Frame ist nur so gut, wie er dir selbst gefällt, jede Nachricht nur so gut, wie du dich mit ihrer Quelle identifizierst.

Wie können wir dieses mediale Repräsentationstheater durchbrechen, in dem jede_r eine vorgefertigte Rolle zu spielen scheint? Sicher, journalistische Standards hochzuhalten, gewissenhaft zu bleiben und die konstruktiven Ergänzungen der Leser_innenschaft auch immer wieder aufzunehmen, ist ein Muss für Medien, die langfristig Vertrauen aufbauen wollen. Die Redaktion zu diversifizieren, um möglichst viele Perspektiven einzubinden und nicht durch die immer gleiche Sozialisierungsbrille zu schauen, ein weiterer, notwendiger Schritt. Aber es bleibt das Problem, dass aggressiv gesäter Zweifel, sei es durch die Falschinformationen der Werbeindustrie, der euphemisierenden Pressesprecher_innen oder durch gezielte Desinformation, ein zynisches Grundmisstrauen hinterlässt. Je etablierter eine Stimme, je mehr sie aus einer mächtigen Position heraus spricht, umso mehr wird ihr unterstellt zu lügen. Diese Tendenz geht mit dem Vertrauensverlust in demokratische Institutionen und etablierte Medien einher.

In meiner Arbeit, die ich mit dem tollen Team von Peng machen darf, versuche ich, aus einer müde gewordenen Informationsroutine auszubrechen. Wir verschieben die Erwartungen und lassen die Zuschauer_innen im Idealfall auf sich selbst zurückfallen. Am besten klappte es da, wo Wissen und Handlung besonders weit auseinanderklafften. Wenn beispielsweise alle wissen, dass die gängige Praxis der Waffenexporte brutale, unchristliche Folgen hat, und die CDU trotzdem dafür sorgen wird, dass sie fortbesteht, überraschen wir: mit dem, was unglaublich und naheliegend zugleich ist. Als CDU verkleidet behaupten wir, die Basis der christlichen Partei setze sich gegen Kleinwaffenexporte ein. Oder wenn, wie allgemein bekannt ist, Google massenhaft Daten über uns sammelt und versucht, das schönzureden. Da gehen wir als hippe Google-Manager_innen auf die Bühne und stellen deren neue, zynisch klingende Überwachungsprodukte vor.

Solche Aktionen sind glaubhaft realistisch und doch irritierend. Denn wir bauen die Geschichten möglichst nah an der Realität, so dass die_der Betrachter_in sie damit abgleichen kann, als weiteres Glied in der Assoziationskette ihres_seines Erfahrungswissens. Ein Kettenglied, das zugleich nicht so ganz passt und das Gesamtgeflecht ein bisschen aufsprengt. Das zwingt, die eigene Position zu überprüfen (Das kann doch nicht sein, das würden die niemals sagen, aber gleichzeitig ist es ja logisch, Moment mal, Scheiße, ist das jetzt echt?), und wenn der Druck hoch genug ist, bringt es die politischen Gegener_innen dazu, Stellung zu beziehen (Nein, wir sind nicht gegen Kleinwaffenexporte, obwohl wir eine christliche Partei sind; oder im Fall von Google: Ja, wir sammeln unendlich viele Daten von euch und klagen jetzt gegen ein paar Clowns in Berlin, die das offen aussprechen). Aber sind solche Spiele nur eine weitere Form eines vertrauenzersetzenden Populismus?

Nein. Ich wage zu behaupten, das ist *guter* Populismus. Denn es ist die *Manipulation zur Selbstbestimmung*. Bei dieser Behauptung gibt es nur zwei grundlegende Probleme: Zum einen gibt es keinen allgemeingültigen Unterschied zwischen »gut« und »schlecht«, und zum anderen gibt es auch keine »wahre Selbstbestimmung«. Wir sind immer Opfer unserer Umstände und werden es auch bleiben. Ebendiese Spannung, diesen Widerspruch gilt es auszuhalten, wenn man versucht, kommunikativ einzugreifen. Und genau das kann man ja strategisch machen, statt hier schon zu verzweifeln und in politische Lethargie zu verfallen.

Was zu gutem Populismus auch dazugehört, ist die Bereitschaft, die Hintergründe und Motivationen aufzuklären, die eigene Position öffentlich zu reflektieren. Im Vergleich: Porsche würde im Anschluss an eine Werbung kaum dazuschreiben, dass es zwar nicht stimmt, dass man ihr Auto für ein zufriedenes Leben und ein gesteigertes Sexualleben braucht, sie aber eben ein kapitalistisches Unternehmen sind, das sich an erfundenen Bedürfnissen und einer ungesunden Kulturhegemonie des Autos als Statussymbol in unserer Gesellschaft bereichern will und daher das Stück Blech auf Rädern als besonders lustvoll und freiheitsversprechend darstellt. Und Nazis, na ja, die will ich hier jetzt nicht überprüfen, das überlasse ich Ihnen.

Ein »guter Populismus« wird nicht verdecken, sondern enttarnen, wird nicht nur mitreißen, sondern irritieren, wird nicht erklären und anführen, sondern alle Informationen zur Verfügung stellen, die man braucht, um sich umfassend zu informieren und am weiteren Prozess zu beteiligen. Ein guter Populismus wird nicht Macht anreichern, sondern Macht unterwandern. Und die Orte der Macht, der eigenen Repräsentation, für diejenigen zugänglich machen, die bisher weitestgehend ausgeschlossen sind.

Kunst & Journalismus: Undercover beim Kapitalismus

Bei *Deutschland geht klauen* vermischten wir die Kunst der Medienperformance mit zielgerichtetem zivilen Ungehorsam, mit klassischem Aktivismus. Zwei Jahre später, mitten in der Corona-Pandemie, fiel es schwerer, eine harte Kante zu formulieren, was richtig und was falsch ist. Die Welt schien aus den Fugen geraten, ein weiteres Mal, und es war vor allem das Nicht-Wissen, das im Vordergrund stand. Die allgemeine Haltung war eher eine Suche nach dem, was der richtige Weg sein könnte. Die Aktionsform, die wir wählten, war daher eine künstlerisch-journalistische. Die Prise zivilen Ungehorsams bestand höchstens darin, uns mit falscher Identität Telefonate zu erschleichen. Telefonate mit Menschen in Machtpositionen in Unternehmen, die bei offenem Visier niemals auf die Idee gekommen wären, mit uns zu reden.

Dabei wollten wir einfach nur wissen, ob große Unternehmen über den kapitalistischen Tellerrand hinausschauen können. Ob sie Pläne in der Schublade haben, die die planetären Grenzen des Wachstums und kommende Rezessionen mitdenken.

Wir hatten anfangs wenig Hoffnung, doch als wir mit den CEOs und DAX-Vorständen telefonierten, wirkten die meisten erstaunlich entspannt. Ja, Sie lesen richtig. Wir hatten es mit ein paar E-Mails geschafft, etwa dreißig, teilweise gar vierzig Minuten lang mit leitenden Unternehmensvertreter_innen über die kommende Rezession zu reden, über die Ressourcenknappheit im Laufe der Klimakrise und den Mythos des ewigen Wachstums. Am anderen Ende waren die obersten Chef_innen, manchmal meldeten sich auch Betriebsleiter_innen oder die politischen Strateg_innen. Wobei das Gendern hier irreführend ist: Es waren ausschließlich Männer, die mit uns redeten. Mit uns, der Bundesrepublik Deutschland. Dachten sie zumindest.

Wir hatten uns als Bundesamt für Krisenschutz und Wirtschaftshilfe ausgegeben und per E-Mail um Telefontermine gebeten – nach wenigen Stunden hatten wir die Bestätigungen, mit elf Unternehmen reden zu können, die Milliardenumsätze in Deutschland machen. Eine schicke Website aufgesetzt, dort ein Zitat von Altmaier, dreißig versendete E-Mails. Das klingt einfach, war aber ein Riesenaufwand: die Texte der Website, die Recherche der Unternehmen, die Formulierung der Ansprachen waren wochenlange Arbeit. Ich selbst hatte damit kaum zu tun, es waren meine Kolleg_innen bei Peng, die die meiste Arbeit übernommen hatten.

Als die Zusagen eintrudelten, ging uns der Arsch dann

doch ein bisschen auf Grundeis. Die Idee war ursprünglich nur als sportliche Übung gedacht. Noch mal ein kleiner Telefonstreich, um warm zu bleiben. Doch jetzt kam alle paar Minuten eine Nachricht an die Aktionsgruppe unserer verschlüsselten Messaging-App: »Noch ein CEO. Und er schreibt aus dem Urlaub, gerade kam noch seine Abwesenheitsnachricht.« Während die Pandemie wütete und die globale Wirtschaft sich auf eine Rezession zubewegte, redete kaum noch jemand über die Klimakrise. Die Regierung schüttete Milliarden in alle Wirtschaftszweige, egal ob fossil oder nicht. Und die Fleisch-, Kohle-, Wohnungs- oder Automobilindustrie – sie wollten jetzt alle mit uns reden. Also wieder mal: nicht wirklich mit uns. Aber mit dem Bundesamt, für das wir uns ausgaben.

Was waren wir aufgescheucht, als wir mit den Proben anfingen! Was jetzt das Richtige sei, wenn da die Chefs am anderen Ende sind. Meine Kollegin hielt eine Brandrede zur Klimakrise, darüber, wie die Hurrikans immer häufiger werden, die Permafrostböden auftauen und Bangladesch bald überflutet werde. Wie wir diese Chance ernst nehmen müssen. Wir waren ein bisschen wie durchgeschüttelte Kinder, und ich fragte mich, ob die, die wir für Erwachsene hielten, also die Entscheider_innen in den Unternehmen und Ministerien, auch so viel Verantwortung spüren, wenn sie ihnen tatsächlich in den Schoß fällt. Wir machten Rollenspiele, schauten YouTube-Filme über Grundlagen der Ökonomie, kochten vegetarische Bolognese. Die Sportübung war geglückt, aber die Telefonate standen noch an.

Telefonate mit Typen, die sonst auf Podien ein Loblied auf die freie Marktwirtschaft singen, darüber, wie wichtig es ist, sich als Staat nicht einzumischen. Hier waren sie ganz schnell und eifrig gewesen, als sie die Corona-Hilfen erschnüffelt hatten. Irgendwie schräg, dass sie das Bundesamt nicht mal kurz gegoogelt hatten. Na ja, geschenktem Geld für einen verzerrten Wettbewerb schaut man nicht ins, äh, Maul. Und wenn man es sportlich sieht, ist so ein Subventionsgespräch am Telefon ja auch nur Teil des kapitalistischen Wettkampfs und keine staatliche Wettbewerbsverzerrung. Die Frage, die wir uns stellten, war nur, was sie das Pferd genau kosten sollte.

Wir nahmen es also ernst. Entschieden uns zunächst einmal, nicht in den Hörer zu furzen und aufzulegen. Nicht pauschal anzukündigen, dass wir 50 Prozent der deutschen Wirtschaft vergesellschaften würden, um die andere Seite kurz wütend werden zu lassen. Das wäre ein Schenkelklopfer, aber der Situation würde es nicht gerecht. So verwandelte es sich in eine aufwendige Recherche, in der meine Kolleg_innen mit Fachleuten aller Branchen telefonierten. Mit Betriebsrät_innen, mit Mobilitäts- und Gesundheitsexpert_innen.

Bei der Gesundheits- und Wohnungsbranche geht es mehr um eine Gemeinnutzorientierung, also dass mit den Grundbedürfnissen der Menschen nicht spekuliert werden dürfe. Dass Steuern und Subventionen nicht an die Aktionär_innen, sondern direkt in Investitionen gesteckt werden sollten. Bei der Automobilbranche oder der Fleischproduktion ist es grundsätzlicher, die Branchen brauchen einen Komplettumbau. Wir brauchen nicht noch mehr Autos, auch keine E-Autos, sondern eine neue Mobilitätspolitik. Ein System, in dem weniger gependelt wird und die öffentlichen Verkehrsbetriebe stärker gefördert werden. Die Fleischindustrie: Sie muss von der Massentierhaltung weg, hin zu regionalen ökologischen Kleinbetrieben oder ganz zu vegetarischem Fleischersatz umgepolt werden. Jedes Thema ist komplex, denn auch öffentliche Betriebe machen viel Mist, sei es im Wohnungsbau oder im Gesundheitswesen. Und die Frage, wie Finanzmärkte genau funktionieren, wie mit Investitionskapital umgegangen werden kann, wenn es für schnellen Wandel eingesetzt wird, all das ging hier zu weit. Wir hatten nur ein paar Tage Zeit, uns vorzubereiten.

Was uns bei dieser Recherche am meisten umtrieb, war eben die Frage, die sich in jeder Krise stellt: Wie kommen wir hier raus, ohne dass die Gesellschaft von Angst getrieben in die Arme eines rechtsextremen Führers rennt? Und zur aktuellen Situation konkret: Haben die Menschen in Entscheidungspositionen überhaupt einen Plan, wie man mit einer schrumpfenden Wirtschaft umgehen kann, wenn die Klimakrise und die Post-Corona-Rezession richtig einschlagen? Der Kapitalismus kennt nur Wachstum oder Krise. Es ist dringend Zeit, sich ernsthaft nach Alternativen umzuschauen.

Wir mimten also ein Bundesamt, das es nicht gibt. Eines, das hilft. Das schützt. Das realistische Zukunftsszenarien entwickelt und mit den Unternehmen darüber redet, auch wenn sie das nicht gewohnt sind. Sie gaben uns Termine, weil sie vermuteten, dass wir ihre Marktpositionen mit Subventionen stärken würden.

Im Grunde fragten wir sie, ob sie fähig seien, nicht nur mikro-, sondern auch makroökonomisch zu denken, ob sie über die kurzfristigen Interessen des Unternehmens hinaus argumentieren können und welche Pläne sie in der Schublade haben, wenn es nun alles anders kommt, als wir im BWL-Studium erzählt bekommen.

Das ist das Journalistische an dieser Arbeit: Wir stellten eigentlich nur Fragen, suchten Antworten. Antworten, die wir anders nicht bekommen konnten. Nach allgemeiner journalistischer Ethik sind Undercoverrecherchen nur dann gerechtfertigt, wenn man erstens öffentlich relevante Informationen findet, die zweitens auf anderem Weg nicht zu bekommen sind. Ob Herr Buch, der DAX-Vorstand von Vonovia, oder Rolf Schmitz von RWE uns als anarchistisches Kollektiv zurückgerufen und ewig von ihren Subventionswünschen erzählt hätten, wer weiß das schon. Das Problem bei Undercoverrecherchen ist die Ungewissheit, ob man wirklich was findet. Schleust man sich in eine Organisation, eine Behörde oder ein Unternehmen ein und findet keine relevante Information, hat man Menschen umsonst belogen.

Und ich will jetzt nicht priesterlich klingen, aber das ist ja kein kleines Ding! Lügen ist in Deutschland an sich nicht strafbar, aber gerade als Journalist_in ist das, na ja, einfach nicht gut. Da geht es ja um was. Man hätte Methoden angewandt, die das Vertrauen zerrütten. Man hätte das Gefühl bestärkt, auf Konferenzen und Partys nicht mehr unter sich sein zu können, ohne irgendwas bewiesen zu haben, was nicht ohnehin schon alle wussten.

Die meisten Journalist_innen, die ernsthaft zu Korruption recherchieren, werden schon mal an ethische und legale Grenzen gestoßen sein. Ein Bekannter hatte mal in einem nicaraguanischen Hotel einen Haufen Pässe von Tourist_innen eingesteckt, die dort abgestiegen waren. Er musste mit exklusivem Material über die Grenze, in dem Land wurde schon offiziell nach ihm gesucht. Er schaute, welches Passbild ihm am ähnlichsten sah, und ließ den Rest der Dokumente im Hotel. Mit dem passenden Pass überquerte er die Grenze und schickte ihn per Post mit einem Entschuldigungsschreiben zurück. Als der Umschlag ankam, war die Story bereits in allen Medien. Solche Situationen sind selten, doch es gilt eben, immer gut abzuwägen: Ist das Thema wirklich relevant, und kommen wir nicht anders an die Informationen?

Der Telefonhörer tutete. Die Kamera lief, fünf Leute in einem Raum schauten gebannt auf die Leiterin unseres neu gegründeten Bundesamtes, die sich nächtelang in den internationalen Energiemarkt eingelesen hatte. Sie hatte eine Perücke angezogen, um sich in die Rolle der souveränen Diplomat_in einzufühlen, einen Anzug angezogen, Stift und Papier lagen bereit, den Telefonkopfhörer am Ohr. Für jedes Telefonat gab es nur genau eine Chance, Antworten zu bekommen. »Rolf Schmitz, guten Tag«, sagte der Chef von RWE. Dem weltweit größten Energiekonzern. 2019 mit 13 Milliarden Euro Umsatz. Der Chef.

Schmitz, wie wir ihn aus Interviews kennen, hat glatte silberweiße Haare, ein spitzes Gesicht und redet gerne über Wachstum und neue Technologien. Über den Wasserstoffmarkt und wie wir die unendliche Energie der Zukunft aus dem Ausland importieren werden. Das tut er, ganz ohne zu erwähnen, dass die Länder, die erneuerbare Energie nach Deutschland exportieren sollen, sie vermutlich selber brauchen und sonst von fossiler Energie abhängig sind. Für den Kohleausstieg wird er vermutlich um die zwei Milliarden Euro von der Bundesregierung bekommen.[20] Also nicht er, sondern seine Unternehmensbranche. Also am Ende auch zum Teil die Aktionäre. Im Kapitalismus ist es eine gute Idee, jahrelang auf umweltschädliche Technologien zu setzen, weil man sehr viel Geld dafür bekommt, um damit aufzuhören.

Als meine Kollegin ihn freundlich fragte, ob er sich als Schlüsselunternehmen an einer grundlegenden Neugestaltung der Wirtschaft nach dem Kapitalismus beteiligen wolle, wurde er fuchsig. »Das wäre ein absolut historischer Fehler, und ich würde mich vehement mit allem, was ich kann, dagegen aussprechen.« Und obwohl sein gesamtes Wirtschaftsmodell quasi von staatlichen Subventionen lebt, sagte er noch, er habe »noch nie erlebt, dass Politik die Wirtschaft gestaltet hat«. Milliarden von Euro, dafür dass er aufhört, die Klimakrise anzuheizen, sind beschlossene Sache. Aber nein. Er behauptet: »Das wäre ein einmaliges Experiment.«[21] Die Hybris, mit der manche Wirtschaftsbosse auf den Staat zugehen, macht mich traurig.

Eine Grundregel bei künstlerischen Arbeiten ist für mich immer, den Ort der reinen Symbolik zu verlassen und in die Realität einzugreifen. Das war bei *Call a Spy* so, bei *MaskID* und bei Civil Financial Regulation Office. Und es sollte auch hier so sein. Kunst hat einen solch radikal freien und autonomen Status, dass unsere Gesellschaft zu einem diskursiven Trick gegriffen hat: Ich höre immer wieder, eine entlarvende Aktion sei ja »nur Kunst«. Das sei ja nicht echt. Dabei ist jede Kunst echt, unechte Kunst gibt es nicht. Die Frage ist nur, ob die Symbole, die Teil des künstlerischen Werks sind, mit der Realität assoziiert werden können. Sobald man sich in der Symbolik verliert, droht eine Aktion in der Geste zu verpuffen. Bindet man aber beispielsweise politische Gegner_innen in die Stücke so weit mit ein, dass sie zu Schauspieler_innen ihrer selbst werden, sind sie ebenso degradiert, wie sie später versuchen werden, den Kunstbegriff zu degradieren, und man kann sich wieder auf Augenhöhe begegnen.

Die Zuliefererbranche und die Ingenieur_innen in mittleren Positionen waren da anders. Der Herr vom Flughafen Hamburg redete wie in einem ergebnisoffenen Brainstorming mit uns darüber, wie man regionalen Flugverkehr in Europa komplett abschaffen könne. »Ich denk jetzt mal laut«, sagte er. Das sei ja kaum möglich, da müssten einige Flughäfen schließen. Richtig bemüht dachte er weiter: Das Gebäude sei für kaum andere Dinge ausgelegt. Er konnte es sich nicht vorstellen, aber er versuchte es wenigstens.

Der leitende Angestellte des Turbinenherstellers MTU Aero Engines, ein DAX-Unternehmen, das neben der Flugzeug- auch die Rüstungsindustrie beliefert, war auch offen für Wandel. »Ja, also theoretisch können wir auch Züge bauen. Die Maschinen haben wir ja.« Das Problem mit der Phantasie ist nur immer, dass man sich kaum vorstellen kann, wie eine Welt aussieht, in der die Klimakrise alles verändert hat. Für viele ist es einfacher, sich in Star Trek einzufühlen. Eine Welt, in der nur noch zwei Milliarden Menschen leben können, weil die Ressourcen aufgebraucht sind und der größte Teil der Welt in Dürren untergeht, fällt da schwerer. Man denkt nur im Jetzt oder im Nirgendwo. Er auch, als er kurz daran dachte, Züge zu bauen: »Aber der Markt ist ja belegt.«[22]

Das skurrilste Gespräch war eigentlich das mit dem Vertriebsleiter von Westfleisch. Einem Betrieb, der etwa acht Millionen Schweine im Jahr schlachtet. Acht Millionen. Die Berge an Fleisch und Blut, die dort durchfließen, sind unglaublich. Am Telefon versuchte er sich an einer rhetorischen Spitzfindigkeit, die wie ein schlechter Kalauer am Stammtisch klang. »Was heißt denn Massentierhaltung? Wer definiert das denn?«, als bräuchte unser Bundesamt da eine Bestätigung vom Duden: »Sagen Sie mir doch mal 'ne Zahl.«[23] Neben den acht Millionen Schweinen schlachten sie auch Rinder, wenn auch weit weniger. 2005 wurden ihre Schlachthöfe und die Geschäftsstelle eines Subunternehmers durchsucht, weil die Bielefelder Staatsanwaltschaft massive Steuerhinterziehung und die Bildung einer kriminellen Vereinigung bei einem ihrer Subunternehmen vermutete. Arbeiter_innen wurden schlecht bezahlt, ärztliche Atteste wurden gefälscht. Westfleisch sagte, sie hätten von nichts gewusst.[24] Die massenhafte Fleischproduktion scheint keinen Ort zu bieten, an dem Mensch oder Tier sich jemals wohl fühlen werden.

Es sei denn, man nimmt die Tiere da raus. Der Vertriebsleiter bestand während des Gesprächs immer wieder darauf, dass er sich nur nach dem »Zielbild der Politik« richte. Er sagte sogar explizit, dass Westfleisch mit der Schlachtung aufhören könne. »Also ich kann da auch Erbsen in die Maschinen werfen«, sagte er, »das ist das Gleiche für mich.« Als meine Kollegin auflegte, krümmten wir uns vor Lachen. So ein Zitat ist Gold wert. Natürlich war das ein großtuerisches Gehabe und kein ernsthaftes Angebot. Aber es zeigte uns eindringlich, wie Betriebe ticken: Die Politik gibt den Rahmen vor, und was dahinter passiert, hängt von der Kreativität der Unternehmen ab. Die Rahmenbedingungen müssen angesichts der Klimakrise strenger werden, so viel steht fest.

Nur will die Regierung mit den Unternehmen nicht über Planwirtschaft reden. Es wird immer absurder, wie dringend die Politik unser Wissen über die Klimakrise in Handlung umsetzen muss, aber irgendwie traut sich niemand. Eine Analogie, die die Wirtschaftsjournalistin Ulrike Herrmann gerne heranzieht, ist die britische Kriegswirtschaft. Dort sei es gelungen, in Hochgeschwindigkeit auf eine Planwirtschaft mit privatem Unterbau umzusatteln, als klar war, dass man sich gegen Hitler wehren musste.[25] Es sei nur eine Analogie und nicht mit der globalen Weltwirtschaft des 21. Jahrhunderts vergleichbar, aber zumindest, finde ich, gibt es da eine Erfolgsgeschichte, wie man mit staatlichen Vorgaben sehr schnell einer Krise begegnen kann. Und ich glaube auch, dass es ohne Planwirtschaft nicht gehen wird, auch wenn das Wort historisch negativ besetzt ist. Nennen wir es anders: »Überlebenswirtschaft« oder vielleicht, wie Westfleisch es einforderte: »Zielvorgaben der Politik«. Meinetwegen.

Denn, wie gesagt, der Kapitalismus kennt nur Krise oder Wachstum. Weil Wachstum angesichts der kommenden Rezession und der Klimakrise immer schwieriger wird, ist es sehr wahrscheinlich, dass jetzt lange Jahre der ständigen Krisen folgen.

Nun gut, zurück zu unserem journalistischen Vorgehen. Da hatten wir sie nun, alle Gespräche, die wir in drei Tagen erledigen konnten. Eine Skurrilität der deutschen Gesetzgebung ist, dass man keine heimlichen Tonbandaufnahmen machen darf, nur heimliche Bildaufnahmen. Es gab nur mal ein skurriles Urteil des Bundesgerichtshofs, dass die Polizei eine_n Zeug_in anrufen lassen durfte, wenn sie dabei mittels Zweithörer mithörte, weil man heutzutage davon ausgehen müsse, dass so was passiere.[26] Im Prinzip hat der BGH sogar recht, denn mit der Vertraulichkeit des Wortes ist es ja nicht sehr weit her: Allein in Berlin wurden 2019 über eine halbe Million Telefongespräche abgehört. Jede Minute eins. Kein einziger Antrag der Strafverfolgungsbehörden wurde abgelehnt.[27] Aber das geht hier zu weit. Als Journalist_in geht man safe, wenn man keine Gespräche mitschneidet. So haben wir auch brav Gedächtnisprotokolle angefertigt, jede wichtige Aussage gleich mitgeschrieben und auch Zeit und Ort eingeordnet.

Das ist der korrekte Weg. Möglichst präzise Gedächtnisprotokolle, eine Redaktion, die die Inhalte in den richtigen Kontext setzt und dann, bevor man es veröffentlicht, die Gegenseite mit den eigenen Aussagen konfrontiert. Ich hatte schon ein bisschen Bammel, da einen medienrechtlichen Fehler zu machen, und rief ein paar investigative Freund_innen an, wie das genau funktioniert. »In 99 Prozent der Fälle kommt dann ein Brief an deine Redaktion, dass du bei einer Veröffentlichung deines Lebens nicht mehr glücklich wirst und sie dich in Grund und Boden klagen werden«, lachte ein Kumpel, der zu Neonazis und der AfD recherchiert. Wichtig sei aber, keine Persönlichkeitsrechte zu verletzen: Wenn es kein CEO oder eine ähnlich repräsentative Person des Unternehmens war, dann darf man die Person nicht namentlich nennen. Ist die Person im Handelsregister zu finden, also zeichnungsberechtigt, ist es vermutlich kein Problem. Wir hatten nun ausschließlich milliardenstarke Unternehmen – bei kleinen, weniger relevanten Buden wäre das natürlich wieder was anderes. Üblicherweise schickt man den Text 24 bis 48 Stunden vor Veröffentlichung mit der Bitte um Stellungnahme, wir machten es sogar 72 Stunden vorher.

Natürlich kamen empörte Drohungen der Unternehmenssprecher_innen. Die großen Unternehmen, die sich vermutlich eine gute Krisenkommunikation leisten, waren wiederum extra freundlich. RWE-Schmitz säuselte was von Humor und würde sich über einen »wirklichen Diskurs« freuen. Am Code der E-Mail konnte man lesen, wie oft welcher Satz in verschiedenen Programmen redigiert wurde – es war eindeutig von einer PR-Agentur, aber immerhin von seinem privaten

Account an mich adressiert. Auf meine Antwort, wir könnten gerne mit Betroffenen aus dem globalen Süden in diesen Dialog treten, reagierte er natürlich nicht mehr. Kurzum, wir veröffentlichten natürlich trotzdem, obwohl sich mindestens elf Kanzleien der umsatzstärksten Unternehmen Deutschlands mit unserer Publikation befassten. Und nicht nur das, wir veröffentlichten nicht nur die einzelnen Zitate, sondern die kompletten Gedächtnisprotokolle. Damit stellten wir auch sicher, dass man sich den Kontext noch mal genauer anschauen konnte, wenn man Nerd genug ist.

Die Stunden, die das Peng-Team in den Schnitt des Videos, in das Layout und die Tonqualität gesteckt hatte, waren enorm. Dazu wurde noch eine Kunstinstallation auf Kampnagel in eine Telefonzelle gebaut, wo man sich die nachgesprochenen Gespräche und Expert_inneninterviews anhören konnte. Vielleicht war es auch ein Mittel, gegen die Ohnmachtsgefühle der Klimakrise, gegen die Hilflosigkeit während der tobenden Pandemie etwas zu tun. Ob es nun eher aktivistisch oder eher journalistisch war, das muss man im historischen Kontext sehen. Ich denke, dass jeder wachstumskritische Undercovereinsatz im kapitalistischen Kontext immer als aktivistisch wahrgenommen wird, einfach weil er eine Normalität zu entlarven versucht, die bislang noch zu wenig hinterfragt wird. Und das Team ist ja mit einer klaren, prodemokratischen Haltung da rangegangen – ein Aktivismus, der dem unbeirrbaren Wachstumsaktivismus eines Rolf Schmitz stark entgegentrat. Wir waren alle ein bisschen aufgeregt, ein bisschen stolz und am Ende ein bisschen erschöpft nach dem Interviewmarathon, den das Team hinter sich gebracht hatte.

Das ernüchternde Ergebnis war, dass die Unternehmen offenbar kaum einen Plan hatten, mit den aktuellen Anforderungen umzugehen. Die mittleren Ebenen zeigten sich offen, die obersten Chefs hielten an destruktiven Modellen fest. Wenn unser investigativer Telefonstreich auch keinen sozialökologischen Umsturz herbeigeführt hatte, er war zumindest eine geglückte Sportübung.

Apropos: Mediale Mimikry

Was für James Bond Laserstifte und explosive Schlüsselanhänger sind, ist bei uns Mimikry, Kontext-Hacking und Reframing. Und dazu braucht es zunächst eine ordentliche Gegner_innenanalyse. Wie ist ihre Sprache, wie ist ihr Glaubenshorizont, wie sind ihre Manieren? Sind ihre Websites grottenschlecht gemacht, wie bei der Waffenindustrie und lokalen CDU-Gruppen, oder unterstellen sie Luxus und Weisheit mit Serifenschrift und viel weißem Hintergrund? Die Start-up- und Techie-Szene spricht gerne mit verdeutschten Wörtern aus dem englischen BWL-Studium, die Unternehmenswelt spricht gerne in ständigem Selbstlob und hat meistens ein aalglattes Auftreten. In der Chemie- und Rohstoffindustrie sind es platte Frauenwitze, mit denen sie versuchen, sich Freund_innen zu machen. Oder nein: Freunde. Logisch. In der Lobbywelt sind es dezent eingesetzte Manschettenknöpfe von Oxford oder Cambridge, die helfen können, sich gegenseitig als Teil des elitären Standes wiederzuerkennen. Manschettenknöpfe, die es übrigens auch bei eBay gibt.

Wenn der Mensch etwas kann, dann sich an seine Umwelt anpassen. Wenn man erst mal den Respekt vor verschiedenen Codes verliert und sie als Türöffner begreift zu Szenen, die man sonst nie betreten dürfte, dann ist es eine sehr unterhaltsame und abenteuerliche Beschäftigung, die sozialen Biotope kennenzulernen.

Soziale Mimikry, also die Übernahme fremder Codes, um sich unerkannt einzuschleusen, ist das eine. Man kann sie aber auch überspitzen, sie gegen sich selbst einsetzen. So wurden im Dezember 2019 Demos von der Immobilienwirtschaft gegen den Berliner Mietspiegel organisiert, auf denen plötzlich Schilder mit den Sprüchen »Eure Armut kotzt uns an« oder

»Wohnungskrise? Sollen sie halt im Hotel schlafen!« auftauchten. Es wurde mehr über diese Schilder berichtet als über die vermeintlich echten Sorgen der Wohnungsbesitzer_innen.

Der österreichische Künstler Johannes Grenzfurthner, der selbst auch zu Kontext-Hacking publiziert hat, mischte sich im Frühjahr 2005 vermummt unter eine Nazidemo in Bayern. Als Kameras vorbeikamen, machte er den verbotenen Hitlergruß. Als er damit anfing, war der Damm schnell gebrochen, um ihn herum stimmten alle mit ein. Damit hatte er mit ihnen zusammen Medienbilder geschaffen, die sie zeigten, wie sie wirklich sind. Skurril wurde es, als dann ein paar von ihnen dazukamen und sagten: »Stopp, stopp!«, was aus dem Mund eines Nazis wie eine performative Besonderheit klang, »das dürfen wir hier nicht.« Ob Überaffirmation oder Mimikry, jedes Mal geht es darum, die Seiten sichtbar zu machen, die lieber hinter einer Fassade der Selbstgerechtigkeit versteckt bleiben sollen.

Abseits von sozialen Codes können auch trockene Regelwerke genutzt werden, um Strukturen aufzubrechen. Berühmt-berüchtigt ist der organisierte Masseneintritt in die FDP durch linke Student_innen in den neunziger Jahren in Berlin. Mit der Aktion »Projekt absolute Mehrheit – PAM« versuchten sie, mehr Mitglieder zu stellen, als bereits Teil der Partei in Berlin waren: damals etwa 2700. Sie schafften es zwar nicht, aber mit der Ankündigung war die Bedrohung für die kleine Elitenpartei real. Die Berliner FDP führte Interviews, Student_innen wurden nach ihrem »nicht liberalen Aussehen« ausgemustert, der liberale Freiheitsbegriff geriet an seine Grenzen.[28] Ihr eigentlicher Punkt, dass man mehr für »Pildung« ausgeben sollte, wie eine Tübinger Gruppe es ausdrückte, wurde nebenbei auch wahrgenommen.[29]

Zu den herrschaftlichsten Orten, die so subversiv wie eindringlich außer Kraft gesetzt werden können, gehören Gerichte. Der Coach Holger Isabelle Jänicke organisierte mit mir ein Training in Berlin, bei dem wir die Situation vor Gericht nachspielten. Er zog sich eine Robe an, wir stellten die Tische in einen Kreis um ihn herum, und er setzte sich etwas erhöht, damit er wie ein Richter auf uns herabschauen konnte. Die ganze Herrschaftlichkeit des Gerichtssaals wurde nachgebaut und der Ablauf geprobt. Ob sich die Angeklagten einlassen, also etwas zu ihrem Fall sagen, bleibt ihnen selbst überlassen. Holger Isabelle kannte einen Trick aus den Castorprotesten im Wendland: Die_Der Angeklagte bekommt das letzte Wort vor einer eventuellen Urteilsverkündung. In dem Augenblick, so Holger Isabelle, darf man nicht unterbrochen werden, sonst kann der Prozess wegen eines Verfahrensfehlers für ungültig erklärt werden. Er berichtete von Szenen, in denen in solchen Momenten das gesamte Kapital von Marx vorgelesen wurde, wo Lieder gesungen und stundenlange Erzählungen die anwesenden Freund_innen in den Besucherreihen unterhalten haben. Die Staatsanwälte und Richter verloren die Contenance, sie mischten sich ein und produzierten so Prozessfehler mit Unterhaltungswert.

Leider werden in letzter Zeit kreative Verfahrenshacks auch immer öfter von rechten Gruppen angewandt. Die AfD versucht sich in parlamentarischen Abläufen regelmäßig daran, wobei ihr Ziel vermutlich eher die grundsätzliche Zersetzung der demokratischen Ordnung ist, ich erwähnte es im ersten Kapitel. Bei den Demonstrationen nationalistisch-autoritärer Gruppen gegen die Corona-Maßnahmen in Berlin wurden durch ein Programm über 5000 Anmeldungen an die Berliner Versammlungsbehörde geschickt, als der Innensenator Andreas Geisel zunächst versuchte, die Demo wegen potenziellen Nichteinhaltens der Auflagen zu verbieten.[30]

Auch die ironische Übernahme von Codes ist bei den Rechten angekommen: Die Identitäre Bewegung richtete nach unserem Aufruf für innereuropäische Fluchthilfe auf der Website www.fluchthelfer.in die Website www.grenzhelfer.in ein, zum Glück ohne nennenswerte Verbreitungserfolge. Der Leiter des extrem rechten Verlags *Sezession,* Götz Kubitschek, behauptete, wir würden aus den USA finanziert, und schrieb dazu auf seinem Blog: »Die Identitären haben diese US-finanzierte Verbrämung nun fein konterkariert, selbst der Aufbau der web-Seite ist unverkennbar angelehnt an den moraltriefenden Vorläufer.« Hier findet sich anti-imperialistisches Framing, die Übernahme von Codes und das Lob der Mimikry zusammen mit etwas misslungener Poesie: »Von den tausend Blumen, die wir blühen lassen müssen und werden, gebührt grenzhelfer.in ein besonderer Platz: Diese Kampagne ist *der* Frühblüher unter den Aktionen.«[31]

Die wohl am eindeutigsten journalistische Arbeit, an der ich beteiligt war, bei der auch die Zauberei der Recodierung und Mimikry zentral war, kam der rechtsextremen Szene von Kubitschek sehr nah. Sie entstand in Zusammenarbeit mit *Correctiv*, als meine Kollegin und ich uns undercover in die Klimaleugner_innenszene einschleusten.

Journalismus & Aktion:
Unsere Geschäfte mit den Klimaleugner_innen

»Du musst es so schreiben, als wäre es für die *New York Times* oder andere linke Zeitungen«, sagte mir James Taylor, der Chefstratege der neoliberalen, sich libertär nennenden Lobbyorganisation Heartland Institute[32], »das ist die Regel für unsere Redakteure: Du kannst nichts schreiben, das nach Meinung aussieht. Du präsentierst es als Nachricht.« Er schob sich ein paar Erdnüsse in den Mund, im Hintergrund plänkelte das Klavier in der Hotellobby des marmorvertäfelten Marriott-Hotels am Rande von Madrid. Wir saßen auf der Couch abseits der anderen Gäste, ich hatte die Haare zurückgegelt, meinen Anzug zurechtgezupft und fühlte mich wie ein echter Lobbyist. Es gab sie wirklich, die Geschäfte in der Lobby. Auf meiner Visitenkarte stand Matthias Peters, Communication Director von *Faidros*, irgendeiner dubiosen Agentur mit irgendeinem griechischen Namen mit Sitz in Berlin. Das mache Eindruck, meinte mein Kollege.

Während Taylor versuchte, mir ein Angebot zu machen, wie er – für viel Geld – Falschinformationen in die Welt setzen kann, saßen zehn Meter weiter im Essbereich der Lobby seine Kolleg_innen und aßen Steak mit Pommes, als hätten sie alle das Kindermenü auf der Karte eines Edelrestaurants bestellt. Sie wirkten noch nicht ganz angekommen in der kosmopolitischen Konferenzelite. Manche von ihnen waren der festen Überzeugung, etablierte Medien unterlägen einer Verschwörung, die Klimakrise sei eine Erfindung, und Greta sei gekauft.

»Viele werden denken: Hey, das ist eine Information, die ich nutzen kann!«, bewarb Taylor eifrig seine Desinformationsstrategie, »und plötzlich dringst du bei ihnen durch.« Ich nippte an meinem edlen Rotwein. Taylor ist ein Mann mit fleischigem US-amerikanischem Akzent, sein Bauch schob sich ins Hemd, die Lackschuhe poliert. Die tatsächliche Verschwörung passierte direkt vor meiner Nase, ich sollte Teil von ihr werden.

Zwei Monate lang haben meine Kollegin Katarina und ich mit dem Recherchezentrum *Correctiv* und *Frontal21* auf diesen Moment hingearbeitet. Wir überlegten uns verspinnerte Covergeschichten, die aus einem schlechten Lobbykrimi stammen könnten, hatten auf AfD-nahen Konferenzen in München Hände geschüttelt und Schultern geklopft. Nun waren wir schließlich auf einer Gegenveranstaltung der

COP25-UN-Klimakonferenz in Madrid gelandet. Wobei es schon fast eine Falschinformation ist, das eine Gegenveranstaltung zu nennen: Gegenüber 25 000 Teilnehmer_innen, darunter Präsident_innen und Minister_innen, NGOs und indigene Protestbewegungen in den Messehallen der offiziellen Konferenz waren hier maximal 25 Leute in einem klimatisierten Räumchen. Sie saßen da, in Räumen mit abgehängten Decken und einer Nestlé-Presspad-Kaffemaschine, gleich an der Autobahnauffahrt. Sie stellten die Kameras so auf, dass man das kleine Publikum nicht sehen konnte. Wir waren mit falscher Identität unter echten Fakern.

Sie nennen sich die Klimaskeptiker oder Klimarealisten. Ohne »_innen« versteht sich.

Ob sie selbst wirklich glauben, was sie sagen, werden wir vermutlich nie erfahren. Schon in München hörten wir uns Wochen zuvor stundenlang Vorträge an, bei denen Versuche in Hintergärten präsentiert wurden. Sie sollten beweisen, dass das mit dem CO_2 als Verursacher des Treibhauseffekts nicht sein könne. Dass das Klima sich gar nicht wandele. Und wenn es sich wandele, eben nicht wegen der Menschen. Und wenn es sich wegen der Menschen wandele, na dann sei es noch lange kein Problem. Im Gegenteil, und dafür gebe es auch Beweise, etwa im Zeitraffer aufgenommene Pflanzen auf YouTube.

Das Publikum bestand zum Großteil aus älteren weißen Herren, die sich auch in den Pausen von diesen YouTube-Videos erzählten. So hatte jede_r seine eigene Erzählung, warum das alles Schmu sei. Neben uns saß jemand, der sich als »Frei« mit Nachnamen vorstellte und darauf verwies, dass die göttliche Schöpfung von den Menschen nicht ohne weiteres kritisiert werden dürfe: Gott habe das CO_2 erfunden, daher könne es nicht schlecht sein. Die Konferenzteilnehmer_innen wirkten wie die Vergessenen, die Abgelehnten, die sich vor allem gegen den Wandel der Welt auflehnten und einen

Journalismus & Aktion

Schutzraum geschaffen hatten, in dem sie sich wenigstens gegenseitig noch zuhörten. Da konnten sie auf die Bühne, wenn doch schon die versammelte internationale Wissenschaft eine andere Sprache sprach.

Der aktuelle Stand der Forschung ist eindeutig: Im Intergovernmental Panel on Climate Change (IPCC) werden die Forschungsergebnisse der anerkanntesten Klimaforscher_innen weltweit regelmäßig ausgewertet. Die Klimakrise ist dramatisch, wir stecken mittendrin.[33] Die Realität fällt Jahr für Jahr weit drastischer aus, als es prognostiziert wurde. Der Handlungsdruck ist groß, die Konsequenzen der Klimakrise bedeuten für die Politik einen grundlegenden Paradigmenwechsel. Ein Paradigmenwechsel, der Abschied nimmt vom ewigen Wachstum, vom fossilen Energieverbrauch, von industrieller Massentierhaltung und vom motorisierten Individualverkehr. Das ist schwer zu ertragen, wenn man sein ganzes Leben diese Branchen mitgestaltet hat, wenn mit 60, 70 Jahren das eigene Lebenswerk umgedeutet wird. Wenn die Erfolge, die man vorzuweisen hat, zu einer Last für die nächste Generation werden.

Wer das nicht glauben will, findet bei den Klimaleugner_innen Alliierte. Ganz vorne dabei: die AfD. Ihr ehemaliger Bundessprecher Alexander Gauland setzte nach den Erfolgen der Fridays-for-Future-Bewegung im September 2019 auf das Mobilisierungspotenzial des Themas: »Die Kritik an der sogenannten Klimaschutzpolitik ist nach dem Euro und der Zuwanderung das dritte große Thema für die AfD«, sagte Gauland, gefolgt von einem Raunen in den Medien.[34]

Spätestens als wir diese Aussage in den Nachrichten lasen, wurden wir neugierig. Als kleiner Haufen Unbeirrbarer in Tagungshotels Leberwurst aus Zehn-Gramm-Packungen zu frühstücken und sich über Greta zu ärgern, ist das eine, aber dem wissenschaftlichen Konsens als größte Oppositionspartei zu widersprechen, das braucht professionelle Beratung. Wie argumentiert man da, was sind die rhetorischen Figuren, derer man sich bedienen kann?

So kamen wir zum Verein EIKE, dessen Lobbyarbeit in Sachen Klimapolitik sich liest wie ein schlüsselfertiges Konzept für die rechtsextreme Partei. EIKE steht für »Europäisches Institut für Klima und Energie«. Während der Recherche war mir eine Mitgliederliste in die Hände gefallen. Die Parteien, denen die älteren Herren – soweit meine Namensliste noch aktuell ist – hauptsächlich angehören, sind die AfD, die FDP und die CDU. Und die Zusammenarbeit geschieht auch ganz offiziell: Der Vizepräsident von EIKE, Michael Limburg, ist ein Mitarbeiter von Karsten Hilse. Er beteiligte sich am Parteiprogramm der AfD in Sachen Klimapolitik.

Hilse, ein Recht-und-Ordnung-Politiker aus Hoyerswerda, sitzt für die AfD im Bundestag und hält regelmäßig Reden als Mitglied des Umweltausschusses vor dem Plenum. Die Rhetorik ist dabei erstaunlich nah an dem, was wir auch auf den Kongressen hörten: Er spricht von »Klimahysterie«, von »Klimaalarmisten«, Greta sei krank und das alles ohnehin finanziert von einem »ökoindustriellen Komplex«. Demgegenüber stehen die »Klimarealisten«, wie sich auch Gero Hocker von der FDP nennt, der schon seit 2013 gegen das IPCC als Angsttreiber wettert. Genau diese Worte hatten wir auch auf den Konferenzen gehört, bei denen die Klimakrise negiert wird.

Je tiefer wir gruben, desto mehr personelle Überschneidungen fanden wir, desto öfter trafen wir auf sprachliche Figuren, die wir auf den Konferenzen ständig zu hören bekamen. Hans-Joachim Lüdecke, der Pressesprecher von EIKE, wurde als Sachverständiger in den Umweltausschuss des Bundestags eingeladen, wo er prompt den menschengemachten Klimawandel leugnete. Dirk Niebel, der ehemalige Entwicklungsminister der FDP, sprach 2007 auch von einer »Klimahysterie«, die vor allem Geld mobilisieren solle: »Eine Hysterie, die die Politiker zwingt, Forschungsgelder bereitzustellen, ist ein wunderbares Vehikel, zu Geld, Publikationen und damit zu Ansehen zu gelangen«, sagte er der *Welt am Sonntag*.[35] 2020 tauchte auch der frühere FDP-Wirtschaftsminister aus Sachsen-Anhalt, Horst Rehberger, zusammen mit CDU-Politiker_innen auf einer Kampagnenwebsite namens »Klimafragen« auf.[36] Es sind wieder die üblichen Verdächtigen: Abgehängte, Nicht-mehr-ernst-Genommene wie eine Vera Lengsfeld, wie ein Lüdecke, wie die »WerteUnion«, in dem Fall ihr Ableger aus Bayern. Ein Ableger, der sich als »konservativen Aufbruch« innerhalb der CDU darstellt, aber von der Parteispitze nicht anerkannt und eher eine extreme Rechtsaußengruppierung innerhalb der Partei ist – rund um den gefallenen Verfassungsschutzchef und Verschwörungstheoretiker Hans-Georg Maaßen. Sie wären bemitleidenswert, wäre die Situation nicht so ernst.

Wir kauften uns also zwei Tagungstickets für die Konferenz des EIKE Vereins in München, es ist Ende November 2019. Unsere echten Namen sind schnell im Netz zu finden – als Tortenwerfer von von Storch oder Reporterin von *Correctiv*. Beides Kandidat_innen, die der EIKE-Verein ungern einladen würde. Bei einem Dreh der ARD-Sendung *Monitor* ist der Präsident des Vereins, Holger Thuß, gegenüber den Reporter_innen handgreiflich geworden. Bei einer Kollegin von *Correctiv* reagierten sie prompt mit Hausverbot, als sie sich bei einer anderen EIKE-Veranstaltung offiziell akkreditieren wollte. Wir brauchten also andere Namen. Damit wir trotzdem die Tickets online bezahlen konnten, ohne unsere echten Namen anzugeben, wandelten wir nur die Vornamen ab – aus Katarina wurde Karina, ich erfand Matthias dazu. Der Trick mit Karina war, dass man bei PayPal ohne gesonderte Überprüfung ein paar Buchstaben im Vornamen ändern konnte.

Würden sie den Personalausweis kontrollieren wollen, würde das auch nicht weiter auffallen.

Und tatsächlich: Es klappte. Wir bekamen zwei Tickets zu je 220 Euro. Jetzt wurde es real, ging weg von der Onlinerecherche am Laptop. Im nächsten Schritt würden wir Menschen begegnen, ihnen in die Augen schauen, würden unsere Thesen überprüfen können.

Nach einigem Hin und Her – der ursprüngliche Tagungsort hatte EIKE kurzfristig abgesagt, als sie erfuhren, wer dahintersteckte – fanden wir uns in der Münchener Wappenhalle wieder, einem ehemaligen Flughafenbau von 1939 auf dem Messegelände der bayerischen Hauptstadt. Da saßen wir, zwischen etwa 250 meist älteren weißen Herren, in nationalsozialistischer Architektur, als James Taylor uns das erste Mal persönlich begegnete. Es sei beachtlich, dass man sich 2019 als wissenschaftlicher Kongress »verstecken« müsse, sagte er auf der Bühne.[37]

Wir passten ihn später zum Abendessen ab, wo er den Holocaust als rein menschliches Phänomen beschrieb, so was sei ja auch unter Stalin und Pol Pot geschehen. Wir hatten im Laufe des Abends immer wieder kurz Kontakt zu ihm, boten intellektuellen Dialog auf Augenhöhe. Wir stritten uns mit ihm bei gediegenem Weißbier und Krautsalat und bestanden darauf, dass die industrielle Vernichtung von Juden ein singuläres Ereignis sei. Später fragte ich ihn auch, warum so wenig Frauen da sind – sie seien so emotional, antwortete er, Katarina blieb das Essen kurz im Halse stecken. Frauen würden bei den angeblichen Propagandabildern der Menschen, die wegen Klimakatastrophen fliehen, eben weich werden. Außerdem seien sie von naturwissenschaftlichen Laufbahnen weitestgehend ausgeschlossen.

Es war offensichtlich, dass wir das anders sehen, und dieses Ernstnehmen war, glaube ich, der Schlüssel, der unser Cover aufrechterhielt: Hätten wir in allem zugestimmt, hätten wir versucht, nationalistische Patrioten zu spielen, die Frauen als mindere Wesen ansehen, wäre das nicht authentisch gewesen. Der Grund, warum wir da seien, erzählten wir, war nicht, weil wir an das glaubten, was er sagte, sondern einfach, weil wir ein Marktpotenzial in seinen Geschichten witterten. Wäre die Klimakrise ernst zu nehmen, würden immer mehr Menschen versuchen, sie zu negieren, rechneten wir vor. Wäre sie es nicht, würden unsere Kund_innen aus der Automobilindustrie erst recht Interesse an seinen Erzählungen haben.

Das ist vermutlich das Ernüchternde an dieser Recherche: Argumentiert man mit Profitinteresse und Marktlogik, wird einem immer geglaubt. Egal was die politischen Konsequenzen sind.

Er glaubte uns. Und lud uns nach Madrid ein, auf das nächste Treffen am Rande der UN-Klimakonferenz, die für Journalist_innen geschlossen war. Durch diese zynische Coverstory hatten wir den Zugang zum intimen Kreis der internationalen Klimaleugner_innenszene bekommen.

Zehn Tage später saßen Katarina und ich in einem Frühstückscafé des Madrider Stadtteils Lavapiés bei Tostadas con Tomate und einem Pott Kaffee. Wir durchsuchten noch mal unser E-Mail-Postfach, Taylor hatte sich immer noch nicht mit Details gemeldet. Wir wussten nur, dass es heute sein musste, irgendwo in dieser Stadt. Hatte er uns vergessen, hatte er doch noch Verdacht geschöpft? Doch dann erinnerte sich Katarina an einen geschlossenen Newsletter, zu dem sie Zugang bekommen hatte – dort waren Ort und Zeit angegeben. Wir hatten noch zwei Stunden.

In Windeseile klatschten wir uns die Haare nach hinten. Bluse, Pumps, Handtasche und Krawatte, Jackett, Lackschühchen. Und nicht zu vergessen: unsere versteckten Kameras in der Uhr und im Kuli, die wir im Internet gefunden hatten, als wir »Spyware« eingegeben hatten. Wir rannten vor die Tür, wieder rein, weil wir die Visitenkarten vergessen hatten. Wieder raus, wieder rein, weil das zweite Handy fehlte. So eine Aufregung, für so eine langweilige Konferenz.

Diesmal war es Taylors Heartland Institute, das die heitere Klimaleugnungsrunde veranstaltete, nicht EIKE. Sie nannten es »Climate Reality Forum«. Da ist er wieder, der Realismus. Das Heartland Institute mit Sitz in Chicago hat etwa 40 Mitarbeiter_innen, in der Vergangenheit hatten sie vor allem die Tabakindustrie beraten, versuchten mit denselben Floskeln für Philip Morris die Marktanteile zu retten, die irgendwann nicht mehr zu retten waren: Freiheit, Realismus, alles andere sei Angstmacherei. Heute, sollte mir Taylor später unter vier Augen erzählen, mache die Lobbyarbeit im Klimabereich knapp drei Viertel des Budgets aus, das sie einspielten.

In den vergangenen Tagen hatten wir uns mit der *Correctiv*-Redaktion durch US-amerikanische Steuerdokumente gefressen. Die aktivistisch-journalistische Plattform *DeSmog* hat umfangreiche Datenbanken über die Klimalobby aufgebaut, wo wir auch die Zusammenhänge zwischen Industrie und dem Institut nachvollziehen konnten. In den USA müssen Organisationen ihre Spenden in den Steuerberichten offenlegen, so fanden wir dort Belege, wonach gerade die fossilen Industrieunternehmen an das Heartland Institute spendeten, also Öl, Kohle oder damit verbunden die Rüstungs- und Flugzeugindustrie. Das machten sie manchmal über ihre unternehmensnahen Stiftungen – die Bradley Foundation kommt aus der Rüstungs- und Flugindustrie, die Charles Koch Foundation aus der Kohleindustrie, die Mercer Foundation hat vor allem am Finanzmarkt ihr Vermögen angesammelt. Bei letzterer ist heikel, dass Robert Mercer auch für die Finanzierung des Trump-Wahlkampfes mit unlauteren Methoden bekannt wurde. Meine Kollegin von *Correctiv* hatte auch Dokumente über Spenden durch den Ölkonzern Exxon Mobile gefunden,

Journalismus & Aktion

in einem Artikel auf *The Intercept* fand ich Links zu Insolvenzdokumenten des Kohlekonzerns Murray Corporation, der auch Geld an Heartland überwiesen hatte.[38]

Dann fiel aber auf, dass immer weniger Geld von einzelnen Stiftungen und Unternehmen floss und immer mehr aus einer Quelle kam: dem sogenannten Donors Trust. Wir vermuteten, dass es eine Verschleierungsorganisation ist. Doch beweisen konnten wir das bisher nicht.

Zurück zum beengenden Konferenzraum im fünften Stock des Marriotts in Madrid. Katarina und ich gingen betont lässig hinein, vorbei am Kaffeetisch mit ökologisch abbaubaren Kondenzmilchtütchen, es war gerade Pause. Ich ging zielstrebig auf die erste Reihe zu, klopfte Taylor auf die Schulter, schön dich wiederzusehen. Auf dem Weg zum Hotel hatte er mir tatsächlich noch eine E-Mail geschickt, wir waren also nicht unerwünscht. Vor allem aber sahen alle anderen im Raum, dass ich kein Unbekannter war, ich kannte offenbar den Chef des Ganzen, den Hauptredner und Spindoktor aus den USA. Es waren diese kleinen Momente, die unser Cover realistisch erscheinen, die die skeptischen Blicke der Klimaskeptiker_innen an uns vorbeischweifen ließen.

Am Abendessenstisch, acht lähmende Stunden später, kam der entscheidende Moment, an dem Taylor mir dann alles erzählen sollte. Die Konferenz geschafft, die Fritten und Steaks auf dem Tisch, Taylor mit feinem Rotweinglas in der Hand. Gleich als ich angekommen war, mit dem Schulterklopf-ich-kenn-den-Chef-Move, hatte ich auch erwähnt, dass ich gute Nachrichten mitgebracht hätte, doch dazu später, wenn er Zeit habe. Er wusste, wer ich war, gute Nachrichten konnten nur heißen, dass mein Kunde aus der Automobilindustrie Interesse an einer Kooperation hatte. Ich ging auf ihn zu: »Do you have a moment?« Jetzt hatte er Zeit.

Das folgende Gespräch, das wir in diesen 30 Minuten

führten, hat sich für immer in mein Gedächtnis eingebrannt. Nicht nur das Adrenalin in meinem Blut, die absurde Abgewichstheit unserer beiden Charaktere, die sich an den Rand der Hotellobby setzten, sondern auch die einfache Tatsache, dass ich den ganzen Ablauf direkt im Anschluss haargenau als Gedächtnisprotokoll an die *Correctiv*-Redaktion schickte, machten die ganze Szene zu einer leuchtenden Erinnerung.

Ich eröffnete damit, dass die guten Nachrichten einen Haken hätten: Mein Kunde wolle zwar eine halbe Million Euro an EIKE spenden, dabei aber gerne anonym bleiben. Ob Taylor eine Idee habe, wie das gehen könne.

Wie aus der Pistole geschossen, sagt er, das ginge über den Donors Trust. »You give money to the group and you say to which organization your money should go to, and they distribute it.«[39] Die Organisation schleust das Geld also einfach weiter, der Ursprung des Geldes sei nicht mehr zu belegen. Dafür nehmen sie zehn bis 20 Prozent in die eigene Tasche. Es war offensichtlich nicht das erste Mal, dass er dieses System erklärte. Er könne mich mit ihnen in Verbindung setzen, dann würde das schon gehen.

Ich war in der Welt der dreckigen Geschäfte angekommen, des globalen Spendengeld-Schleuser-Services. Er fing an, seine Lobbystrategien auszubreiten, seine Erfolge und wie wichtig Klimathemen für seine Sponsoren aus der Industrie mittlerweile seien. Er beschrieb die genaue Mechanik der Desinformation: wie gezielt Informationen ausgelassen werden, wie Stil und Layout auszusehen hätten, wie nur liebsame Quellen zitiert werden. Es soll offenbar aussehen wie die *New York Times*, aber Sorgfalt und Ausgewogenheit sind kein Maßstab für ihn. Ich zitierte ihn bereits.

Vor allem lenkte er immer wieder dezent meine Aufmerksamkeit auf die Vorteile, die mein Kunde haben würde, wenn er an Heartland und nicht an EIKE spenden würde. Das machte zwar keinen Sinn, eine US-amerikanische Lobbyorganisation zu fördern, wenn ich doch den europäischen Markt erschließen wollte, aber hier ging es am Ende ja um Geld. Sosehr er seine Kollegen am Nebentisch lobte, so sehr versuchte er auch, sie auf dem Spendenmarkt auszustechen. In der Klimaleugner_innenszene, die sich ihrer eigenen Darstellung nach für den freien Meinungsaustausch einsetzt, ist sich jeder immer noch selbst am nächsten.

Katarina hielt während des ganzen Gesprächs Stellung am Frittentisch, unterhielt sich charmant lächelnd mit allen Teilnehmenden der Konferenz. Unsere Rollen hatten wir der Szene angepasst: Ich war der Unternehmer, der Machertyp mit den Fäden in der Hand, sie die junge Frau, die hauptsächlich Fragen stellt und im Zweifel auf mich verweist. Klares Genderklischee. Das war bei der inszenierten Friedenspreisverleihung für die Waffenindustrie schon so: Wären wir als emanzipierte und diversifizierte Gruppe aufgetreten, wären wir aufgefallen. Das Patriarchat bleibt am liebsten unter Patriarchalen.

Debbie Dorsey kam auf Katarina zu, eine Viehzüchterin aus den USA, hatte einen sitzen und fasste sich ein Herz. Dorsey heißt eigentlich anders, im Gegensatz zu Taylor, aber ich will ihre Identität schützen. Sie ist öffentlich nicht relevant. Wie schön wir doch seien, sagte sie überschwänglich, und sowieso, es sei alles so herrlich. Irgendwas suchte sie, um zu bonden. Dann zog sie einen Kugelschreiber aus der Tasche, zeigte Katarina die versteckte Kamera am Ende des Stiftes. »Du ahnst nicht, was dir die Menschen alles erzählen, wenn sie nicht wissen, wer du bist.« Gleich am nächsten Tag wolle sie die auf der UN-Klimakonferenz ausprobieren, um Aktivist_innen zu filmen.

Katarina erzählte mir von dieser Szene erst hinterher, wir wussten nicht, wie wir sie einordnen sollten. Die Realität war so grotesk, dass es uns niemand glauben würde: Katarina hatte exakt dasselbe Modell in der Blazertasche und fummelte es unauffällig zur Seite, als Debbie stolz mit ihrem eigenen Spycam-Kuli angab.

Wir brauchten mindestens eine Woche, um die vielen skurrilen Erfahrungen zu verarbeiten. Schon auf dem Rückweg zu unserer Unterkunft spürten wir unsere Neuronen, wir glucksten »Fuuuuck, was ist da gerade passiiiiiert?«, schickten der Redaktion in Berlin schnell Uns-geht's-gut-Nachrichten, tranken ein Bier an einer einsamen Bar, die vertrocknete Tortilla vom Mittagstisch im Angebot hatte. Wir suchten nach Erlebnissen, um zurück in die Normalität zu kommen.

Etwa einen Monat später, zurück in der Berliner *Correctiv*-Redaktion, überlegten wir mit den Kolleg_innen, noch einen Schritt weiter zu gehen. Schön und gut, das Gedächtnisprotokoll und die Filmaufnahmen zu haben, aber wir wollten es schriftlich. Kurz entschlossen rief ich Taylor an, sagte, es sei so weit. Mein Kunde wolle jetzt schon mal zahlen, bevor das Steuerjahr vorbei sei. Ob er was zu Diesel machen könne.

Er hatte noch nie von der deutschen Dieseldebatte gehört. Aber klar, warum nicht. In dem etwa zwanzigminütigen Telefonat bot er mir auch an, dass die junge YouTuberin, die bei beiden Konferenzen dabei war, auch was zu dem Thema machen könnte. Ich fragte, ob wir ihr Schlüsselbegriffe schicken könnten, die sie in den Videos erwähnen solle. »Absolut«, sagte er, »Stichpunkte, Schlagworte, die Art und Weise, etwas zu präsentieren.« Es klang alles so normal, als würde ich an der Wursttheke im Supermarkt 100 Gramm Mortadella bestellen. So wird Karsten Hilse darauf gekommen sein, dass ein ökoindustrieller Komplex die Greta kauft. Zwei Stunden später schickte er mir ein zweiseitiges schriftliches Angebot.

Es war ein Angebot aus der Kiste der Desinformationsfabrik. Die YouTuberin, ein paar Konferenzen, alles auf die »unkluge« Klimapolitik Deutschlands fokussiert. Taylors

Mitarbeiter von Heartland (alles Männer) würden ihre vermeintliche Expertise einsetzen, sie würden »wichtige Informationen über die empfindlichen wirtschaftlichen Kosten deutscher Umweltauflagen recherchieren und präsentieren«. Einer von ihnen habe sogar in Harvard studiert, der andere angeblich Ronald Reagan und Bush senior beraten. Taylor hatte offenbar kurz gegoogelt, was es mit dem Diesel auf sich hat: Abgase seien ungesund. Dafür wolle er einen Arzt und einen Biostatistiker engagieren. Wissenschaftliche Expert_innen, »die Heartland – bei angemessener Bezahlung – nutzen möchte, um die Aufmerksamkeit auf die minimalen gesundheitlichen Auswirkungen von Dieselmotoren, Kohlekraftwerken und anderen konventionellen Energiequellen zu lenken«.

Nachdem wir diese Geschichte veröffentlicht hatten, überschlugen sich Kommentare und Meldungen, wie ich es selten erlebt hatte. Wissenschaftler_innen bedankten sich, die *New York Times* empfahl unseren Artikel, sogar Sheila Coronel und Emily Bell, Professorinnen an der Columbia Journalism School, lobten die Arbeit.[40] Ich war ganz schön stolz, das geschafft zu haben, war gerührt von der Stärke der *Correctiv*-Redaktion, die jeden einzelnen Schritt der Konfrontation und Veröffentlichung mit uns gegangen war, professionell und menschlich. Ein paar Monate später wurde einigen Mitarbeiter_innen beim Heartland Institute gekündigt, die daraufhin Interna an die *Huffington Post* leakten. Die YouTuberin distanzierte sich teilweise, sagte, sie wolle kein Geld mehr von Heartland annehmen. Nur James Taylor, der kam weiter: Er wurde zum Präsidenten der Lobbyorganisation befördert.

Wenn die Hoffnung stirbt, können wir uns trotzdem organisieren

Die Nachricht war ein Schock. Der 25. Juni 2018 war der erste Tag, an dem die Europäische Union dafür plädierte, Menschen in Seenot sich selbst zu überlassen. Die »Lifeline« mit 234 Überlebenden an Bord wurde nicht an Land gelassen. Am nächsten Tag, als die Lähmung nachließ, schaute ich durch mein Telefonbuch, schrieb emsig einer Handvoll Freund_innen, ob wir was dagegen unternehmen wollen. Empfand nur ich die Dringlichkeit? War das naiv? Der Festivalsommer war angebrochen, in Deutschland roch es nach Sonnencreme, die Finger klebten vom Wassereis. Wenn ich zurückschaue, wird mir bewusst, wie wichtig diese Naivität war. Es gab keine Gewissheit, mehr noch: Es war völlig unrealistisch, dass sich jemand zurückmelden würde.

Das Gefühl der Ungewissheit steigt.

Und genau das ist der Punkt. Wir haben paradoxerweise, trotz des exponentiellen Anstiegs und Zugangs zu Wissen, immer weniger Gewissheit, was wohl als Nächstes passieren wird. Die Klimakrise wird immer und immer wieder wissenschaftlich bewiesen. Kommende Dürren werden errechnet und rote Gürtel um die Erde visualisiert, Taifune oder zerbrechende Gletscher werden durch komplexe Datenmessungen vorhergesagt. Aber es ist völlig ungewiss, ob wir uns als Gesellschaft darauf einigen können, das Ruder rumzureißen. Ob wir in zehn Jahren noch Aperol Spritz trinken oder schon mit einer Karawane nach Sibirien wandern werden, um uns in Sicherheit zu bringen.

Wir nehmen es wahr, aber haben, gar als globale Gesellschaft, nicht gelernt, so schnell so radikal unser System umzubauen, wie es notwendig zu sein scheint. Wie eine Fliege, die eine nach ihr schlagende Hand in Zeitlupe sieht, schauen wir zu, wie die Klimakrise, die neurechten Bewegungen, die ökonomischen Deregulierungsmissionen die Erde erfassen. Mehr noch, unsere eigenen Hände feuern sie an, die menschengemachte Klimakrise, unsere Füße stehen still vor den Nazidemos und bankenfreundlichen Sozialdemokrat_innen, während unser Geist sagt: Shit.

Es bleibt die Frage, wie wir dieses kurze, aber so bedeutende Zeitfenster gestalten. Schafft unsere Fliege es, noch rechtzeitig zu entkommen? Oder werden wir zermatscht in globalen Bürgerkriegen und eskalierenden Kämpfen um immer knapper werdende Ressourcen?

Wir sind ja selber schuld. Es ist keinem Kind zu erklären, weshalb wir die Straßen mit so vielen Autos vollgestopft haben. Weshalb wir juristische Personen, also primär profitorientierte Unternehmen, mit mehr Macht ausstatten als echte Menschen. Wieso wir Haie innerhalb von 40 Jahren auf ein Fünftel ihres weltweiten Bestandes geschrumpft haben, einfach nur, weil wir Haifischflossensuppe zu einem ganz guten Preis verkaufen können. Die Klimakrise ist Common Sense, und zugleich werden die Pumpen der zerstörerischen Industrialisierung noch mal so richtig angeschmissen, um der Welt den Rest zu geben. Wir hören dabei zu, wie die Hand langsam aufprallt, die ersten Knochen knacken, Flügel brechen, Hoffnung schwindet.

Und doch: Jahr für Jahr strömen immer mehr Menschen gegen fossile Energiepolitik auf die Straßen, fluten Kohlegruben, besetzen Parlamente und kämpfen für eine gerechtere Zukunft. Allein im März 2019 waren es über 1,6 Millionen Menschen in über 1600 Städten in 125 Ländern der Welt. Allein nach dem Mord an George Floyd durch die Polizei in den USA haben dort zwischen 15 und 26 Millionen Menschen an Protesten teilgenommen, was die Black-Lives-Matter-Bewegung laut *New York Times* zur stärksten in der Geschichte des Landes machen dürfte.[1] Die Hoffnung, sie ist noch unter uns.

Soziale Bewegungen existieren immer parallel und streben dabei in verschiedene Richtungen, befruchten sich gegenseitig und bekämpfen sich dabei. In den sechziger Jahren waren es mehrere progressive, teils sehr erfolgreiche Bewegungen, die sich aufeinander bezogen. Die Homobewegung wurde beispielsweise von vielen Gewerkschafter_innen verachtet, die Ökobewegung wiederum unterstützte Antimilitarist_innen. Gemeinsam entwickelten sie eine Kraft, die als »eine« 68er-Revolution bekannt wurde. Parallel zu diesen Strömungen erstarkten aber die bis heute erfolgreichsten sozialen Bewegungen: das Bürgertum und der Neoliberalismus – ihre Vertreter_innen füllen weltweit den Großteil der Parlamente, sie bekleiden die Chefposten der großen Wirtschaftsunternehmen und bedeutender NGOs.

Hinzu kommen heute viele parallele regressive Bewegungen – ein Erstarken des Autoritarismus, des Nationalismus, des Rassismus und ein letztes Aufbäumen patriarchaler Strukturen. Je erfolgreicher Minderheiten, die selbst in den letzten 100 Jahren kaum eine Stimme hatten, Gehör finden, desto lauter jaulen die Regressiven auf. Wenn Menschen, die von der Dominanzgesellschaft marginalisiert werden, sich miteinander solidarisieren, spüren sie eine Geschlossenheit der regressiven Kräfte, die ihr Terrain verteidigen.

Auch wenn es oft nicht so scheint, jeder Kampf ist der Mühe wert. Achtsam, liebevoll, aber bestimmt.

Aber wie schafft man die Bedingungen, um sich in Kämpfe für soziale und ökologische Gerechtigkeit zu werfen, als gäbe es kein Morgen? Oder eben: Als gäbe es vielleicht doch noch ein Morgen?

Ich kann da nur von mir sprechen, und für mich gilt es erst mal, die Voraussetzungen zu schaffen, Risiken überhaupt eingehen zu wollen. Die wichtigsten Stützen für Risikobereitschaft und erfolgreiche Proteste sind: ein starkes soziales Netzwerk, kompetente juristische Unterstützung und gesellschaftliche Legitimation. Na klar, und mir meiner Werte immer wieder bewusst zu werden. Also auch gute Freund_innen, um mich und meine Werte im vertrauten Raum in Frage stellen zu können. Unterschiede in der Bewegung zuzulassen und multiple Taktiken zeitgleich zu fahren. Und schließlich: unbedingtes Vertrauen in die Unendlichkeit von Dilettantismus. Sonst könnte ich nie die Kontrolle loslassen, was wiederum ein wichtiger Schlüssel für fundamentale Veränderung ist.

Zum Abschluss dieses Buchs will ich versuchen, eine Art kleine Anleitung mitzugeben, aufzuzeigen, was mir geholfen hat, immer wieder aufzustehen. Also noch mal, Schritt für Schritt.

1. Soziales Netzwerk: Reiche Eltern und mächtige Kontakte machen das Leben um ein Vielfaches leichter. Das Blöde ist: Sie sind ungerecht verteilt, und es gibt richtig fiese Dynamiken, sich abzuschotten, je besser es einem geht. Es ist ein eigenes Buch wert, wie die Betonwände und Gated Communitys um soziales Kapital durchbrochen werden können.

Schauen wir hier also erst mal auf die Bezugsgruppen. Wenn Sie nicht das Glück haben, von Freund_innen umgeben zu sein, die Sie bei Aktionen zivilen Ungehorsams begleiten wollen, finden Sie massenweise Ortsgruppen in allen europäischen Städten, die sich beispielsweise für eine sozial gerechte Antwort auf die Klimakrise einsetzen. Wenn Sie also noch Anschluss brauchen, gehen Sie hin und raufen Sie Ihre gesamte soziale Kompetenz zusammen. In den allermeisten Fällen sind das sehr liebe Menschen. Ohne die wird niemand vor der Gefangenensammelstelle mit Suppe auf Sie warten, wenn Sie nach einer Kohlebaggerblockade festgenommen wurden. Es wird niemand mit Ihnen zum Gerichtssaal gehen und mit Ihnen lachen, wenn Sie vor dem Richter eine zweistündige politische Einlassung vorlesen, oder klatschen, wenn Sie freigesprochen werden. Ohne sie ist alles nur halb so lustig.

2. Juristischer Rückhalt: gute Anwält_innen sind Gold wert. Es gibt Strafrechtsanwält_innen, wenn Sie was blockieren, Medienrechtler_innen, wenn Sie das Logo eines verantwortungslosen Unternehmens verunglimpfen wollen, oder Profis für Ausländerrecht, wenn Sie überlegen, wie man Menschen helfen kann, die ohne europäischen Pass frei reisen wollen. Fragen Sie bei politischen Gruppen nach, wen sie empfehlen können. Wenn Sie eine gute Idee und ein edles Motiv haben, werden Anwält_innen Sie häufig kostenlos beraten. Schließlich sind die meisten dafür Rechtsgelehrte geworden: für eine Gerechtigkeit, die sie viel zu selten verteidigen dürfen.

3. Gesellschaftliche Legitimation: Was das genau ist, ist in jeder gesellschaftlichen Situation anders. Hier ist der Unterschied zwischen Legalität und Legitimität entscheidend. Genau da finden Sie eine Spannung, die den Weg zu gesellschaftlichem Wandel aufsprengen kann. Konservative Kräfte halten meist an Recht und Ordnung fest, also auch an Gesetzen, die gegen ihre eigenen Werte verstoßen. Stößt man sie auf diesen Widerspruch – also etwa, dass Nächstenliebe nicht mit profitorientierter Umweltzerstörung zusammenpasst – und gewinnt dazu ausreichend Rückhalt in der Bevölkerung, entwickelt man richtig Kraft. Auch hier ist wichtig, sich der eigenen Werte bewusst zu sein: Ich kann mir beispielsweise kaum eine Situation vorstellen, in der ich Gewalt gegen Menschen anwenden wollen würde, abgesehen davon, dass ich das vermutlich gar nicht kann. Und es gibt kaum Situationen, in denen man mir für körperliche Gewalt zujubeln würde.

4. Checken Sie Ihre Werte und Ziele: Nehmen Sie sich also die Zeit, um Ihre Werte gelegentlich aufzuschreiben, zu systematisieren, sie logisch zu überdenken, sie in einen historischen Kontext zu setzen, und fragen Sie sich, ob Sie vielleicht nur so denken, weil Sie in einer bestimmten sozialen Position sind. Sehen das andere Menschen, die weniger Geld haben, andere Konzerte besuchen als Sie vielleicht ganz anders? Prüfen Sie sich, und lassen Sie sich prüfen. Werte sind nichts wert, wenn Sie sie nicht kritisch hinterfragen können. Das nenn ich Rückgratspflege.

5. Viele Gruppen, viele Taktiken: Das heißt nicht, dass Sie immer einen Konsens mit allen Menschen brauchen, die ähnliche Ziele verfolgen wie Sie. Im Gegenteil, es zeigt sich immer wieder, dass soziale Bewegungen besonders erfolgreich sind, wenn mehrere Gruppen mit verschiedenen Taktiken und demselben Ziel sich spinnefeind sind.

Als in Deutschland 2010 gestritten wurde, ob die Gleise der Castortransporte nur besetzt werden sollten oder ob es besser sei, das Gleisbett auseinanderzunehmen, erschien im Protestgebiet Wendland eine gespaltene Anti-Castor-Bewegung. Die zwei verschiedenen Taktiken überforderten die Polizei so sehr, dass es eine der erfolgreichsten und längsten Castorblockaden der Geschichte wurde.

Und schlussendlich: 6. Lassen Sie los, lassen Sie sich überraschen.

Es gibt keine Gruppe, keinen politischen Kampf, keine künstlerische Idee, die perfekt ist. Wenn wir uns die Menschheit aus der Ferne anschauen, sind wir sogar ziemlich lächerlich. Und diese Lächerlichkeit gilt es zu verinnerlichen, sie zu lieben. Sie in einen radikal gelebten Dilettantismus zu verwandeln, der uns zu liebenswerten Wesen macht, die sich selbst nicht zu ernst nehmen.

Doch zurück zum Anfang dieses Kapitels. Die Freund_innen, an die ich die Textnachricht schickte, um etwas gegen die Kriminalisierung der Seenotrettung zu machen, starteten innerhalb einer Woche eine komplexe Kampagne, die zu einer internationalen Bewegung heranwuchs. Sie organisierten Demos und dezentrale Treffen in fast allen deutschen Städten, ich kümmerte mich um lustige Videos und fragte wieder andere Freunde nach sicheren Servern, um die interne Kommunikation zu organisieren. Nach drei Monaten sprang ich ab, half noch eine Anschubfinanzierung zu besorgen und verließ die Kerngruppe. Heute haben sich über 170 Städte und Kommunen in Deutschland zu sicheren Häfen erklärt, 2019 gab es über 3000 lokale Aktionen, es gibt immer noch jede Woche Veranstaltungen und Demos. Die Bewegung nennt sich Seebrücke.

Organisation

Es mag nicht populär sein, aber ich würde immer empfehlen, Organisationen von Grund auf ironisch, selbstreflektiv und ohne starre Hierarchien aufzubauen. Natürlich gibt es immer Erfahrungshierarchien, die funktional eingesetzt werden können, aber auch die können abgebaut werden, indem man sich gegenseitig regelmäßig fragt, wer was kann und wer was lernen will. Mit einer ironischen Organisationsstruktur meine ich dabei nicht eine Kultur, in der alle immer Witze machen, um ihre eigene Emotionalität zu verstecken. Ich meine es als Ironie im Sinne des US-amerikanischen Philosophen Richard Rorty, der damit die Vielfältigkeit der Positionen beschreibt, die es einem verbieten, eine Erhabenheitshaltung einzunehmen.[2]

In einer Gruppe, die versucht, Hierarchien sichtbar zu machen, allen, die das wollen, Zugang zu Entscheidungen zu ermöglichen und funktionale Hierarchien so einzusetzen, dass es der Sache und der Gruppe am meisten bringt, wird viel diskutiert. Ich bin schon sehr oft an einen Punkt gekommen, in dem alle Argumente auf dem Tisch lagen und wir rational nicht mehr weiterkamen, weil jede Position ihre Berechtigung hatte. Das kann weh tun.

Macht ist der Ort, an dem das Unentscheidbare entschieden wird. Dagegen ist niemand immun. Daher empfehle ich, Regeln auf Zeit anzulegen. Abmachungen zu treffen, so gut man kann, sie aber irgendwann automatisch auslaufen zu lassen. Das zwingt einen, immer wieder gemeinsam zu überlegen, ob nachjustiert werden muss. Ob noch alle an Bord sind. Ob vielleicht jemand etwas länger gebraucht hat, die Stimme zu erheben.

Diese Prozesshaftigkeit, diese regelmäßigen Versuche, Machtstrukturen sichtbar zu machen und immer wieder zu überprüfen, ist das, was für mich Kollektivität ausmacht. Und in einer Welt, in der Hierarchien viel zu selten in Frage gestellt werden, halte ich es für eine gute Idee, kollektivistisch zu arbeiten.

Nicht zuletzt das Patriarchat gibt vor, dass hierarchische Organisationen am effektivsten seien. Sie sind es vor allem, um den Status quo aufrechtzuerhalten. Doch das kann nicht das Ziel einer politisch arbeitenden Gruppe sein. Vielmehr: ein gemeinsames Projekt erreichen zu wollen und einander mit Respekt zu begegnen. Und sosehr dieser Teil sich nun in die Gefahr begibt, in Selbsthilfeliteratur für radikal-anarchistische Kollektive abzudriften, will ich mich dabei auch für das gemeinsame Scheiternkönnen aussprechen, für das gemeinsame Dumm- und Verletzlichseinkönnen. Denn wir sind viel zu sehr von überambitionierten Leistungskulturen umgeben, in denen Fehler und Schwäche keinen Platz haben.

Ach Gottchen, klingt das pastoral, aber wir sind nun mal alle komplex, voller Widersprüche. Und wenn jemand sich mal so richtig blamiert oder danebenbenimmt – und ich meine nicht Kaffee-auf-Hose-daneben, sondern vergisst-man-ein-Leben-lang-nicht-daneben – dann spricht es für eine starke Gruppe, wenn man das gemeinsam auffangen und weitergehen kann.

Kinder können das noch. Hinfallen, schreien, was das Zeug hält, und irgendwann weitergehen. Viele Erwachsene scheitern schon beim Schreien, beim Kontakt zu ihren Gefühlen. Gehen auch nicht weiter. Oder wenn sie schreien, wenn sie weinen, können die anderen Erwachsenen damit nicht umgehen, empfinden das als unprofessionell oder sonst wie überfordernd. Dabei ist der Schrei eine der wichtigsten Ressourcen für progressiven Wandel. Die Wut, die sagt, dass sich etwas ändern muss, ohne vorgeben zu wollen, wohin. Die Kraft, nicht zu verstummen, sondern eben: zu schreien.[3]

Konstruktion

Don Quijote wusste es, Sancho wusste es: Nur Dilettant_innen wissen das Leben zu genießen. Denn nur mit einer dilettantistischen Haltung erleben wir Abenteuer. Bei kollektivistischer politischer Arbeit geht man dieses Abenteuer ganz bewusst nach innen und nach außen ein. Abenteuer, das heißt, sich auf eine Reise zu begeben, deren Verlauf man nicht abschätzen kann. Bereit für Überraschungen zu sein, die Kontrolle ein Stück weit dem Zufall zu überlassen. Und selbst wenn man den Eindruck hat, nie genug Zeit zu haben, weil alles viel zu dringlich ist, es bleibt einem immer der ganze Rest des Lebens, diese Gesellschaft radikal umzubauen. Ich wünschte, es wär eine Binse, dass es genau jetzt beginnt, in diesem Moment.

Denn ob wir es wollen oder nicht, so stehen die Zeichen der Zeit fest. In den kommenden zehn bis zwanzig Jahren wird es massive Umbrüche geben. Das Verständnis der Aufgabe der Profipolitiker_innen wird immer sein, bis zuletzt am existierenden System festzuhalten, immer wieder zu betonen, dass sie einen Plan haben, dass alles gut durchdacht sei, während sich in sozialen Bewegungen die Alternativen formieren. Es nutzt nichts, sich an kommunikativen Blendgranaten zu orientieren, sei es eine behauptete »Realpolitik« oder »staatspolitische Verantwortung« – beides Konzepte, die auf den Plan kamen, als es darum ging, Menschen *nicht* aus den Lagern an der europäischen Grenze zu befreien. Wir müssen neue Formen finden, neue Trampelpfade der Geschichte beschreiten und dann zum Beispiel der Klimakrise auf eine Art begegnen, die sich verantwortungsvoll nennen kann, selbst wenn die Kipppunkte schon längst erreicht sind. Wir dürfen unsere nationalen Grenzen nicht weiter zu Todeszonen für Menschen ausbauen, die nicht weiß sind, während durch die europäische Grenzpolitik zwischen 2014 und 2020 bereits mindestens 20 502 Menschen im Mittelmeerraum gestorben sind.[4] Wir müssen eine Informationsgesellschaft werden, die von Austausch und nicht von Werbung, Kampf und Zynismus geprägt ist, obwohl das Werbebudget in Deutschland allein 2019 bei 32,6 Milliarden Euro lag.[5] Wir müssen einander zuhören, anstatt uns gegenseitig zu überwachen, mit Geheimdiensten, Google und Facebook. Die Liste an Dingen, die schieflaufen, ist erdrückend lang.

Wir sind die Generation, die definieren muss, was Post-Resignation bedeuten kann.

Erste Anzeichen eines staatlich organisierten Kapitalismus mit immer weiter erodierenden Grundrechten sind in China zu beobachten. Formen der neokolonialen Abschottung mit grünem Anstrich bauen sich gerade in Europa auf, Österreich macht es vor. Die USA verfolgen weiter den Ultranationalismus und riskieren, in einem schwelenden neuen Bürgerkrieg die eigene Verfassung implodieren zu lassen. Zugleich sind solche Szenarien im deutschen Alltag für den Großteil der Bevölkerung nur indirekt spürbar. Handlungsanweisungen für den Kampf globaler sozialökologischer Gerechtigkeit sind immer schwieriger abzuleiten.

Auch mit Peng schien es mir lange Zeit so, als wären wir am Ende nur ein weiteres Unterhaltungsprogramm. Hier und da machte ich eine Greenpeace-Aktion, die Kunstausstellungen und Theater kauften sich aufpolierte politische Interventionen, gefördert von der Bundesregierung, gelegentlich eine antirassistische Straßenblockade. Aber in der Breite fühlte ich mich mit unserer Arbeit relativ alleine, die Dampfer des Kapitalismus bollerten vor sich hin. Der Saft des Widerstands war ausgelaufen, niemand sabotierte die Bagger in den Kohlegruben, niemand stoppte die Frontex-Boote, niemand schnitt die Strommasten vor den Panzerhallen von Rheinmetall durch. Es schien, als wäre uns da eine Ethik abhandengekommen.

Aber sie ist nicht verschwunden, sie war nie ganz da. Eine allgemeingültige Ethik zu behaupten, an der wir uns orientieren können, wäre in einer multipolaren und immer komplexer werdenden Welt nur eine weitere totalitäre Geste. Was wir tun müssen, und wie dringlich, erschließt sich nur im Prozesshaften. In den vielen Abendessen mit Weggefährt_innen, im regelmäßigen Austarieren solidarischer Kämpfe, in der getriebenen Bereitschaft zur ständigen Neudefinition, was eine soziale und ökologische Lebensweise sein kann. Im Erleben liebevoller Beziehungen, in denen wir »Leben retten statt zerstören, Arbeit regenerieren statt erschöpfen, Güter teilen statt verwerten und Eigentum pflegen statt beherrschen«.[6]

Rational bleibe ich pessimistisch, das sechste Massenaussterben, den neuen nationalistischen Autoritarismus oder globale Massenüberwachung im Geringsten aufhalten zu können. Doch im Herzen kann ich nicht anders, als optimistisch zu sein und zu handeln. Alles andere wäre naiv.

Critical Campaigning Manifesto

0. Die_Der Critical Campaigner_in kämpft für die Rechte der Unterdrückten, Marginalisierten und Machtlosen. Dieser Einsatz wird jedoch nie auf Kosten anderer, eventuell wehrloserer Gruppen geführt, sondern reflektiert strukturelle Abhängigkeiten in ihrer Komplexität. Die_Der Critical Campainger_in wird klassenbasierte Privilegien und sexistische, rassistische oder auch militaristische Propaganda aufdecken und bekämpfen, seien sie explizit oder implizit.
1. Die_Der Critical Campaigner_in wird, wenn sie_er kann, jede Form der Zensur bekämpfen, die der Unterdrückung dient – sei sie durch staatliche Repression, durch Unternehmensinteressen oder durch Formen der Selbstzensur motiviert, etwa über Druck von Kolleg_innen, Freund_innen oder persönliches Interesse.
2. Die_Der Critical Campaigner_in ist sich der Wechselbeziehung sozialer Emanzipation bewusst. Während institutionelle Politik sich in Sektoren »Menschenrechte«, »Ökologie«, »Ökonomische Entwicklung«, »Gleichberechtigung der Geschlechter« etc. aufteilt, spielt die_der Critical Campaigner_in soziale Bewegungen nicht gegeneinander aus. Im Interesse der Emanzipation ist jede Kampagne in ihrem Kern »intersektoral« konzipiert.
3. Die_Der Critical Campaigner_in verpflichtet sich dazu, ethische Standards bei der Kommunikation und Mobilisierung ihren_seinen Möglichkeiten entsprechend einzuhalten. Sie_Er ist sich darüber bewusst, dass ihre_seine Verantwortung mit steigendem Einfluss zunimmt.
4. Die_Der Critical Campaigner_in bezieht jede Gruppe oder Einzelperson, für die sie_er kämpft, in ihre_seine Kampagne ein – von Anfang an, auf Augenhöhe und wenn möglich als Teil des Kernteams. Sie_Er ist gegenüber der Gruppe oder Einzelperson,

die im Mittelpunkt ihres_seines Kampagnenthemas steht, rechenschaftspflichtig.

5. Die_Der Critical Campaigner_in reflektiert die Position, aus der sie_er spricht. Sie_Er schafft für jede Einzelperson oder Gruppe mit weniger Zugang Raum zur Selbstrepräsentation.
6. Die_Der Critical Campaigner_in hat keine Ehrfurcht vor »Konsumerfahrungen« und »Reichweitenmaximierung«. Wichtige politische Themen erfordern starkes Engagement. Die_Der Critical Campaigner_in wird sich daher auf diejenigen konzentrieren, die bereit sind, entsprechend aktiv zu werden. Sie_Er sieht Massenreichweite nicht als Selbstzweck.
7. Die_Der Critical Campaigner_in ist bereit, während oder nach ihrer_seiner Kampagne politische Position zu ihrem_seinem Anliegen zu beziehen. Insbesondere bei der Verwendung von Satire, Ironie oder anderen offen interpretierbaren Formen ist sie_er bereit, zumindest im Anschluss Position zu beziehen.
8. Die_Der Critical Campaigner_in entziffert Machtverhältnisse, die in jeder Art von Kommunikation stecken – sei es in Software, Computernetzwerken (oder anderen Ingenieur_innenarbeiten), Architektur, Schrift, gesprochenem Wort und Intonationen, Film, Kleidung, Körpersprache oder dem Abhandensein von Reaktion. Sie_Er achtet darauf, repressive Machtmuster in ihrer_seiner eigenen Kommunikation nicht zu reproduzieren.
9. Die_Der Critical Campaigner_in ist sich der Bedrohung politischer und künstlerischer Arbeit durch Überwachung bewusst. Sie_Er respektiert das Recht anderer, ihre eigenen Daten und ihre Identität zu schützen und zu kontrollieren und wird daher immer die sichersten Kommunikationsmöglichkeiten erforschen und verwenden.
10. Die_Der Critical Campaigner_in verwendet Mittel der Emotionalisierung und Reduktion nur in Verbindung mit differenzierten und komplexen Informationen.
11. Die_Der Critical Campaigner_in sieht im Überleben ihrer_seiner Organisation keine Priorität an sich. Auch wenn es manchmal wichtig sein mag, so ist es ihr_ihm immer zweitrangig gegenüber ihren_seinen politischen Zielen.

Liste aller Aktionen & Recherchen

Auf **jeanpeters.de/liste** finden Sie alle Videos und Texte zu den jeweiligen Aktionen und Recherchen.

Peng Aktionen:

    Democready, Juni 2013

    Slamshell, Dezember 2013 [SEITE 76]

    Google Nest, Mai 2014 [SEITE 93]

    No Xmas for Merkel, Dezember 2014

    AstroTV Hack, Februar 2015

    Zero Trollerance, April 2015

    Vattenfake, mit Greenpeace, April 2015 [SEITE 84]

    Fluchthelfer.in August 2015 [SEITE 64]

    Intelexit, mit Schauspiel Dortmund, September 2015 [SEITE 142]

    Mach, was zählt, November 2015

    Tortaler Krieg, Februar 2016 [SEITE 15]

    Call-a-Spy, März 2016 [SEITE 158]

    Deutschland sagt Sorry, mit Schauspiel Dortmund, April 2016

    Artikel 26, mit Schauspiel Dortmund, Mai 2017 [SEITE 105]

    Votebuddy, September 2017

    Just C, mit UAEM, Oktober 2017

    Haunted Landlord, November 2017 [SEITE 13]

Deutschland geht klauen, Februar 2018 [SEITE 174]

Pretty Good Privacy, März 2018

Seebrücke des Bundes, Juli 2018 [SEITE 217]

Mask.ID, mit New Hamburg/Schauspiel Hamburg, September 2018 [SEITE 45]

Cop Map, mit der Polizeiklasse UdK München, Oktober 2018 [SEITE 13]

Adblockers, April 2019

Klingelstreich beim Kapitalismus, August 2020 [SEITE 188]

Antifa, August 2020

Aktionen und Recherchen mit weiteren Gruppen und Organisationen:

Dieter Lenzen Fanclub, loser Verbund, November 2009 [SEITE 12]

Horst Köhler Consulting, loser Verbund, Juni 2010

Agraprofit, Yool, Januar 2013

Der Dortmunder Kreis (Beitrag bei Truck Tracks Ruhr), Rimini Protokoll, Oktober 2016

Die Heartland Lobby, Correctiv Rechercheverbund & Frontal 21, Februar 2020 [SEITE 203]

Anmerkungen

Die Hoffnung

1 Was für eine verspinnerte Idee individuellen Handelns ist das überhaupt, wir würden irgendwas im Leben alleine machen? Es fängt bei Schulnoten an und reicht bis zur Einzeltätertheorie des Nationalsozialistischen Untergrunds.
2 Schmitt, Peter-Philipp (2003): »Protestkultur: Hausbesetzung light«, *Frankfurter Allgemeine Zeitung* [online], 04.03.2003 (akt.), https://www.faz.net/aktuell/gesellschaft/protestkultur-hausbesetzung-light-190567.html
3 FAZ (2014): »Protest und Festnahmen: Greenpeace-Aktivisten besetzen Kernkraftwerk Fessenheim«, *Frankfurter Allgemeine Zeitung* [online], 18.03.2014 (akt.), https://www.faz.net/aktuell/politik/protest-und-festnahmen-greenpeace-aktivisten-besetzen-kernkraftwerk-fessenheim-12851940.html und: Janzing, Bernward (2020): »Stilllegung von Atomkraftwerk Fessenheim. Letzter Sieg am Oberrhein«, *taz* [online], 29.06.2020, https://taz.de/Stilllegung-von-Atomkraftwerk-Fessenheim/!5693228/

Schuld und Sahne

1 Hüter, Johannes (2019): »S. v. Krosigk«, in: *Neue deutsche Biographie*, 24. Band, Historische Kommission bei der Bayerischen Akademie der Wissenschaften (Hg.), Berlin: Duncker & Humblot. S. 80. Krosigk unterschrieb das Ermächtigungsgesetz im Jahre 1933 in seiner Funktion als Reichsfinanzminister (Klee, Ernst (2005): *Das Personenlexikon zum Dritten Reich. Wer war was vor und nach 1945*, akt. Aufl., Frankfurt am Main: Fischer Taschenbuch Verlag. S. 574).
2 Malinowski, Stephan (2003): *Vom König zum Führer*, in: *Elitenwandel in der Moderne*, Band 4, 3. Aufl., Reif, Heinz (Hg.), Berlin: Akademie Verlag. S. 501.
3 Es gibt auch positive Beispiele, wie mit der Familiengeschichte umgegangen werden kann. Die Enkelin von Hitlers Rüstungsminister Albert Speer, Hilde Schramm, setzt sich intensiv mit der familiären Vergangenheit auseinander. Sie ist Mitbegründerin der Stiftung »Zurückgeben«, die jüdische Künstler_innen und Wissenschaftler_innen fördert, sowie Mitglied im Verein »Kontakte«, der ehemalige Zwangsarbeiter aus Osteuropa unterstützt. (Raben, Mia (2016): »Der lebenslange Schatten«, *Der Spiegel* (*online*), 02.07.2004, https://www.spiegel.de/politik/deutschland/ns-vergangenheitderlebenslange-schatten-a-306620.html)

4 von Storch, Beatrix (2016): Facebookpost vom 30.01.2016, https://www.facebook.com/BeatrixVonStorch/posts/1046239668750811
5 Mack, Steffen; Serif, Walter (2016): »AfD Frauke Petry über Kontrollen an den Grenzen sowie das Verhältnis ihrer Partei zu Gewalt und Rassismus. ›Sie können es nicht lassen!‹«, *Mannheimer Morgen* [online], 30.01.2016, https://www.morgenweb.de/mannheimer-morgen_artikel,-politiksie-koennen-es-nicht-lassen-_arid,751556.html
6 Grill, Markus (2016): »Anti-Islam-Kurs«, *Correctiv* [online], 11.03.2016, https://correctiv.org/aktuelles/neue-rechte/2016/03/11/antiislam-kurs
7 *Der Spiegel* (2016): »Interne E-Mails. Islamkritik soll Schwerpunkt im neuen AfD-Programm werden«, *Der Spiegel* (*online*), 11.03.2016, https://www.spiegel.de/politik/deutschland/afd-programm-islamkritik-soll-schwerpunkt-werden-a-1081842.html
8 tortenbefehl (2016): »Tortaler Krieg gegen die AfD«, *tortenbefehl.wordpress.com* [online], 28.02.2016, https://tortenbefehl.wordpress.com/2016/02/28/tortaler-krieg-afd/
9 Fiedler, Maria (2019): »Gewerkschafter bestätigt Hang von Bundespolizisten zur AfD«, *Der Tagesspiegel* [online], 24.06.2019 (akt.), https://www.tagesspiegel.de/politik/sympathien-fuer-rechtsnationale-parteien-gewerkschafter-bestaetigt-hang-von-bundespolizisten-zur-afd/24485264.html
10 Die Frage danach, inwieweit die gewaltsamen Proteste der Suffragetten die Einführung des Frauenwahlrechts in Großbritannien bedingt haben, wird bis heute kontrovers diskutiert. Ein Großteil der Wissenschaftler_innen ist sich jedoch einig, dass die Aktionen maßgeblich zu der notwendigen öffentlichen Aufmerksamkeit der Bewegung beigetragen und die Regierung stark unter Druck gesetzt haben. Nachzulesen bspw. in: Purvis, June (2019): »Did militancy help or hinder the granting of women's suffrage in Britain?«, in: *Women's History Review*, Band 28, Nr. 7, Routledge Taylor & Francis Group. S. 1200–1234.
11 Die 1943 von Bose gegründete Indian National Army (INA) kämpfte gemeinsam mit japanischen Streitkräften vor allem im Süden Indiens und Bengalen für die Befreiung von den Briten, was zeitweise auch erfolgreich war. Mit der Kapitulation Japans zerfiel allerdings auch die INA. Bose gilt bis heute als sehr umstrittene Figur; teils wird er als kompromissloser Freiheitskämpfer verehrt, teils für seine Kooperation mit den Achsenmächten und insbesondere mit Hitler verurteilt. Siehe dazu bspw.: Bose, Sugata (2011): *His majesty's opponent. Subhas Chandra Bose and India's struggle against empire*, Harvard: Harvard University Press.
12 Wortham, Jenna (2020): »A ›Glorious Poetic Rage‹«, *The New York Times* [online], 05.06.2020, https://www.nytimes.com/2020/06/05/sunday-review/black-lives-matter-protests-floyd.html
13 Galtung, Johan (1998): »Frieden mit friedlichen Mitteln. Friede und Konflikt, Entwicklung und Kultur«, in: *Friedens- und Konfliktforschung*, Band 4, Imbusch, Peter u. v. m. (Hg.), Opladen: Leske + Budrich.

14 Weiermann, Sebastian (2020): »Tod in Obhut der Polizei«, *Neues Deutschland* [online], 11.06.2020, https://www.neues-deutschland.de/artikel/1137740.tod-in-obhut-der-polizei.html
15 Posener, Alan (2016): »Frau von Storch und ihr Gefühl für Gerechtigkeit«, *Welt* [online], 01.03.2016, https://www.welt.de/print/welt_kompakt/debatte/article152788393/Frau-von-Storch-und-ihr-Gefuehl-fuer-Gerechtigkeit.html
16 Kain, Florian (2016): »Wurde diese Torte mit Steuergeldern bezahlt?«, *Bild* [online], 05.03.2016, https://www.bild.de/politik/inland/alternative-fuer-deutschland/wurde-die-torte-mit-steuergeld-finanziert-44810098.bild.html
17 Ebd.
18 Landesregierung Nordrhein-Westfalen (2018): *Antwort der Landesregierung auf die Kleine Anfrage 1260 vom 3. Juli 2018 des Abgeordneten Dr. Christian Blex, AfD, Drucksache 17/3094* [online], 03.07.2018, https://www.landtag.nrw.de/portal/WWW/dokumentenarchiv/Dokument/MMD17–3325.pdf und Ulbig, Markus (2016): *Kleine Anfrage des Abgeordneten Carsten Hütter, AfD-Fraktion, Drs.-Nr.: 6/6423 Thema: Vergewaltigung durch Asylbewerber im Maxim-Gorki-Park* [online], 05.10.2016, https://web.archive.org/web/20161130150429/https://afd-fraktionsachsen.de/files/afd/fraktion-sachsen/Dokumente/Kleine%20Anfragen/2016/6_Drs_6423_1_1_1_.pdf
19 Petter, Jan (2016): »AfD stellt 630 Fragen zum öffentlichen Rundfunk, macht sich lächerlich«, *bento* [online], 24.11.2016, https://www.bento.de/haha/afd-blamiert-sich-mit-anfrage-undwird-zum-mem e-a-00000000–0003–0001–0000-000001021112
20 Bspw.: Bernhard, Henry (2015): »Höcke und die Grenzen der Meinungsfreiheit«, *Deutschlandfunk* [online], 29.05.2015, https://www.deutschlandfunk.de/afd-in-thueringen-hoecke-unddiegrenzen-der.1773.de.html?dram:article_id=321131 oder: Gabriel, Siegmar (2018): »Gaulands Plädoyer ist im Kern antidemokratisch«, *Der Tagesspiegel* [online], 10.10.2018, https://www.tagesspiegel.de/politik/populismus-beitrag-in-der-faz-gaulands-plaedoyer-ist-im-kern-antidemokratisch/23166172.html. Für eine Timeline antidemokratischer Aussagen von AfD-Politker_innen siehe: Amadeu Antonio Stiftung (2019): *Demokratie in Gefahr. Handlungsempfehlungen zum Umgang mit der AfD*, 2. Aufl., Amadeu Antonio Stiftung. S. 4 f. Abrufbar unter https://www.amadeu-antonio-stiftung.de/wp-content/uploads/2020/01/Demokratie_in_Gefahr_web.pdf
21 Mouffe, Chantal (2005): *On the Political*, London u. New York: Routledge.
22 Merkel, Jana (2020): »Destruktive Politik – die Strategie der Thüringer AfD«, *MDR Aktuell* [online], 14.02.2020, https://www.mdr.de/nachrichten/politik/inland/afd-thueringen-strategie-analyse-100.html
23 MDR (2019): »›Nordkreuz‹ wollte Angriffszubehör bestellen«, *MDR* [online], 28.06.2019, https://web.archive.org/web/20190629111521/https://www.mdr.de/nachrichten/politik/gesellschaft/nordkreuz-mit-leichsaecken-und-aetzkalk-100.html

24 Naber, Ibrahim (2020): »Was wir über das verdächtige Ehepaar wissen«, *Welt* [online], 28.07.2020, https://www.welt.de/politik/article212366437/NSU-2-0-Was-wir-ueber-das-verdaechtige-Ehepaar-wissen.html

25 Von den blinden Flecken der Polizei hatte ich oben schon berichtet: AfD-Zugewandtheit und 159 tote Menschen of Color und Schwarze in Gewahrsam, im Knast oder bei Festnahmen seit 1990 sind nur Symptome eines tiefer liegenden gewaltbereiten Männlichkeitskults. Das Buch Cop Culture von Rafael Behr (Behr, Rafael (2000): *Cop Culture – der Alltag des Gewaltmonopols: Männlichkeit, Handlungsmuster und Kultur in der Polizei*, Opladen: Leske + Budrich) und die Forschungsstelle CILIP sind dahingehend zu empfehlen. Darüber hinaus ist aber die Justiz strukturell so angelegt, dass sie Polizist_innen schützt. 2018 gab es in allen Straftaten, also deliktsübergreifend »eine Einstellungsquote von 64 %, während die Anklagequote mit 24 % deliktsübergreifend mehr als zehnmal höher liegt als bei den Verfahren gegen Polizeibedienstete wegen Gewaltausübung und Aussetzung« (Forschungsprojekt KviAPol (2019): *Zwischenbericht zum Forschungsprojekt »Körperverletzung im Amt durch Polizeibeamt*innen« (KviAPol) Polizeiliche Gewaltanwendungen aus Sicht der Betroffenen*, 17.09.2019, [online] https://kviapol.rub.de/images/pdf/KviAPol_Zwischenbericht.pdf. S. 75 f.) Das liegt unter anderem daran, dass Gewaltenteilung formell existiert, aber personelles Interesse daran besteht, zusammenzuhalten, da man sich regelmäßig sieht. Unabhängige Beschwerdestellen für Polizeigewalt mit umfangreichem Untersuchungsmandat innerhalb der Behörden werden seit langem gefordert.

26 Marsen, Thies (2020): »Wehrsportgruppe Hoffmann. Eine Geschichte staatlichen Versagens«, *Deutschlandfunk Kultur* [online], 29.01.2020, https://www.deutschlandfunkkultur.de/wehrsportgruppe-hoffmann-eine-geschichte-staatlichen.976.de.html?dram:article_id=469087

27 Litschko, Konrad (2020): »NSU-Terror in Deutschland: 20 Jahre Versagen«, *taz* [online], 09.09.2020, https://taz.de/NSU-Terror-in-Deutschland/!5708122/

28 Steinke, Ronen (2020): »Neue Chefin gegen Rechts«, *Süddeutsche Zeitung* [online], 14.06.2020, https://www.sueddeutsche.de/politik/verfassungsschutz-felorbadenberg-hans-georg-maassen-1.4935527 und: Reuter, Markus (2019): »Mehr Stellen für Bundeskriminalamt und Verfassungsschutz«, *Netzpolitik* [online], 17.12.2019, https://netzpolitik.org/2019/mehr-stellen-fuer-bundeskriminalamt-und-verfassungsschutz/

29 Der Richter Lorenz Leitmeier argumentiert hier Legalitätsprinzip gegen Opportunitätsprinzip, wobei er die Gefahr beschreibt, dass komplexe Straftaten etwa von Autounternehmen oder Wirtschaftsstrafsachen weniger konsequent verfolgt würden als etwa Diebstahl durch Hartz-IV-Empfänger_innen. (Leitmeier, Lorenz (2018): »Ein starker Rechtsstaat gegen Schwache?«, *Legal Tribune Online* [online], 24.03.2018, https://www.lto.de/recht/justiz/j/aufhebung-bagatellgrenze-diebstahl-baden-wuerttemberg-vertrauen-rechtsstaat/)

30 Kopietz, Andreas (2016): »Polizei beschlagnahmt Tortenkatapult beim AfD-Parteitag in Berlin«, *Berliner Zeitung* [online], 13.03.2016, https://www.berliner-zeitung.de/mensch-metropole/polizei-beschlagnahmt-tortenkatapult-beim-afd-parteitag-in-berlin-li.44447

31 Dorn, Sandra; Kröger, Dietmar (2017): »AfD-Wahlkampfauftakt in Osnabrück: 2000 bei Gegendemo vor Rathaus«, *Neue Osnabrücker Zeitung* [online], 18.04.2017 (akt.), https://www.noz.de/lokales/osnabrueck/artikel/882743/afd-wahlkampfauftakt-in-osnabrueck-2000-bei-gegendemo-vor-rathaus#gallery&62764&0&882743

32 Zeit Online (2016): »Sahra Wagenknecht mit Torte beworfen«, *Zeit Online* [online], 28.05.2016, https://www.zeit.de/politik/deutschland/2016-05/linken-parteitag-sahra-wagenknecht-torte-angriff

33 Welt (2016): »Bodyguard verhindert Torten-Attacke auf Sarrazin«, *Welt* [online], 01.06.2016, https://www.welt.de/politik/deutschland/article155863199/Bodyguard-verhindert-Torten-Attacke-auf-Sarrazin.html

34 Rehwald, Raphaela (2018): »Haft nach Tortenwurf auf von Storch. Aber bitte ohne Sahne«, *taz* [online], 07.02.2018, https://taz.de/Haft-nach-Tortenwurf-auf-von-Storch/!5483319/

35 *Der Spiegel* (2016): »AfD-Chef Meuthen mit tiefgefrorener Torte beworfen«, *Der Spiegel* (*online*), 30.08.2016, https://www.spiegel.de/politik/deutschland/afd-chef-joerg-meuthen-mit-tiefgefrorener-torte-beworfen-a-1110151.html

Korrekt verkacken

1 Bundesministerium des Innern, für Bau und Heimat (2020): *Entwurf eines Gesetzes zur Stärkung der Sicherheit im Pass-, Ausweis- und ausländerrechtlichen Dokumentenwesen* [online], 04.06.2020, https://web.archive.org/web/20200920155136/https://www.bmi.bund.de/SharedDocs/gesetzgebungsverfahren/DE/gesetz-zur-staerkung-der-sicherheit-im-pass-und-ausweiswesen.html

2 Ztohoven: »Der Bürger K.«, *ztohoven.com* [online], https://web.archive.org/web/20200624104240/https://www.ztohoven.com/?page_id=83 und: Škoda, Jan (2012): »Eine Frage der Identität«, *Goethe-Institut* [online], Dezember 2012, http://www.goethe.de/ins/cz/prj/jug/kul/de10303655.htm

3 Rebiger, Simon (2018): »Gesichtserkennung: Aktivisten manipulieren biometrisches Passbild«, *Netzpolitik* [online], 14.09.2018, https://netzpolitik.org/2018/gesichtserkennung-aktivisten-manipulieren-biometrisches-passbild/orschaltbanner und: Monroy, Matthias (2019): »Deutsche Großflughäfen: Gesichtserkennung jetzt auch für Kinder«, *Netzpolitik* [online], 13.07.2019, https://netzpolitik.org/2019/deutsche-grossflughaefen-gesichtserkennung-jetzt-auch-fuer-kinder/orschaltbanner

4 Mouffe, Chantal (2005): *On the Political*, London u. New York: Routledge. S. 12 ff.

5 Spivak selbst kritisiert das Konzept mittlerweile, nicht zuletzt, weil es zu einer Theorie angewachsen ist, die auch von rechts zur Rechtfertigung von essenzialistischen Weltsichten genutzt wird, statt eine Technik oder Strategie zum Verständnis der Komplexität und Fluidität von Subjekt-/Objekt-Positionen, von Identität und Macht zu bleiben. (Spivak, Gayatri Chakravorty (1996): *The Spivak reader: selected works of Gayatri Chakravorty Spivak*, Landry, Donna u. MacLean, Gerald (Hg.), New York, London: Routledge.)
6 Fried, Erich (1993): »Realitätsprinzip«, in: *Gesammelte Werke: Gedichte 3*, Kaukoreit, Volker u. Wagenbach, Klaus (Hg.), Berlin: Verlag Klaus Wagenbach. S. 34. Mit der Zitation dieses Gedichts soll keineswegs der teilweise problematischen Einstellung Frieds zum Nahostkonflikt zugestimmt werden.
7 Holloway, John (2002): *Die Welt verändern, ohne die Macht zu übernehmen*, Münster: Westphälisches Dampfboot.
8 Oliver, Julian; Savičić, Gordan; Vasiliev, Danja (2019): *The Critical Engineering Manifesto*, [online], 2011–2019, https://criticalengineering.org/
9 Sayej, Nadja (2018): »›The art world tolerates abuse‹ – the fight to change museum wall labels«, *The Guardian* [online], 28.11.2018, https://www.theguardian.com/artanddesign/2018/nov/28/the-art-world-tolerates-abuse-the-fight-to-change-museum-wall-labels
10 Thelen, Raphael; Horchert, Judith (2018): »Aktivisten schmuggeln Fotomontage in Reisepass«, *Der Spiegel (online)*, 22.09.2018, https://www.spiegel.de/netzwelt/netzpolitik/biometrie-im-reisepass-peng-kollektiv-schmuggelt-fotomontage-in-ausweis-a-1229418.html und: Thelen, Raphael (2018): »Aktivisten wollen Libyern gefälschte Pässe schicken«, *Der Spiegel (online)*, 25.09.2018, https://www.spiegel.de/netzwelt/netzpolitik/protest-gegen-gesichtserkennung-aktivisten-schicken-libyern-gefaelschte-paesse-a-1230023.html
11 Y-Kollektiv (2018): Fake ID – »Wie die Künstler des Peng Kollektivs Reisepässe manipulierten«, 22:06 min, YouTube-Kanal *Y-Kollektiv* [online], https://www.youtube.com/watch?v=qYkfqQ3xqlc
12 Scheel, Oliver (2020): »Passfotos nur bei der Behörde – was soll das?«, *Tagesschau*, 08.01.2020
13 Tagesschau (2020): »Seehofer lenkt ein. Passfotos nun doch vom Fotografen«, *Tagesschau* [online], 17.01.2020, https://www.tagesschau.de/inland/seehofer-passfotos-101.html
14 Zur Pressemitteilung des BMI siehe oben Anmerkung 1, der entsprechende Gesetzesentwurf ist inzwischen einsehbar unter: Bundesministerium des Innern, für Bau und Heimat (2020): »Gesetzentwurf der Bundesregierung: Entwurf eines Gesetzes zur Stärkung der Sicherheit im Pass-, Ausweis- und ausländerrechtlichen Dokumentenwesen«, *bmi.bund.de*, https://www.bmi.bund.de/SharedDocs/gesetzgebungsverfahren/DE/Downloads/kabinettsfassung/entwurf-gesetz-zur-staerkung-der-sicherheitim-pass-ausweis-und-auslaenderrechtlichen-dokumentenwesen.pdf?__blob=publicationFile&v=4. Außerdem: Tagesschau (2020): »Sicherheit für Ausweis. Fotos für den Pass – nur noch digital«,

Tagesschau [online], 03.06.2020, https://www.tagesschau.de/inland/personalausweis-fotos-101.html.
15 Europäisches Parlament; Europäischer Rat (2019): »Verordnung (EU) 2019/1157 des Europäischen Parlaments und des Rates«, *Amtsblatt der Europäischen Union* [online], 20.06.2019, https://eur-lex.europa.eu/legal-content/DE/TXT/HTML/?uri=CELEX:32019R1157&from=EN#d1e568-67-1, Artikel 10 (1). Mit der Verordnung werden 47 rechtfertigende Gründe für die Anfertigung der Verordnung aufgelistet, einer der Gründe lautet wie folgt: »Zu diesem Zweck [der korrekten Identifizierung von Personen mittels der biometrischen Daten im Personalausweis] könnten die Mitgliedstaaten [der EU] erwägen, biometrische Identifikatoren, insbesondere das Gesichtsbild, durch die nationalen Behörden, die Personalausweise ausstellen, vor Ort erfassen zu lassen.« Ebd. (32).

Diskurse hacken

1 Kogel, Eva Maria (2015): »So kannst auch du Fluchthelfer werden«, *Welt* [online], 05.08.2015, https://www.welt.de/politik/ausland/article144821972/So-kannst-auch-du-Fluchthelfer-werden.html
2 Kaul, Martin (2015): »Flüchtlinge am Budapester Bahnhof: Paneuropäisches Picknick«, *taz* [online], 03.09.2015, https://taz.de/Fluechtlinge-am-Budapester-Bahnhof/!5229651/
3 Siehe Anmerkung 1.
4 Haunhorst, Charlotte (2015): »Big Peng Theory«, *Süddeutsche Zeitung* [online], 09.08.2015, https://www.sueddeutsche.de/leben/politische-kunst-big-pengtheory-1.2600194
5 Pomerantsev, Peter (2012): »Staatstheater in Moskau«, *Le Monde diplomatique* [online], 13.01.2012, https://monde-diplomatique.de/artikel/!626389. Im englischsprachigen Original zu finden unter: Pomerantsev, Peter (2011): »Putin's Rasputin«, *London Review of Books* [online], 01.12.2011, https://www.lrb.co.uk/the-paper/v33/n20/peter-pomerantsev/putins-rasputin
6 Fischer, Leo (2020): Tweet vom 16.06.2020, 10:50, https://twitter.com/leogfischer/status/1272813694116868096?s=20
7 Stenke, Wolfgang (2020): »CDU-Spendenaffäre vor 20 Jahren. Wolfgang Schäubles Rücktritt vom Partei- und Fraktionsvorsitz«, *Deutschlandfunk* [online], 16.02.2020, https://www.deutschlandfunk.de/cdu-spendenaffaere-vor-20-jahrenwolfgang-schaeubles.871.de.html?dram:article_id=470343
8 Siehe hierzu bspw.: Grinder, John; Bandler, Richard (1991): *Therapie in Trance. NLP und die Struktur hypnotischer Kommunikation (Konzepte der Humanwissenschaften)*, 5. Aufl., Stuttgart: Klett-Cotta.
9 Siehe Anmerkung 5.
10 Müllges, Kay (2005): »David gegen Goliath. Vor zehn Jahren verhinderte Greenpeace die Versenkung der Brent Spar«, *Deutschlandfunk* [online], 20.06.2005, https://www.deutschlandfunk.de/david-gegen-goliath.871.de.html?dram:article_id=125187

11 Mannsperger, Ildiko (2020): »Verbot erwünscht. Die Mehrheit der Deutschen ist für ein Rüstungsexportgesetz – so das Ergebnis einer repräsentativen Umfrage«, *Greenpeace* [online], 28.02.2020, https://www.greenpeace.de/themen/umwelt-gesellschaft/frieden/verbot-erwuenscht

12 Rink, Tiemo (2013): »Der Öl-Konzern wollte Werbung – und bekam ein Desaster«, *Der Tagesspiegel* [online], 14.12.2013, https://www.tagesspiegel.de/politik/pr-katastrophe-fuer-shell-der-oel-konzern-wollte-werbung-und-bekam-ein-desaster/9217558.html

13 Halliday, Josh (2011): »Burson-Marsteller: PR firm at centre of Facebook row«, *The Guardian* [online], 12.05.2011, https://www.theguardian.com/media/2011/may/12/burson-masteller-pr-firm-facebook-row

14 Fortune: Global 500, 2019, Royal Dutch Shell, *Fortune* [online], https://fortune.com/global500/2019/royal-dutch-shell/

15 Vor allem Amnesty International und das Movement for the Survival of the Ogoni People (MOSOP) engagieren sich. (Amnesty International (2020): »Nigeria: 2020 could be Shell's year of reckoning«, *Amnesty.org* [online], 10.02.2020, https://www.amnesty.org/en/latest/news/2020/02/nigeria-2020could-be-shell-year-of-reckoning// und: G.B. Leton, Oon Jp (1991): »Ogoni Bill of Rights Presented to the Government and People of Nigeria, October, 1990, with an Appeal to the International Community«, *mosop.org* [online], November 1991, http://www.mosop.org/2015/10/17/ogoni-bill-of-rights-page-4/).

16 Amnesty International. Schweizer Sektion (2019): »Shell nach 23 Jahren vor Gericht«, *Amnesty.ch* [online], 12.02.2019, https://www.amnesty.ch/de/themen/wirtschaft-und-menschenrechte/fallbeispiele/nigeria/dok/2019/shell-nach-23-jahren-vor-gericht und: Premium Times Nigeria (2019): »Dutch court rules against Shell, in favour of wives of slain Ogoni leaders«, *Premium Times Nigeria* [online], 01.05.2019, https://www.premiumtimesng.com/news/headlines/327865-dutch-court-rules-against-shell-in-favour-of-wives-of-slain-ogoni-leaders.html

17 Schmidt, Volker (2019): »Shell zahlt für Tod Saro-Wiwas«, *Frankfurter Rundschau* [online], 25.01.2019, https://www.fr.de/politik/shell-zahlt-saro-wiwas-11481355.html

18 Uken, Marlies (2015): »Shell. Ein überflüssiges Risiko in der Arktis«, *Zeit Online* [online], 12.05.2015, https://www.zeit.de/wirtschaft/2015–05/shell-arktis-oel-probe-bohrung/komplettansicht

19 Ein Video des Vorfalls ist einsehbar unter: Price, Logan (2012): »#ShellFAIL: Private Arctic Launch Party Goes Wrong«, 01:07 min, YouTube-Kanal *Logan Price* [online], https://www.youtube.com/watch?v=NMUFci_V4mU. Für Berichterstattungen zu der Aktion siehe: Turner, James (2012): »Greenpeace, the Yes Men and the inside story of #ShellFail«, *Greenpeace New Zealand* [online], 09.06.2012, https://www.greenpeace.org/new-zealand/story/greenpeace-theyesmen-and-the-inside-story-of-shellfail/ und: Murphy, Kim (2012): »Greenpeace forced to get more creative«, *Los Angeles Times* [online], 10.06.2012, https://

www.latimes.com/archives/la-xpm-2012-jun-10-la-na-adv-greenpeace-protests-20120610-story.html
20 Emmanuel, Ogala (2013): »Oil Spill in Nigeria: Activists prank Shell, hijack ›Science Slam‹ in Berlin #SlamShell«, *Premium Times Nigeria* [online], 14.12.2013, https://www.premiumtimesng.com/news/151440-oil-spill-nigeria-activists-prank-shell-hijack-science-slam-berlin-slamshell.html und: HuffPost (2013): »Shell's Berlin ›Science Slam‹ Event Reportedly Disrupted By Anti-Drilling Activists (VIDEO)«, *HuffPost* [online], 14.12.2013, https://www.huffpost.com/entry/shell-berlin-science-slam-video_n_4440676
21 Theurer, Markus (2015): »Der Milliardenflop von Shell«, *Frankfurter Allgemeine Zeitung* [online], 28.09.2015 (akt.), https://www.faz.net/aktuell/wirtschaft/unternehmen/oelsuchein-der-arktis-der-milliardenflop-von-shell-13827934.html
22 Delahaye, Timur (2016): »Vattenfall: The Downfall of the European Greens?«, *Green European Journal* [online], 24.06.2016, https://www.greeneuropeanjournal.eu/vattenfall-the-downfallof-the-european-greens/ und: Ringle-Brändli, Anna (2014): »Schwedens Regierung will keine Kohle«, *Märkische Allgemeine Zeitung* [online], 09.10.2014, https://www.maz-online.de/Brandenburg/Schwedens-Regierung-will-keine-Kohle
23 Der Tagesspiegel (2020): »Kraftwerk Jänschwalde soll 2028 abgeschaltet werden«, *Der Tagesspiegel* [online], 16.01.2020, https://www.tagesspiegel.de/berlin/kohleausstieg-in-brandenburgkraftwerk-jaenschwalde-soll-2028-abgeschaltet-werden/25439676.html
24 Google: »Nest and Google Home. Now under one roof«, *store.google.com*, https://store.google.com/us/category/google_nest
25 Abrufbar unter: https://web.archive.org/web/20200617180947/https://google-nest.crowdapp.de/.
26 Albrecht, Jan Philipp (2014): Tweet vom 07.05.2014, 13:20, https://twitter.com/JanAlbrecht/status/464001920429219840 und: ders. (2014): »Google-Nest: Bürgerinnen und Bürger müssen gegen Untätigkeit der Regierungen beim Datenschutz endlich Theater machen!«, Pressemitteilung vom 07.05.2014, *janalbrecht.eu*, https://web.archive.org/web/20140522184138/http:/www.janalbrecht.eu/presse/pressemitteilungen/google-nest-buergerinnen-und-buerger-muessen-gegen-untaetigkeit-der-regierungen-beim-datenschutz-en.html
27 Wawzyniak, Halina (2014): »An Zynismus nicht zu übertreffen!«, Pressemitteilung vom 07.05.2014, *wawzyniak.de*, https://web.archive.org/web/20170422075645/http:/www.wawzyniak.de/nc/start/aktuelles/detail/zurueck/aktuell-72954074a4/artikel/an-zynismus-nicht-zu-uebertreffen
28 Reda, Julia (2014): »›Google Nest‹: Piraten kritisieren die zunehmende Datensammelwut von Google«, Pressemitteilung vom 07.05.2014, *piratenpartei.de*, https://web.archive.org/web/20160804161522/https:/www.piratenpartei.de/2014/05/07/google-nest-piraten-kritisieren-die-zunehmende-datensammelwut-von-google/
29 Ebd.

30 Oberbeck, Kay (2014): Tweet vom 07.05.2014, 14:23, https://twitter.com/KayOberbeck/status/464017755457323008
31 Albrecht, Jan Philipp (2014): Tweet vom 07.05.2014, 14:31, https://twitter.com/JanAlbrecht/status/464019675701989376
32 Biermann, Kai: »Google: Widerstand ist zwecklos«, *Zeit Online* [online], 07.09.2010, https://www.zeit.de/digital/internet/2010-09/google-schmidtgoggles/komplettansicht
33 Electronic Frontier Foundation (2014): »Dear Google: Parody Is Not Trademark Infringement«, *eff.org* [online], 20.05.2014, https://www.eff.org/deeplinks/2014/05/dear-google-parody-not-trademark-infringement
34 Ebd.
35 Rushe, Dominic (2014): »Google reveals home delivery drone program Project Wing«, *The Guardian* [online], 29.08.2014, https://www.theguardian.com/technology/2014/aug/29/google-joinsamazon-in-testing-home-delivery-drones
36 2017 wird das Projekt Maven des US-amerikanischen Verteidigungsministeriums gelauncht, an dem neben anderen Techgiganten auch Google beteiligt ist, was jedoch vorerst geheim bleibt. Ziel ist unter anderem die Erforschung von Zielerkennung und Datenverarbeitung mit Hilfe von AI-Technologie zu militärischen Zwecken. Im April 2018 unterschreiben über 3000 Google-Mitarbeiter_innen eine Petition, in der sie den Kooperationsstop fordern und mit Kündigungen drohen. Google reagiert mit der Bekanntmachung, den laufenden Maven-Vertrag zwar nicht zu kündigen, jedoch nach dem Ablauf im Frühjahr 2019 nicht zu verlängern, was jedoch die Kündigungswelle nicht verhindert. (Burns, Janet (2018): »Google Employees Resign Over Company's Pentagon Contract, Ethical Habits«, *Forbes* [online], 14.05.2018, https://www.forbes.com/sites/janetwburns/2018/05/14/google-employees-resign-over-firms-pentagon-contract-ethical-habits/). Siehe auch: Frisk, Adam (2018): »What is Project Maven? The Pentagon AI project Google employees want out of«, *Global News* [online],https://globalnews.ca/news/4125382/google-pentagonai-project-maven/
37 Marr, Bernard (2017): »What Really Happens To Your (Big) Data After You Die?«, *Forbes* [online], 01.02.2017, https://www.forbes.com/sites/bernardmarr/2017/02/01/what-reallyhappens-to-your-big-data-after-you-die/
38 Insbesondere zwei Alphabet-Tochterunternehmen muten dystopisch an: Calico, das sich 2013 der »Erforschung des ewigen Lebens«, der »Heilung vom Tod« verschrieben hat, und Verily, das die perfekte Gesundheit entschlüsseln und in Zukunft auch Krankenversicherungen verkaufen will (Einecke, Helga; Werner, Kathrin (2015): »Google. Das C im Alphabet«, *Süddeutsche Zeitung* [online], 16.08.2015, https://www.sueddeutsche.de/wirtschaft/google-das-c-im-alphabet1.2607421, und: Holmes, Aaron (2020): »Google's sister company Verily announced it will start selling insurance«, *Business Insider* [online], 26.08.2020, https://www.businessinsider.com/googles-sister-company-verily-will-start-selling-insurance-2020-8?r=DE&IR=T). Vor diesem

Hintergrund ist Googles geplante Übernahme von Fitbit, einem Hersteller von Fitness-Trackern und Smartwatches, der über große Mengen an Gesundheitsdaten von Privatpersonen verfügt, umso besorgniserregender. Mit Fitbit könnte es Google potenziell gelingen, »diese lukrativen Datensätze und detaillierten persönlichen Profile mit Echtzeitdaten über den Gesundheitszustand und die Bedürfnisse der Menschen sowie mit allgemeinen Informationen über ihr tägliches Verhalten und ihre Körperrhythmen zu verknüpfen.« (Kouvakas, Ioannis (2020): »Fitbit-Übernahme. Wenn dir Google beim Atmen zuhört«, *Netzpolitik* [online], 29.06.2020, https://netzpolitik.org/2020/fitbit-uebernahme-wenn-dir-google-beim-atmen-zuhoert/)
39 Siehe Anmerkung 36.

Intervention

1 Siehe Anmerkung 11 in Kapitel *Diskurse hacken*.
2 Friederichs, Hauke (2017): »Der Rüstungsminister«, *Zeit Online* [online], 07.08.2017, https://www.zeit.de/politik/deutschland/2017–08/sigmar-gabriel-ruestungsindustrie-exporte-fazit-kritik/komplettansicht
3 AP (2017): »Christians in Merkel's party want to curb German gun exports«, *Fox News* [online], 02.05.2017, https://web.archive.org/web/20170502140716/https://www.foxnews.com/world/2017/05/02/christians-in-merkel-party-want-to-curb-german-gun-exports.html
4 Panek, Milan (2017): »Aktion der Peng-Kommunikationsguerilla: An. Die. Waffen.«, *taz* [online], 02.05.2017, https://taz.de/Aktion-der-Peng-Kommunikationsguerilla/!5406860/
5 Zeit Online (2017): »Ex-Verteidigungsminister Jung wird Aufsichtsrat von Rüstungskonzern«, *Zeit Online* [online], 09.05.2017, https://www.zeit.de/wirtschaft/unternehmen/2017–05/rheinmetall-franz-josef-jung-tuerkei-waffen-panzer
6 Kempkens, Sebastian (2014): »Vom Entwicklungshilfeminister zum Waffen-Lobbyisten. Diese Rüstungsgeschäfte fallen in Niebels Amtszeit«, *Der Spiegel* (*online*), 02.06.2014, https://www.spiegel.de/politik/deutschland/dirk-niebel-und-rheinmetall-die-ruestungsdeals-des-ex-ministers-a-978764.html
7 Deutscher Bundestag (2020): »Artikel 26«, in: *Grundgesetz für die Bundesrepublik Deutschland*, *bundestag.de* [online], 29.09.2020 (akt.), https://www.bundestag.de/gg
8 Bundesministerium der Justiz und für Verbraucherschutz, Bundesamt für Justiz (1961): »Ausführungsgesetz zu Artikel 26 Abs. 2 des Grundgesetzes (Gesetz über die Kontrolle von Kriegswaffen)«, *www.gesetze-im-internet.de* [online], 19.06.2020 (akt.), https://www.gesetze-im-internet.de/krwaffkontrg/KrWaffKontrG.pdf
9 Die Prozentzahl ergibt sich aus einer eigenen Berechnung der Daten, die die Bundesregierung in den Rüstungsexportberichten der Jahre 2014 bis 2015 für den deutschen Waffenexport in sogenannte Drittländer verzeichnet. Die einzelnen Berichte sind auf der Internetseite des

Internationalen Konversionszentrums Bonn (BICC) abrufbar: http://www.ruestungsexport.info/info.
10 Abrufbar unter: https://web.archive.org/web/20180117232023/http://www.silverlinings.cc/
11 Kiani-Kreß, Rüdiger (2012): »Kondome gegen U-Boote«, *Wirtschaftswoche* [online], 20.11.2012, https://www.wiwo.de/unternehmen/industrie/seltsame-ruestungsdeals-kondome-gegen-u-boote/7410402.html. »Das US-Beratungsunternehmen Avascent schätzt, dass zwischen 2010 und 2020 weltweit fast 370 Milliarden Dollar an Offset-Forderungen erhoben werden.« (Hegmann, Gerhard [2018]: »Kondome gegen U-Boote – die geheimen Deals der Waffenindustrie«, *Welt* [online], 21.06.2018, https://www.welt.de/wirtschaft/plus177946948/Offset-Deals-Kondome-gegen-U-Boote-die-geheimen-Deals-der-Waffenindustrie.html)
12 Feinstein, Andrew (2012): *Waffenhandel: das globale Geschäft mit dem Tod*, Hamburg: Hoffmann und Campe.
13 Gennies, Sydney (2017): »Echter Waffenhändler freut sich auf falschen Friedenspreis«, *Der Tagesspiegel* [online], 06.05.2017, https://www.tagesspiegel.de/politik/wie-das-peng-kollektiv-die-ruestungsindustrie-narrte-echter-waffenhaendler-freut-sich-auf-falschen-friedenspreis/19763002.html
14 Radio Vatikan (2017): »CDU-Basis gegen Waffenexporte«, *Radio Vatikan*, 02.05.2017.
15 Siehe bspw.: Coen, Amrai; Friederichs, Hauke; Uchatius, Wolfgang (2015): »Waffen in Mexiko: Man schießt deutsch«, *Zeit Online* [online], 17.09.2015, https://www.zeit.de/2015/38/mexiko-bundesregierung-export-g36-heckler-koch/komplettansicht und: SWR (2016): »Umstrittene Rüstungsexporte Waffen für Mexiko: Die Geschichte«, *SWR* [online], 25.05.2016, https://www.swr.de/toedliche-exporte/waffen-fuer-mexiko-diestory/-/id=15873060/did=16192088/nid=15873060/1om33sq/index.html
16 *Der Spiegel* (2016): »Illegale Waffenlieferungen nach Mexiko: Fünf Ex-Heckler-&-Koch-Mitarbeiter angeklagt«, *Der Spiegel (online)*, 18.05.2016, https://www.spiegel.de/wirtschaft/unternehmen/heckler-koch-anklage-gegen-ex-mitarbeiter-wegen-illegaler-waffenlieferungen-nach-mexiko-a-1092928.html und: SZ (2019): »Urteil zu Waffenexporten nach Mexiko: Rüstungskonzern Heckler & Koch muss Millionenstrafe zahlen«, *Süddeutsche Zeitung* [online], 21.02.2019, https://www.sueddeutsche.de/politik/heckler-koch-urteil-waffenlieferung-mexiko-1.4339575
17 LFZ (2017): »HK Gun owners ... because Trump ... Germany wants their guns back«, *Corvette Forum*, 04.05.2017.
18 jimmygunns29 (2017): Post, *HKPro Forum*.
19 Siehe Anmerkung 5.
20 Heckler & Koch (2017): »Klarstellung«, *heckler-koch.com*
21 Peng: »Ein Gesetz gegen Waffenexporte für den Bundestag«, *pen.gg* [online], https://pen.gg/de/campaign/artikel26/
22 Der Gesetzestext ist abrufbar unter: https://pen.gg/art26/KrWaffKontrG_V1.pdf

23 Gertten, Fredrik; Farha, Leilani (2020): »Blackstone & Oatly: Can you sell your soul and still keep it?«, Podcast von *Pushback talks*, 24.07.2020, 42:24 min, https://feeds.buzzsprout.com/1189295.rss
24 Siehe: Haury, Thomas (2019): »Antisemitismus von Links. Facetten der Judenfeindschaft«, *Bausteine* [online], https://www.schule-ohne-rassismus.org/wp-content/uploads/2020/03/Baustein-8-Antisemitismus-von-Links-web.pdf und: Bundeskoordination Internationalismus (2004): *BUKO-Ratschlag: Israel, Palästina und die deutsche Linke* [online], https://www.buko.info/fileadmin/user_upload/doc/reader/reader_ratschlag2004.pdf
25 Piketty, Thomas (2014): *Das Kapital im 21. Jahrhundert*, München: C. H. Beck. Das französischsprachige Original erschien 2013 unter dem Titel *Le Capital au XXIe siècle* bei Éditions du Seuil in Paris.
26 Metz, Markus; Seeßlen, Georg (2015): »Divestment als Strategie gegen den Klimawandel. ›Zieht die Kohle ab!‹«, *Deutschlandfunk* [online], 22.11.2015, https://www.deutschlandfunk.de/divestment-als-strategie-gegen-den-klimawandel-zieht-die.1184.de.html?dram:article_id=337579
27 Kaul, Martin (2015): »›Cinema for Peace‹-Eklat, nächste Runde Eisbär? Nicht gefickt«, *taz* [online], 23.03.2015, https://taz.de/Cinema-for-Peace-Eklat-naechste-Runde/!5015523/
28 »Die deutsche Regierung subventioniert laut UBA Kohle, Öl und Gas mit ca. 45 Milliarden Euro pro Jahr.« (Fridays for Future: »Forderungen – Glossar«, *fridaysforfuture.de* [online], https://fridaysforfuture.de/forderungen/glossar/)
29 Abrufbar unter https://web.archive.org/web/20190512072331/https://cfro.eu/
30 Meier, Svenja (2020): »Live-Dossier Wirecard. Der Absturz«, *Zeit Online* [online], 30.06.2020, https://www.zeit.de/wirtschaft/unternehmen/2020–07/wirecardbilanz-skandal-chronologie-betrug-faelschung
31 Greenwald, Glenn (2014): *»No place to hide: Edward Snowden, the NSA, and the U. S. surveillance state«*, New York: Metropolitan Books Henry Holt.
32 The Bureau of Investigative Journalism (2020): »Human Rights. Drone Warfare«, *The Bureau of Investigative Journalism* [online], https://www.thebureauinvestigates.com/projects/drone-war
33 Ammann, Thomas u. a. (2014): »Geldgier, der Google-Account und eine E-Mail an die Russen«, *Welt* [online], 06.07.2014, https://www.welt.de/politik/deutschland/article129844810/Geldgier-der-Google-Account-und-eine-E-Mail-an-die-Russen.html und: *Der Spiegel* (2016): »Ex-BND-Mitarbeiter zu acht Jahren Haft verurteilt«, *Der Spiegel* (*online*), 17.03.2016, https://www.spiegel.de/politik/deutschland/spionage-ex-bnd-mitarbeiter-zu-acht-jahren-haft-verurteilt-a-1082796.html
34 Schultz, Tanjev (2013): »Am Dagger-Complex recherchieren? ›In Guantanamo ist noch eine Zelle frei‹«, *Süddeutsche Zeitung* [online], 22.11.2013, https://www.sueddeutsche.de/politik/geheimer-krieg-

frankfurt-hauptstadt-der-us-spione-1.1821708–2 und: Hintermeier, Dieter (2017): »Sicherheitslücken ausgenutzt. Hessen: Eldorado der US-Spionage«, *Frankfurter Neue Presse* [online], 11.03.2017, https://www.fnp.de/politik/hessen-eldorado-us-spionage-10479550.html
35 Leyendecker, Hans (2013): »Verräterische Signale«, *Süddeutsche Zeitung* [online], 13.08.2013, https://www.sueddeutsche.de/politik/tod-durch-drohnen-verraeterische-signale-1.1745277–0#seite-2 und: Merkur (2013): »BND rechtfertigt Weitergabe von Handynummern«, *merkur.de* [online], 10.08.2013 (akt.), https://www.merkur.de/politik/rechtfertigt-weitergabe-handynummern-zr-3051647.html
36 Der Tagesspiegel (2018): »Kölner Keupstraße nach NSU-Urteil: ›Die Opfer sind zu Tätern gemacht worden‹«, *Der Tagesspiegel* [online], https://www.tagesspiegel.de/politik/koelner-keupstrasse-nach-nsu-urteil-die-opfer-sind-zu-taetern-gemacht-worden/22790116.html
37 Schultz, Tanjev (2013): »Schreddern ohne Folgen«, *Süddeutsche Zeitung* [online], 28.06.2013, https://www.sueddeutsche.de/politik/vernichtung-von-nsu-akten-durch-verfassungsschuetzer-schreddern-ohne-folgen-1.1707766 und: Hebestreit, Steffen (2019): »NSU-Akten geschreddert«, *Frankfurter Rundschau* [online], 20.01.2019 (akt.), https://www.fr.de/politik/nsu-akten-geschreddert-11346572.html
38 Am 1. Januar 2010 ordnete die argentinische Präsidentin Cristina Fernández de Kirchner an, dass Dokumente, die sich auf das Batallón 601 beziehen, freigegeben werden müssen. Die Dokumente, die dem Bundesrichter Ariel Lijo vorgelegt wurden, enthalten Angaben zu 3952 Zivilist_innen, von Universitätsprofessor_innen bis hin zu Hausmeister_innen und 345 Armeeangehörigen, die für das Batallón 601 arbeiteten, so der Direktor des *Archivo Nacional de la Memoria*. Die Dokumente finden sich hier: Osorio, Carlos (Hg.): »State Department Opens Files on Argentina's Dirty War«, *The National Security Archive* [online], https://nsarchive2.gwu.edu//NSAEBB/NSAEBB73/index.htm
39 *Correctiv* (2018): »Black Sites Turkey«, *Correctiv* [online], 11.12.2018, https://correctiv.org/top-stories/2018/12/06/black-sites/ und: ZDF (2018): »Die Verschleppten. Kidnapping im Auftrag Erdogans«, *ZDF* [online], 11.12.2018, https://www.zdf.de/politik/frontal-21/die-verschleppten-100.html
40 Für eine ausführliche Untersuchung des Rassismus innerhalb der DEA im Zusammenhang mit dem sogenannten »War on Drugs« der US-amerikanischen Regierung und der daraus resultierenden Massenverhaftungen von Schwarzen und anderen People of Color siehe: Alexander, Michelle (2010): *The New Jim Crow: Mass Incarceration in the Age of Colorblindness*, überarbeitete Aufl., New York: New Press. Zu »Iron Fist« siehe: American Civil Liberties Union (2019): »Leaked FBI Documents Raise Concerns about Targeting Black People Under ›Black Identity Extremist‹ and Newer Labels«, *ACLU* [online], 08.09.2019, https://www.aclu.org/press-releases/leaked-fbi-documents-raise-concerns-about-targeting-black-people-under-black-identi-1
41 *Peng! Consulting* (2015): »Intelexit Press Conference Berlin

30.09.2015 Jérémie Zimmermann«, 01.10.2015, 09:19 min, You-Tube-Kanal *Peng! Consulting* [online], https://www.youtube.com/watch?v=2962zShW37Q

42 Deiseroth, Dieter (2014): »Whistleblowing und ziviler Ungehorsam im demokratischen Verfassungsstaat. Schlussfolgerungen aus der NSA-Spähaffäre«, *Frankfurter Hefte* [online], 02.01.2014, https://www.frankfurter-hefte.de/media/Archiv/2014/Heft_01–02/2014-01-02_deiseroth.pdf

43 Rudl, Thomas (2020): »DGB-Gutachten. Bundesregierung muss beim Schutz von Whistleblowern nachbessern«, *Netzpolitik* [online], 10.08.2020, https://netzpolitik.org/2020/dgb-gutachten-bundesregierung-mussbeim-schutz-von-whistleblowern-nachbessern/

44 Beuth, Patrick (2015): »Geheimdienst. Aussteigerprogramm für Spione«, *Zeit Online* [online], 28.09.2015, https://www.zeit.de/digital/internet/2015–09/intelexit-aussteigerprogramm-geheimdienst?utm_referrer=https%3A%2F%2Fwww.startpage.com%2F

Journalismus, Kunst & Aktivismus

1 Solomon, Howard M. (2015): *Public welfare, science, and propaganda in 17th-century France: the innovations of Théophraste Renaudot*, Princeton: Princeton University Press.

2 »He seldom used the weekly Gazette or Nouvelles ordinaires for personal reflection, but instead reserved it for the Extraordinaires, the Relations, and the Preface to his yearly Recueils. It was here that Renaudot, sometimes angry, usually misunderstood, always impassioned, discussed the role of the journalist. Renaudot insisted that his ›pen is only the Recorder‹ of the exploits and actions of others. As a recorder, the journalist must maintain faceless anonymity and total distance from the stories he reports. His articles ›must be devoid of all passion.‹ In a word, the facts were to speak for themselves.« (Ebd., S. 123.)

3 Axel Springer SE (2016): »Grundsätze und Werte«, *axelspringer.com* [online], 2020 (akt.), https://www.axelspringer.com/de/unternehmen/grundsaetze-undwerte

4 Drepper, Daniel (2018): »Wir sind BuzzFeed News Deutschland und das sind unsere Themen«, *BuzzFeed* [online], 09.10.2020 (akt.), https://www.buzzfeed.com/de/danieldrepper/buzzfeed-news-deutschland-transparenz-reporterinnen-reporter

5 Quiring, Manfred (2010): »Russland. Penis-Graffiti vor Geheimdienst-Sitz«, *Welt* [online], 16.06.2010, https://www.welt.de/politik/article8070469/Penis-Graffiti-vor-Geheimdienst-Sitz.html

6 Riha, Karl (Hg.) (2012): *Dada Zürich: Texte, Manifeste, Dokumente*, Stuttgart: Reclam.

7 Biller, Maxim (2020): *Wer nichts glaubt, schreibt. Essays über Deutschland und die Literatur*. Ditzingen: Reclam.

8 Meese, Jonathan (2012): *Ausgewählte Schriften zur Diktatur der Kunst*, Eikmeyer, Robert (Hg.), Berlin: Suhrkamp.

9 Welt (2010): »›Jeder Mensch ist ein Künstler‹«, *Welt* [online],

27.08.2010, https://www.welt.de/welt_print/kultur/article9226770/Jeder-Mensch-ist-ein-Kuenstler.html
10 Morasch, Viktoria (2020): »Berlinale drei Jahre nach #metoo: Im falschen Film«, *taz* [online], 22.02.2020, https://taz.de/Berlinale-drei-Jahre-nach-metoo/!5663660/
11 »›Fiat ars – pereat mundus‹, sagt der Faschismus und erwartet die künstlerische Befriedigung der von der Technik veränderten Sinneswahrnehmung, wie Marinetti bekennt, vom Kriege. Das ist offenbar die Vollendung des L'art pour l'art. Die Menschheit, die einst bei Homer ein Schauobjekt für die olympischen Götter war, ist es nun für sich selbst geworden. Ihre Selbstentfremdung hat jenen Grad erreicht, der sie ihre eigene Vernichtung als ästhetischen Genuß ersten Ranges erleben läßt. So steht es mit der Ästhetisierung der Politik, welche der Faschismus betreibt. Der Kommunismus antwortet ihm mit der Politisierung der Kunst.« (Benjamin, Walter (1991): »Das Kunstwerk im Zeitalter seiner technischen Reproduzierbarkeit«, in: *Walter Benjamin. Gesammelte Schriften*, Bd. 1, Tiedemann, Rolf u. Schweppenhäuser, Hermann (Hg.), Frankfurt am Main: Suhrkamp. S. 469.)
12 Die Bundesregierung (2016): *Nationaler Aktionsplan. Umsetzung der VN-Leitprinzipien für Wirtschaft und Menschenrechte 2016–2020* [online], Auswärtiges Amt (Hg.), September 2016, https://www.auswaertiges-amt.de/blob/297434/8d6ab29982767d5a31d2e85464461565/nap-wirtschaft-menschenrechte-data.pdf und: Bundesministerium für Arbeit und Soziales (2019): »NAP-Monitoring: Bundesregierung beginnt mit der Befragung von 1.800 Unternehmen«, *csr-in-deutschland.de* [online] 06.08.2019, https://www.csr-in-deutschland.de/DE/Aktuelles/Meldungen/2019/nap-monitoring-bundesregierung-beginnt-mit-befragung.html
13 Die vier wesentlichen Geschäftszweige von Ernst & Young sind laut Unternehmenswebsite »Wirtschaftsprüfung und prüfungsnahe Dienstleistungen, Steuerberatung, Unternehmensberatung und Strategy and Transactions«. (Ernst & Young: »Wer wir sind«, *ey.com* [online], https://www.ey.com/de_de/who-we-are).
14 Dohmen, Caspar (2019): »Zulieferer: Ohne Haftung«, *Süddeutsche Zeitung* [online], 15.12.2019, https://www.sueddeutsche.de/wirtschaft/zulieferer-ohne-haftung-1.4724187
15 Die Lage in deutschen Supermärkten ist laut Oxfam sogar noch schlimmer: Lidl schnitt mit 5 % der Einhaltungen menschenrechtlicher Sorgfaltspflicht am besten ab. Mittlerweile hat sich die Situation verbessert: Lidl liegt bei 32 %, Schlusslicht ist Edeka mit 1 %. Die Variablen sind allerdings andere als bei der Studie, die von EY durchgeführt wurde, und daher nicht direkt miteinander vergleichbar. (Oxfam (2020): »Supermarkt-Check 2020: Edeka auf dem letzten Platz im internationalen Vergleich«, *Oxfam* [online], https://www.oxfam.de/supermarkt-check).
16 Koch, Moritz; Stratmann, Klaus (2019): »In der Groko bahnt sich ein Streit um den Schutz von Menschenrechten in Firmen an«, *Handelsblatt* [online], 26.03.2019, https://www.handelsblatt.com/politik/

deutschland/sorgfaltspflicht-von-konzernen-in-der-groko-bahnt-sich-ein-streit-um-den-schutz-von-menschenrechten-in-firmen-an/24141526.html?ticket=ST-3277648-nZATNBxBgsvs1Bb26RhK-ap6
17 Cwiertnia, Laura (2018): »Jeffrey Sachs. Kann ich die Welt retten, indem ich eine Banane klaue?«, *Zeit Online* [online], 21.03.2018, https://www.zeit.de/2018/13/jeffrey-sachs-oekonom-entwicklungslaender-bauern-supermaerkte-preise/komplettansicht
18 Außenhandelsvereinigung des Deutschen Einzelhandels e.V. (2018): »Pressemeldung: Absurde Aufforderung zum Rechtsbruch«, *AVE international* [online], https://www.ave-international.de/fileadmin/user_upload/2018_03_02-PM-Absurde_Aufforderung_zum_Rechtsbruch.pdf
19 Siehe bspw.: Wehling, Elisabeth (2016): *Politisches Framing: Wie eine Nation sich ihr Denken einredet – und daraus Politik macht*, Köln: Herbert von Halem Verlag.
20 Reuters Staff (2020): »Regierungskreise – RWE kann für Kohle-Aus mit über 2 Mrd. Euro rechnen«, *Reuters* [online], 10.01.2020, https://de.reuters.com/article/deutschland-energie-kohlekommission-idDEKBN1Z910P
21 Peng (2020): »Gedächtnisprotokoll Gespräch RWE«, *pen.gg* [online], 08.07.2020, https://pen.gg/wp-content/uploads/2020/08/Ged%C3%A4chtnisprotokolle-Peng-Klingelstreich_v3.pdf
22 Peng (2020): »Gedächtnisprotokoll MTU Aero Engines«, *pen.gg* [online], 09.07.2020, https://pen.gg/wp-content/uploads/2020/08/Ged%C3%A4chtnisprotokolle-Peng-Klingelstreich_v3.pdf
23 Peng (2020): »Gedächtnisprotokoll Gespräch Westfleisch«, *pen.gg* [online], 09.07.2020, https://pen.gg/wp-content/uploads/2020/08/Ged%C3%A4chtnisprotokolle-Peng-Klingelstreich_v3.pdf
24 Annette Hauschild (2005): »Westfleisch im Visier der Justiz. Vorwürfe gegen Schlachthof: Illegale Beschäftigung, Steuerhinterziehung«, *Neues Deutschland* [online], 01.12.2005, https://www.neues-deutschland.de/artikel/81855.westfleisch-im-visier-der-justiz.html
25 Herrmann, Ulrike (2019): »Abschied vom Wachstum: Schrumpfen in Schönheit«, *taz* [online], 12.10.2019, https://taz.de/Abschied-vom-Wachstum/!5629125/
26 Zu dem BGH-Urteil von 1993 siehe: NJW 1994, S. 596–600.
27 Meister, Andre (2020): »Telefonüberwachung 2019. In Berlin wurde seit zwölf Jahren kein Antrag auf Überwachung von Telefon oder Internet abgelehnt«, *Netzpolitik* [online], 04.08.2020, https://netzpolitik.org/2020/telefonueberwachung-2019-in-berlinwurde-seit-zwoelf-jahren-kein-antrag-auf-ueberwachung-von-telefon-oder-internet-abgelehnt/
28 Decker, Katharina (2004): »Sie sehen ja gar nicht liberal aus«, *der Freitag* [online], 20.08.2004, https://www.freitag.de/autoren/der-freitag/sie-sehen-ja-garnicht-liberal-aus
29 »In Berlin heißt das Projekt »Absolute Mehrheit«. In Tübingen engagieren sich Studenten »Für die Pildung«. In Köln lautet das Motto: »Wir kaufen 'ne Partei – mit drei Mark dabei.« Stevens sammelt in Bonn die »Freunde demokratischer Bildung, FDB«. (van Bebber, Werner (2011): »Parteiübernahme: Politaktivisten halten Berliner FDP

für sturmreif«, *Der Tagesspiegel* [online], 19.12.2011, https://www.tagesspiegel.de/berlin/parteiuebernahme-politaktivisten-halten-berliner-fdp-fuer-sturmreif/5975780.html)

30 Friess, Delia (2020): »Corona-Demo in Berlin: Gericht kippt Verbot – Demo gegen Attila Hildmann«, *Frankfurter Rundschau* [online], 09.09.2020, https://www.fr.de/politik/corona-demos-verbot-demonstrantencorona-massnahmen-politik-berliner-senat-90032328.html und: Reuter, Markus; Laufer, Daniel (2020): »Die fragwürdigen Spenden-Tricks der Anti-Corona-Bewegung«, *Netzpolitik* [online], 15.09.2020, https://netzpolitik.org/2020/intransparenz-die-fragwuerdigen-spenden-tricks-der-anti-corona-bewegung/

31 Kubitschek, Götz (2015): »Widerstandsschritte (1) – grenzhelfer.in«, *Sezession* [online], 25.09.2015, https://web.archive.org/web/20200831173616/https:/sezession.de/51624/widerstandsschritte-1-grenzhelfer-in

32 »Libertarianism is a political philosophy that puts the protection and advancement of individual liberty before all other values. In the conventional political debate, this means libertarians call for less government and more freedom.« (The Heartland Institute: »Libertarianism«, *heartland.org* [online], https://www.heartland.org/topics/government-politics/libertarianism/index.html)

33 Siehe bspw.: The Intergovernmental Panel on Climate Change (2020): *Special Report on Climate Change and Land* [online], https://www.ipcc.ch/srccl/ und: (2019): *Special Report on the Ocean and Cryosphere in a Changing Climate* [online], https://www.ipcc.ch/srocc/

34 Kammann, Matthias (2019): »Die AfD und die ›sogenannte Klimaschutzpolitik‹«, *Welt* [online], https://www.welt.de/politik/deutschland/article201093000/CO2-Emissionen-Die-AfD-und-die-sogenannte-Klimaschutzpolitik.html

35 Niebel, Dirk (2007): »Gegen Denkverbot und Glühlampenmassaker«, *Welt* [online], 18.03.2007, https://www.welt.de/102357217

36 https://web.archive.org/web/20203318114902/http://klimafragen.org/

37 Göhring, Axel Robert (2020): »13. IKEK: James Taylor – Deutsche Version – Vom Umgang mit Klimaalarmismus in den USA«, *EIKE* [online], 04.01.2020, https://www.eike-klima-energie.eu/2020/01/04/13-ikek-james-taylor-deutsche-version-vom-umgang-mit-klimaalarmismus-in-den-usa/

38 *Correctiv* (2020): »The Heartland Lobby«, *Correctiv* [online], 11.02.2020, https://correctiv.org/en/top-stories-en/2020/02/11/the-heartland-lobby/

39 Ebd.

40 Delkic, Melina (2020): »Your Wednesday Briefing«, *The New York Times* [online], 18.02.2020, https://www.nytimes.com/2020/02/18/briefing/diamond-princess-coronavirus-chinese-state-media-wuhan.html und: Coronel, Sheila (2020): Tweet vom 12.02.2020, 17:40, https://twitter.com/SheilaCoronel/status/1227633582572699653 und Bell, Emily (2020): Tweet vom 12.02.2020, 21:29, https://twitter.com/emilybell/status/1227691325987971072

Wenn die Hoffnung stirbt, können wir uns trotzdem organisieren

1 Buchanan, Larry (2020): »Black Lives Matter May Be the Largest Movement in U.S. History«, *The New York Times* [online], 03.07.2020, https://www.nytimes.com/interactive/2020/07/03/us/george-floyd-protests-crowd-size.html
2 Rorty, Richard (1999): *Kontingenz, Ironie und Solidarität*, 5. Aufl., Frankfurt am Main: Suhrkamp.
3 Siehe Anmerkung 7 im Kapitel *Korrekt verkacken*.
4 Das sind nur diejenigen, die belegt werden konnten. Die Dunkelziffer der Menschen, die auf der Flucht nach Europa gestorben sind, ist erheblich höher. International Organization for Migration (2020): »Recorded migrant deaths by region«, *Missing Migrants Project* [online], https://missingmigrants.iom.int/
5 Möbus, Pamela; Heffler, Michael (2020): »Werbemarkt 2019 (Teil 1): Wachstum bei den Bruttospendings«, *Media Perspektiven 3/2020* [online], https://www.ard-werbung.de/fileadmin/user_upload/media-perspektiven/pdf/2020/0320_Moebus_Heffler.pdf
6 von Redecker, Eva (2020): *Revolution für das Leben: Philosophie der neuen Protestformen*, Frankfurt am Main: S. Fischer. S. 24.